# 逃亡の書

## 西へ東へ道つなぎ

前川仁之

# 序章

目が覚めた。その直後から眠気は消えている。だが窓の外はまだ白み始めてもいない。

充電器につながれたスマートフォンに手をのばす。午前三時十八分。まただ。たくさん寝ようと思っても、途中で目が覚めてしまう。

二〇二二年六月二十日、月曜日。夏至の前日。一年でもっとも昼が長くなる北半球規模のイベントに合わせ、旅好きの身体が反応している。などという地球愛に満ちた理由付けを試みても、いまいち乗れない。二度寝しようとベッドの上でもそもそしているうちに、一つの案が浮かぶ。このまま起きていて、始発で空港へ向かおうか。

いや、ない。見送りにはいかない。飛行機の正確な時間は訊かなかった。成田か羽田、どちらの空港かさえ。深層心理ではわざと、訊かなかったのではなかったか。国際線の空港とは二年以上もご無沙汰していることだし、行けばそれだけで感動の場面になる。だが、一昨日彼と会った時から僕は、この状況で空港まで、さらには保安ゲートまで見送りに行くことはまたひとつ別の圧力を生みかねないと察していた。また、ひとつ、別の、圧力？　その前にはどんな圧力があったと言うのか？

わからない。確信は持てない。

あの晩のように彼が、「電車を乗り間違えた」で飛行機を逃してしまっても、おおいにけっこうなのだ。それで彼がなけなしの七百ユーロをふいにしたって。むしろそのドタキャンを、僕は歓迎するのではないか。

「ひょっとして君は、戦いたいと思ってやしないか？」

あの晩、駅のホームで別れ際に訊ねると、彼は困惑したような笑みとともに即答した。

「思ってる、のかもしれない。よくわからない、僕はおかしくなっているのかなあ」

ポーランドのワルシャワに飛ぶ。そこから、ロシアとの戦争が続くウクライナに向かう。


はしゃごうか？　はしゃいでみようか。友人が、戦地に行くかもしれないんだ。取材とか医療活動じゃなく、ガチで、兵士として、戦争に！　自由と民主主義の防波堤・ウクライナを守るために！　このネタで、開戦以来色めき立っている保守系雑誌になにか書かせてもらおうか？　平和ボケ日本人に告ぐ！　安逸より戦地を選んだこの男に刮目《かつもく》せよ！　とか？

手遅れだ。

そんな戯《ざ》れ方にいまさらすがるには、僕はたくさん見すぎてしまった気がする。なにを。火花の速さで応じられる距離のうちで咲く、他人の笑顔。個人の力。

逃げていいぞ逃げていいぞ逃げていいぞ逃げていいぞ逃げていいぞ逃げてくれ。

この十年近くの間、僕は逃げる技法について考え、調べ、学んできた。生き抜くために、住まいを捨て、逃げること。逃げる対象は戦乱だったり災害だったり貧困だったりとさまざまだが、はじめにこの技法の重要性に目を向けるきっかけとなったのは、東日本大震災の経験だった。発災の二日後には、僕の住むさいたま市に福島県をはじめとする東北から大勢の避難民がやってきたのだった。原発事故の影響で、当分は故郷に帰れない人々。たまたま国内の避難にとどまったので受け入れ先との摩擦は少なかったものの、あの人たちは移民であり、難民だった。移住先では福島県という出自に目をつけてのいじめも報告されたのだ。

国外への避難や亡命であれば、ますます困難は増えるかもしれない。逃げる技法とはそうした環境の違いの中で生きる知恵であり、主客を転回すれば、逃げてきた人たちを先住者がどのように迎えられるかを知ることで学びうる。

この本には、時代も場所もさまざまに、逃亡者が数多く登場する。読者はその人たちを、ある時は個人として、またある時は集団として目撃することになるだろう。イエメン難民、カタルーニャからの亡命者、スペイン難民、ユダヤ人、そしてウクライナ難民。ひょっとしたら、近い将来のロシア難民の姿も描かれているかもしれない。そして彼ら彼女らと交流を持ち、また受け入れる側の共同体を訪れる僕は、いざという時には僕自身も逃げて生きのびるために、まさしく人のためならずの情けをこめて体験と思索を続けてきたつもりだ。

ロシア・ウクライナ戦争は、防衛費ないし軍事費の増額や、軍備の強化や、それに向けた憲法改正を求める人々には追い風となっただろう。いざという時には戦って国を守る、その必要性を思わせるのに、この戦争と、各国の反応は実に使い勝手のよい根拠を提供してくれた。けれども僕は、その流れには乗れなかった。乗らないですんだ。逃げる技法の威力を学んできたおかげである。

このように書くと僕は、腰抜けの非国民、あるいは平和ボケのサヨクやらなにやらと早とちりされるかもしれない。議論に興味はないが、一点だけこだわっておきたい。ずっと、不思議でしょうがないのだ。力を、力を、で国防を語ろうとする人は、負ける時のことを考えていないのだろうか？　と。現実に八十年近く前、史上まれに見る大敗を喫したのに、今度は絶対負けないなどという虫のいい想定が現実的な論になるのなら、逃げの技法はそれにひけをとらないくらい、むしろ上回るほど、現実的で、実用的な視点を提供しうる。

なおかつ、これは国を守る技法でもあるのだ。逃げるあなたがそう望むのなら。

プーチン・ロシアの起こした戦争が時代を逆行する蛮行なら、パワーポリティクスの文法でしか人を守る手立てを示せない構えではこれまた時代を閉塞《へいそく》させてしまう。それは現実主義ではなく、順応主義というのだ。もちろん武力による備えを論じること自体を批判するものではない。ただ、本書が提示するもう一つの方法にも目を向けて欲しい。

逃げること。逃げて、生きて、他者を守ること。もしも将来、人類が、共生の仕方においてなんらかの〝進歩〟を見せるとしたら、本書が向いている地平とそうずれてはいないだろう。

装丁　福岡南央子
挿絵・地図　筆者

# 第一章　季節風のたより――済州島のイエメン人たち

## 一、〝幸福なアラビア〟はいま

二〇一八年の六月頃、韓国の済州島《チェジュ》にイエメンからの難民が多数やって来ているというニュースを目にするようになった。独立、内戦、南北分断、そして統一と、半世紀ちょいの間にこれだけの変動を経てきたアラビア半島南端に位置する共和国イエメンは、いままた内戦の最中にある。そこから逃げてきた人々が、韓国最大の離島・済州島にたどり着いたというのだ。

イエメン、そして済州島。

報せを聞いて、風通しがよくなった。季節風ならぬ気節風が駘蕩《たいとう》として心内のとげとげをくすぐってゆく。というのも僕はこの国に、かすかな憧れを抱いていたから。

イエメンという国が連想させるものはなんだろう。人々がイメージするものは。イスラム教国とか、モカコーヒーとか、常軌《じょうき》を逸したファイトスタイルで世界を魅了したボクサーのナジ

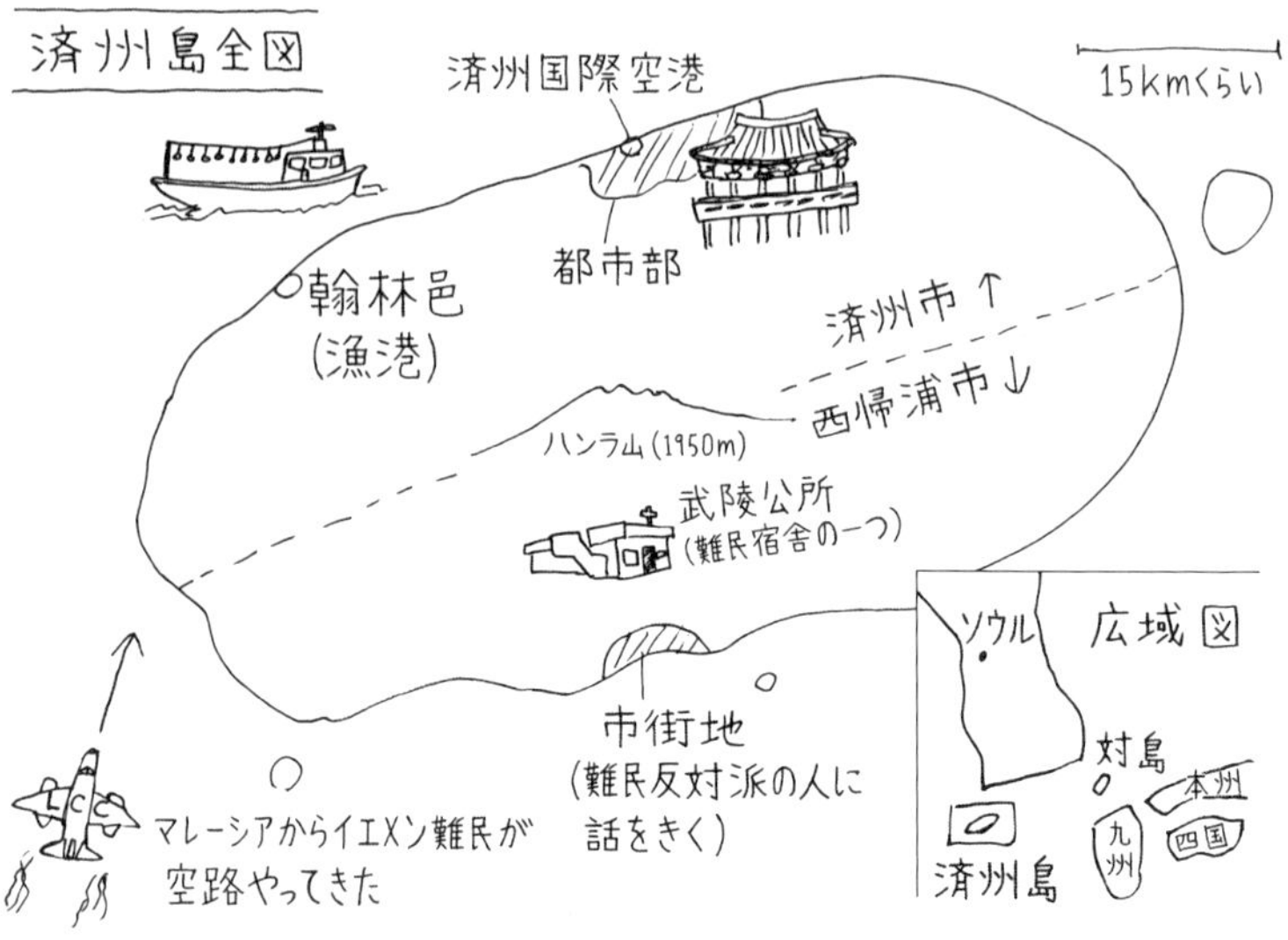


ーム・ハメドとか——彼はイギリス人だが両親がイエメン人だ——色々あるだろう。人によっては、なにも知らない、ただ字面がイケメンに似てると思うだけかもしれない。

僕の場合はまず、なによりも、アデンだ。紅海がインド洋に注ぐところ、アラビア半島の南西端に位置する港町、アデン。

その名を知り、強く意識するようになったのは、予備校生の頃だった。アデンに住み、労働したフランスの詩人、アルチュール・ランボー（一八五四－一八九一）にやられていたのだ。

フランス北東部のシャルルビルという田舎町で生まれ育ったアルチュール・ランボーは二十歳前までに数多くの韻文《いんぶん》詩の傑作と、二篇の驚異的な散文詩集『地獄の一季節』『イリュミナシオン』を書き上げ、以降、文学の世界から離れてしまう。その後はオランダ植民地軍に入りバタビアへ派遣されてすぐ逃げだしたり、サーカス団で通訳として働いたり、職と居場所を転々とし、二十六歳の夏にたどり着いたのが、当時大英帝国領のアデンだった。そこでフランス人貿易商に雇われ、紅海対岸のエチオピアとアデンとを行き来する生活に入る。やがて商人として独立するが、悪性腫瘍で亡くなるまで、アデンは彼にとってアラビア半島側の拠点だった。

ランボーがアデンに来たのは詩や文学一般ときれいさっぱり縁を切った後のことで、この地を描いた作品があるわけではない。それに当時の僕にとってはランボーの作品と思想が重要だったので、文学史的に見ると早すぎる「余生」とも言えるその後のことにはあまり熱心じゃなかった。詩をやめた後のランボーの人生にはただ、力量ある個人が、他人から期待される分野に対して徹底的に距離をおくいわば全人格的なボイコットの実例として、自分が舗装した進路を液状化させかねない不穏な力を感じていたくらいだ。くらいだ、と言ってもこれはけっこうな衝撃であり、半分無理して続けていた僕の〝理系志望〟はいよいよぐらつかされるのだが、そんなこんなも含めてランボーに傾倒していたのだった。そしてアデンの地は、その名の響きのよさも手伝い、この落ち着きない個性がともかく何年間も拠点にした場所として、楽園めいたイメージをともなって居つくようになった。現在のイエメン、という知識とともに。となると考えることは当時もいまと大差なく、「いつか行ってみたいな」だ。

これが僕とイエメンとの出会いだった。やがてせっかく合格した大学を中退し、今度は僕が職を転々とする羽目になり、まとまった読書ができない日々が続いたが、それでも濫読《らんどく》の中に時折アデンやイエメンの名と再会し、そのうちに、少しはまともな知識がついてくる。

紀元前からすでに大部分が沙漠化していたアラビア半島にあって、イエメンは例外的に農耕に適した土地に恵まれていた。古代ローマ人はArabia Felixつまり「幸福なアラビア」と呼んでいる。幸福な、と形容された理由は風土だけではない。マケドニアのアレクサンドロス大王が遠くインドまで遠征を果たしたのは有名な話だが、その頃からすでに、イエメン沿岸部の人々は海路でインドと行き来していた。そうして輸入されるものを今度は紅海経由で、あるいは陸路キャラバンを組んで、エジプトからギリシャ、ローマへ輸出する。要は中継貿易で栄えていたわけだ。ところがアラビア半島とインドをつなぐ航路は、長い間ヨーロッパ側には秘密にされていたらしい。だから、輸入する側からすれば香料をはじめとする珍しい品々を産出する地だとの誤解もあって、幸福なアラビアと呼んでいたのだ。

ではインドと行き来する航路の秘密とはなにか。風だ。風に関する知識。六月から八月にかけては南西の、十一月から三月にかけては北東の風が吹く。おかげで当時の造船技術でもインドとの貿易が可能だったのだ。

お気づきのとおり、これはつまり季節風の知識だ。季節風をモンスーンと呼ぶのは、季節を意味するアラビア語 موسم《マウシム》 を語源とする。この言語を使う人々、すなわちアラビア人が時と風を結わきつける活動をしていた事実が言葉に刻印されているのだ。

紀元一世紀頃に書かれたと推定される『エリュトゥラー海案内記』には、ギリシャ人の船頭が風を利用してエジプトからインドに渡ったことが記されている。その航路の中に、「エウダイモン・アラビア」つまりギリシャ語で「幸福にして富貴《ふうき》なアラビア」という名で呼ばれている港町が登場するが、これこそアデンに他ならない。しかも言外に、いまは衰退していると書かれているのだから、どんだけ古いんだ、という話である。

それから二千年の時が経ち、内戦の惨禍にまみれた故国から逃れたイエメン人が、韓国の済州島にやって来た。むろん、現代のイエメン人は飛行機で移動している。だがその経路は、遅くとも八世紀頃にはアラビア半島と中国大陸をつないでいた南海航路——「陶器の路」——とほとんど重なるのだ。唐代の貿易船は、インドから先、マラッカ海峡を抜けて、沿岸伝いに交州、広州、泉州、福州、明州、そして揚州といった港に入っていた。揚州まで来てしまえば済州島はすぐそこだ。『後漢書』の「倭伝」をはじめ、中国大陸沿岸部と済州島の間に貿易や漂着といった形で交流があった事実を伝える資料は少なくない。

済州島のイエメン難民は、このように雄大な世界史ロマンを思い出させてくれる。

「前川さん、どっか行きたいとこありますか？　あんま遠いところは無理ですが、近場で、記事になりそうなとこがあれば」

七月のある夜、赤羽でいっしょに飲んでいた編集者の柏原氏が言った。彼とはそれまでにも月刊誌で何本かの記事をつくっていた。

「済州島はどうですか？　いまイエメンの難民が大勢来て騒ぎになってるらしいんだけど」

「あ、それ面白そうですね、いいですよ。たぶんオーケーです。編集長に伝えときます」

僕たちの打ち合わせには三歩前進二歩後退がつきものだが、この時は妙にすんなりと通った。

## 二、済州島へ

出発の日は、朝から蒸《む》した。個性的な進路をとって去った台風が空にちぎれ雲を点々ともたらしていた。パスポート、資料、着替え、アラビア語の単語帳をリュックにつめこむ。アラビア語は大学を中退して労働していた頃に文字だけは独学し、その後学んでは忘れ、学んでは忘れを繰り返してきた。今回は食事中に動画サイトでアラビア語版の『ドラえもん』を観るくらい本腰を入れて学んでおり、成果が楽しみだ。

夏の旅は衣類がかさまないのがありがたい。八時に成田空港のロビーで柏原氏と合流。保安ゲートを通過し、あとはカフェで軽い朝食をとりながら、互いに予習した情報を交換し合う。

統一国家としてのイエメン共和国は非常に若い国である。一九九〇年に北イエメンと南イエメンが統一されてまだ三十年足らず。この統一は冷戦終結に至る国際秩序の変化の中で、社会主義を奉じていた南イエメン（イエメン民主人民共和国）の立場が弱まった結果だ。

南北イエメンの統一、それにともなう内戦、という激動を経て、今世紀。「アラブの春」のあおりを受けて、北イエメン時代からの独裁者サーレハ大統領が退陣。政治的混乱に乗じて武装勢力が暗躍する、という悲しくもお定まりのパターンが続く。この時期、着々と勢力を拡げていたのが北西部に拠点を置いていた「神の支持者」を自称するフーシ派だ。彼らが首都サナアに侵攻し、ハーディ暫定大統領を追い出した結果、騒乱は内戦の段階へと移行する。フーシ派はシーア派の武装組織だ。となると当然援助する国がある。シーア派の大国、イランだ。一方の政府側はサウジアラビアをはじめとするアラブ連盟に軍事介入を求める。そんなわけでイエメンの内戦は、主にイランとサウジとの代理戦争の様相を呈している。さらにはコレラが流行し、いまや世界最悪の人道危機とまで呼ばれる状況になっている。

ではイエメン難民はどうしてわざわざ韓国・済州島までやって来たのか。まずマレーシアに逃げた。だけどそこでは庇護も仕事も得られない。さあどうするか、という時になって、強い味方が現れた。クアラルンプールと済州島をつなぐＬＣＣ（格安航空）の就航だ。済州島では二〇〇四年から、観光客を増やすために世界中ほとんどの国の人々を対象に、三十日間までのビザなし滞在が認められてきた。ＬＣＣの航空券を買いさえすれば、マレーシアからひとっ飛びだ。おまけに韓国は、東アジア諸国の中でも難民受け入れ先進国、と言える。一九九二年には「難民の地位に関する条約」に加盟、二〇一三年には独自の難民法を施行している。

ところが――。

「向こうのウェブニュースを色々見てたんですが、カッチャナンミンて呼ばれてるらしいですよ。フェイク難民とか、ニセ難民ってとこですかね」

柏原氏がまとめてくれた先行報道に目を通しながら、僕は言った。難民問題を報じるここ一ヶ月の、各国、各メディアの記事が並んでいるが、韓国国民の反発を強調するものが多い。ニセ難民とはつまり、難民と偽って仕事を探しに来てるだけだ、との謂《い》いだ。首都ソウルでも難民反対デモが行われていた。

韓国ではこれまで、散発的な脱北者を別にすれば、難民への対応が大きな社会問題として顕在化することはなかった。それが今回、済州島という人口七十万程度の離島に、およそ五六〇人のイエメン難民が入ってきたため、わかりやすく拡大されて騒ぎを招いているようだ。韓国政府は六月一日に、ノービザ渡航の対象国からイエメンを外した。すでに入ってきているイエメン人に対しては、済州島からの移動を禁じるなどの対応をとっている。

イエメン人の来島に反対する者は、ざっと二つの理由に動かされているようだ。一つは、職が奪われる、といった経済的な不安、不満。もう一つは治安が悪化する、との不安で、こちらのほうには露骨に、イスラム教への先入観が表れている。

「政府は狂ってるのか？　やつらは私たちの娘をレイプするイスラム教徒だぞ」

「NAVER」に投稿されたこんなコメントが数千もの「いいね」を得ているのだ。

一方で、難民を支援する人々もいる。僕らは事前に反対派と支援団体と、双方の人物に取材を申し込んでおいた。その人たちの取材は明日で、今回は僕としては初めて、通訳の方に来てもらう手はずになっている。僕の韓国語力では、込み入った話をするには心もとない。

問題は、イエメン人と会えるかどうかだ。

「記事読んでると、そのへん歩いてたらいるみたいな感じだけど、ホントなのかなあ？」

柏原氏が軽く笑って言った。

「とりあえず、済州外国人庁にはりこめば一人は会えると思います」

## 三、「味方なんですか？　敵なんですか？」

僕たちが乗った大韓航空機は、順調な飛行を続けた。

目的地の済州国際空港は、小判のような形をした済州島の北端に位置する。全貌が機内から見渡せるほど小さな島ではない。近づいてくる地面を見ていると、幹線道路以外の道はどれもジグザグしている。韓国最高峰・ハンラ山を中心として形成された島の起伏を感じさせる。

正午に無事着陸した。すぐそこに青い海が広がっている。すばらしい立地。

空港を出ると、関東にいた時よりも強い陽射しが照りつけていた。済州島のシンボル・ハンラ山は頭に雲をかぶっているが、いかにも火山らしく品のいい稜線は見てとれる。

「まずホテルに行きますか？」

「いや、外国人庁に寄って行きましょう。ここから二キロもないと思います」

僕は張り切ってタクシーの運転手に行き先を告げた。

済州出入国・外国人庁はきれいに手入れされた芝の緑地を持つ、五階建ての四角い建物だった。緑地には椰子《やし》の木が植えられている。難民申請を出し、審査を受ける者はみなここに来ることになっている。イエメン難民申請者の急増が明らかになったきっかけの一つには、ここの芝生でサラート（ムスリムの祈禱《きとう》）を行う姿が目撃されたため、というのもあったらしい。

「それっぽい人、いますよ」

陽射しを避けて先に館内に踏み込んでいた柏原氏に控え目な声で呼ばれた。館内に入るとすぐにエレベーターがあり、なるほど、浅黒い肌の、彫りの深い顔立ちの男性が三人、エレベーターを待っている。服装はジーンズにTシャツ等、特に民族や宗教を推測させるものではない。笑顔で同じエレベーターに乗り込み、英語でどこから来たのか訊ねる。

「ヤマン（イエメン）」

おおさっそくだ！　勢いづいて、独学していた初歩的なアラビア語に切り替えた。

「僕たちは日本人です。みなさんに会いたくて、さっき着いたばかりです」

相手の表情がてきめんに変わった。僕らが同じ階で降りてもまったく気にせず、会話に応じてくれる。彼らは面談のために外国人庁に来たらしい。一人は西部のイッブ出身で、あとの二人は首都サナアだ。イエメンはいま全土が危険な状態で、国内に逃げ場はないと言っている。

記事用の写真を撮ってよいか交渉していると、最初の一人と入れ違いに、イエメン人の若い男性がやって来た。面談を終えたあとなのか、険しい表情で僕になにか言ってくる。はっきり聞き取れないが、怪しんでいるのは明白だ。やがて彼はもどかしそうに「他の言葉は話せますか？　フランス語は？」と訊いてきた。フランス語ならアラビア語よりはできる。切り替えた。

「あなたは僕たちの味方なんですか？　敵なんですか？」

「味方です！　いや、味方でありたいと思ってますが、まずは本当のところを知りたいのです。韓国には君たちをニセの難民と見なしている人が多くいるようだけど……」

「色んなメディアが報じているようですが、ちゃんと本当のことを伝えていますか？　僕たちは戦争から逃げてきたんです。それが本当のことです！」

彼の示した警戒心からは、風評被害が蓄積されていることが伝わってくる。

「君はしばらくはここで暮らすんですよね。仕事は見つかりましたか？」

僕のこの問いに、悪意はまったくなかった。済州島に来るイエメン人が急増したのを受けて、韓国政府は通常難民申請から六ヶ月経過しないと認められない就労を前倒しで許可した。という事情があるから、ともかくここで暮らすんだったら仕事を得られたほうが楽でしょう、くらいの気持ちで訊いたのだ。ところが彼はため息をついて言うのである。

「仕事を探してるわけじゃありませんから。僕たちは平穏に暮らしたいだけです」と。つまり僕の問いに、「職探し＝ニセ難民では？」という疑いを深読みしてしまったのだろう。

なおも話していると、中年の女性職員が一人、階段を上ってきた。僕らに気づくと「まっ！」という感じに表情を変えた。僕はていねいに韓国語で自己紹介し、取材する場合の窓口、担当者、時間、電話番号などを訊ねた。

「イエメン人に韓国語を教えている所があるそうですが、見学させてもらえませんか？」

「さあ、そういうことは私どもには答えられません」

「前川さん、ここらで引き上げたほうがよくないですか？　出禁くらったらまずいですよ」

柏原氏が提案した。ここに来ればイエメン人に会えることはわかった。職員の取材窓口もわかった。長居は無用だ。僕たちは「開かれた移民政策」と入口に大書された外国人庁を出た。

再び強い陽射しが照りつけてくる。椰子の葉を揺らした風が、そのまま僕たちの肌をなでてゆく。イスラム教の黎明《れいめい》期、迫害を逃れてマッカからマディナに移住した預言者ムハンマドが最初に建てたモスクは、日干し煉瓦《れんが》で四周を囲み、椰子の木を柱にして葉で屋根を葺《ふ》いただけの簡素なものだったと聞く。思えばイスラムの歴史も逃げることでつながったのだ。

「フランス語の上手な兄ちゃんがいたのは驚きでした。たぶん教育水準の高い人なんでしょうね。そんな人がわざわざ単純労働を求めて韓国までやってくるかなあ」

こんな束の間の交流でも、個人と向き合えば見えてくることがある。

## 四、旧済州のイエメン人

済州市の都市部は旧済州と新済州の二つの地区に大別される。旧済州はその名のとおり、昔の城壁――今は部分的にしか残っていないが――に囲まれた場所を中心に、北は海辺まで続く歴史ある街だ。ホテルは旧済州の、市庁に通じる中央路に面していた。

済州市に来たのは初めてで、すぐに神戸のように歩きやすい街だとわかった。道を把握しやすいのだ。山側と海側とどちらに向かっているのか、道の上り下りに教えられる。縦と横の大通りを頭に入れておけば、方角で迷うことはまずない。ただし距離感が狂わされる時がある。同じホテル前の中央路は、勾配がかなりきつい。海方面に向かえば、足は重力に急《せ》かされる。同じ道を戻る時は、いつまで上るんだ、もしや通り過ぎちゃったか、と戸惑うのだ。

そしてすべての上り坂はハンラ山に通じるのだ。と言うと誇張になるが、島の中央に噴火口を開けたこの山が、ロングドレスのひだのような坂の数々を演出しているのは確かだろう。

商業施設が立ち並ぶ大通りから一歩路地に入ると、素朴な平屋にお目にかかれる。カトリック聖堂の近くには、茅葺《かやぶ》き屋根の家も保存されていた。屋根には茅でこよった網をかぶせてぎゅっと縛りつけてある。強風への備えだろう。さらには、瓦屋根をタールや青の塗料で固めた家も発見した。まったく同じ工夫が施された民家を、鹿児島県の黒島《くろしま》（三島村）で見たことがある。黒島では一軒ならず見られ、住人に訊いたところ、安上がりの台風対策なのだと言っていた。黒島は台風の通り道だ。済州島も、風が多い島である。

そうした民家の、うずくまるように低く下げられた軒と触れあうようにして塀が巡っている。ブロック塀ではなく、石塀だ。中には接着の跡が見られない、石を積んだだけのものもある。細かい穴が開いた石の数々は、火山活動でもたらされた、ハンラ山の賜物《たまもの》だ。この石からできた島民の民間信仰の対象が、トルハルバン（石じいさん）と呼ばれる、モアイのような像。李氏朝鮮中期、一七五〇年頃に彫られたと推定され、現在島内に四十五基残っている。韓国本土で見られるチャンスンという道祖神《どうそじん》は、主に松の木で作られていた。ところ変われば材質も変わる。済州島は、石が多い島である。

そしていまは、イエメン人が多い島だ。

中央路を歩いていると、向こうから二人組の若者がやってきた。見たところ、韓国人ではない。近づくにつれて「それらしき」感が増す。

「アッサラーム・アライクム」

はなからアラビア語であいさつしてみる。すると笑顔で応じて立ち止まる。出身を問えばやはりイエメンだ。彼らと別れてさらに行くと、コンビニのテラス席で談笑している四人の、これまた「それらしき」若者がいる。スマホで音楽をかけたり煙草を吸ったり、難民というにはあまりにくつろいでいるが（というのもおかしな言い方だ、難民だってくつろぐ）、話しかけるとやっぱりイエメン人だ。本当に、こんな簡単に会えてしまうのである。

歩いていると、柏原氏か僕のどちらかが、まずターゲットを認める。「あれっ」とか「おっ」とか言ってそっちを向く。それですべて伝わる。あうんの呼吸で足を速めて接近する。近づくにつれて、現地人や観光客か、それとも別の異邦人かはっきりしてくる。後者なら、そのまま接近し、話しかける。当たり。わーい。

そんなふうにして聞き取りを重ねるこっちは、なんだか笑ってしまうのである。子どもの頃に熱中したロールプレイング・ゲームの〝レベル上げ〟を思い出して。

もしも彼らが一目で悲惨な状況にあるとわかる身なり、姿勢、歩き方をしていたら、いくら僕たちでもこんな楽しげなアプローチははばかられただろう。しかし彼らはポロシャツや襟付きシャツにデニムのハーフパンツといったいでたちで、堂々と歩き、スマホやレッドブル片手にたむろしている。柏原氏の表現を借りると「なんか、ふつうの兄ちゃんたちって感じで、元気そうですね」ということになる。最低でもＬＣＣの航空券を自腹で買って来ているのだろうから、たったいま焼け出されてきたような格好をしているわけがないのだ。

見るからに悲惨そうな「難民」をイメージしていると、期待を裏切られることになる。そして一部の韓国人が「ニセ難民」と決めてかかるのも、印象のずれに起因するところが大きい。

僕はまず、フーシ派をどう思うか訊ねた。みな、口をそろえて非難する。「奴らは人間じゃないよ」とさえ言う者もいる。

あるグループとは、コンビニの入口に置かれたテラス席で話をした。テラス席というのは店外に置かれたテーブルセットのことで、旅の経験から言えば韓国ではほとんどのコンビニに――敷地の小さい都市部の店でも――これが設置されている。またテラス席に限らず、屋外での団欒《だんらん》を好む傾向は、日本よりも韓国のほうが強い印象がある。

そして、僕が少し旅した経験のあるイスラム教国・モロッコもやはり、露天の楽しみ方に関しては日本より進んでいた。真夏のモロッコを自転車で六百キロばかり旅したことがあるが、段ボールの切れ端一枚下に敷いて、街路で夕涼《ゆうすず》みする人をたびたび見かけたものだ。

돌하르방
（トルハルバン＝石じいさん）
済州島のモアイみたいな石像

いま、イエメン人たちは当たり前のようにテラス席を楽しんでいる。開け放たれた夏の扉から海風が吹きこんでくる。母国での暮らしぶりが髣髴《ほうふつ》とするようだ。

けれども、話題はきな臭い。政権側を支援するサウジ連合の誤爆が繰り返されていた。

「こないだも病院に空爆があったんです。見てください、これが僕らの国の状況です」

一人の青年がスマホでニュース映像を見せてくれた。

「みなさんのいたところは、フーシ派に支配されていたのですか？」

「そうです。男は連れて行かれるか、迫害を受けるかという状況でした」

連れて行かれるとは兵士にされるということだ。だから逃げてきたのだ。つまり彼らの亡命は、非暴力・不服従の抵抗運動ともとれる。僕にとって悲しくも模範となる逃亡の実践者たちだ。心情的にはすでに受け入れ賛成派を宣言するにやぶさかではない。

一方で、なぜ戦わないのか、戦って祖国を取り戻すべきではないのかと思う人も多かろう。

特にここ韓国では。済州島は別として、韓国では。以前に韓国を自転車で一周旅行したことがあるが、特に休戦線（南北の軍事境界線）付近では、朝鮮戦争の戦勝記念碑の類を多く見かけたものである。戦勝とはつまり、北朝鮮の侵攻を食いとめた、追い返したということだ。

「みなさんの中で、誰か、戦闘したことのある人はいますか？」

スマホで音楽を鳴らしていた、四人の中で一番ノリがよさそうな若者が答えた。

「いや、俺たちは戦いたくない。だけど人を殺すやつを殺してやりたい」

そう言ってるように聞こえたが、こっちはアラビア語をちょっと独学しただけの初心者だ。

「え？　なんて？」と確認すると、同じことを唱える。しかもスマホを自動翻訳に切り替え、少しテンポを落として吹き込んでくれた。

果たして、僕の聞き取りと大差ない訳文が表示された。柏原氏が画面をのぞきこみ、「戦争する奴を殺したいってことっすかね」と解釈する。

驚いたのはこの後だった。彼の発言はもっともなこと、しかし戦争屋どもを根絶やしにするのは難しい、と苛立ちをもてあそんでいると、さっきまで、未然形の武勇伝を誇るように調子よく語っていた例の青年が急に表情を変え、「いや、いや、なんでもない」と撤回したのだ。「よくないことを言った。なんでもないです」と、自動翻訳の画面に表示された文を消す。

うーむこれは自主規制だな。他愛なく、実現不可能であるがゆえに真率《しんそつ》でもあるこんな願望さえ、「殺したい」という一見過激な表現があるから僕たち外国の「メディア」に向けるのは失策だと思い直したのだろう。「殺してやりたい」だけ切りとられて報じられたらまたどんな誤解を呼ぶかわかったもんじゃない、と。

そうして落ち着くところは「僕たちはただ平和に暮らしたい」だ。もちろん本音に違いないが、ややよそゆきに形づくられた本音と思われる。

彼らはいま、支援者が提供する家やホテルに住んでいる。食堂で仕事をしている者もいた。また、ホテルと言っても支援者が経営するホテルで、宿泊料を格安に、なおかつ厨房を自炊のために開放しているところだ。みな五月に到着した人々で、有り金は少なく、そうした支援に頼らないと暮らしていけないのである。したがって、韓国人に対する印象は悪くない。

それでも「歩いてると汚い言葉をかけてくる人もいます」と言う者もいた。

この時に会った一人の青年は、興味深い話を聞かせてくれた。若い男ばかり逃げてくる理由はわかったが、残された母親や女の家族の身は大丈夫なのか、と訊くと、笑顔でこう言うのだ。

「イエメンでは昔から、母親が〝王さま〟みたいなんだ。家の者はみんな母に従うんだよ。フーシ派だって、女性には手を出さない」

もっとも、彼の笑顔と発言には、礼儀として想像力のつぶてを浴びせて応じるべきだろう。無事でいて欲しいとの願いがこめられているのだ。

テラス席の仲間たちと別れて、少し歩くとまたイエメン人に出会う。今度は二人組だ。

「こんにちは。イエメンの方々ですか？」

「はい」

経験値がまたちょっと上がった。その二十五歳の男性は、内戦勃発間もない二〇一五年に首都サナアを脱出し、紅海対岸のジブチで一年、次いでマレーシアで二年過ごして五月に済州島へやって来た。ジブチがオマーンになったり、エジプト等の国が挟まったりすることはあるが、みな似たような経路で逃げてきている。要は韓国に来るまで、イスラム教徒の多い国々を転々としてきたのだ。宗教的な環境の違いをどうとらえているのか訊ねた。

「ここは無宗教の国で、各自の宗教が尊重されるので問題ありませんよ」

「なるほど。『クルアーン（コーラン）』でも言われる〝君たちには君たちの宗教があり、私には私の宗教がある〟というやつだね」

僕が第百九章最終節を暗誦《あんしょう》すると、二人とも驚いて「そうですそうです。あなたもムスリムなんですか？」と嬉しそうだ。

「いや僕はムスリムじゃないけど、イスラムを知りたくて独りで学んでいるんです」

信仰の詐称にならないよう、そこは一線を引く。ともあれ『クルアーン』を通じて仲間意識が芽生えたのは確かで、逆に僕が質問を浴びせられる側になった。

「アラビア語はどこで学んだんですか？」

「日本で、独りでです」

「『クルアーン』はどう思います？」

「うーん、難しいですが、美しいと感じます」

難しい、質問が難しい。僕の語彙《ごい》力じゃついていけない。さっき第百九章がすらすらと出てきたのにはわけがあり、『クルアーン』の中で意味も構文もわかりやすく、響きも好きで丸暗記していた章だからだ。『クルアーン』を熟知してるわけではない。

話を彼らの信仰生活に戻すと、モスクはなくてもお祈りはできるし、食事は豚肉さえ避ければ問題ないとのこと。支援者のホテルで自炊しているそうで、「韓国料理も食べてみたいけどまだ……」と笑う。イエメン人の側からすれば自分たちの宗教がこの新天地で大きな手かせ足かせになっている様子はなさそうだ。

しかし韓国の人々にとってはどうだろう。

場所を変えるために乗ったタクシーの運転手は、おだやかな口調ながらイエメン人への嫌悪感を明かした。具体的になにがいけないのか問うと、「強姦しそうだ」と言うのである。

「なんで済州島まで来るのかわからない。イエメンに帰ればいいのにねえ」

「イエメンは今、六・二五《ユギオ》（朝鮮戦争のこと）みたいな戦争の最中なんですよ」

少し強めに言うと、「ああ……」となにか納得したようだ。そんなことも知らなかったとは！

## 五、かつての流刑地

翌朝は通訳の朴承珉《パクスンミン》氏と合流し、島の南側の西帰浦《ソギポ》市に向かう。午前中に難民受け入れ反対派、午後には支援派、双方の人間に話を聞くというスケジュールだ。一回り年上の朴氏は日本での記者経験が豊富で、日韓両国でジャーナリストとして活躍している。

初対面の印象は、「歌がうまそうな方だな」というものだった。細い声で、抑揚や装飾を控えた話し方をする人で、なぜそんな印象を受けたのか。韓国のフォーク歌手・金民基《キムミンギ》にどことなく雰囲気が似ているのだ。

タクシーはハンラ山の西の尾根を越えて西帰浦市を目指すようだ。雲が近く、山の形は把握できないが、すぐに都市部を出て、豊かな島の自然がむき出しになってゆくのが窓外に感じられる。そのうち牧草地帯も眺められるだろう。けれどものんびりドライブを楽しむゆとりはない。朴氏から韓国国内での新たな動きを教えてもらい、逆にこちらからは昨日仕入れた情報で気になるものを伝え、さらに調べてもらう。

　イエメン難民の就業状況について細かい数字を確かめ合った頃、車は島の南側、西帰浦市に入った。平野部に向かうにつれて雲が退き、夏の青空の下、石垣で大らかに区分けされた畑や野原が広がっている。軒の低い民家が点々と距離を置いて建ち、大きな建物は見当たらない。沖縄本島の一・五倍ほどの面積を持つ済州島だが、人口は半分強しかない。しかもその多くが済州市の都市部に集中しているのだから、その他の地域は比較的空いているのだろう。

　ところどころに柑橘《かんきつ》系の樹木が、目に心地よい深緑の葉をたくわえている。温暖な気候に恵まれた済州島は、韓国国内で唯一の、みかんの産地なのだ。

　金正喜《キムジョンフィ》流刑地、と書かれた案内板が見えた。李氏朝鮮後期の高名な書家だが、済州島に配流《はいる》されていた時期がある。済州島は〝陸地（半島本土）〟の人々にとって流刑地であり、左遷先だった。誰それの流刑地、といったあんばいの史跡は金正喜に限らず、たくさん残っている。

　ただ島流しの適地として使われていただけではない。朝鮮時代初期に島の内地化政策が進められると、本土から左遷されてくる牧使（地方長官、知事に当たる）の圧政や飢饉に苦しむ人々が本土に逃げこむ流れが生じた。すると中央はどう対処するか。「出陸禁止令」を出し、済州島民を島に閉じこめるとともに、島の女性と本土の男性との結婚を禁止するなど差別待遇をとるのである。こうした措置は十七世紀初頭からおよそ二百年にわたって続いた。

　と、このような島であってみれば、当然のように本土の、特にソウルの人間からは蔑まれることになる。いまタクシーが通り過ぎたあたりに住まわされていたという金正喜にしても「この地の風土と人・物はいまだ混沌とした状態から目覚めていないので、その愚鈍で荒っぽいところは、あの日本の北海道の野蛮人と何が違うでしょうか」と書いているそうだ（文京洙『韓国現代史』）。ほぼ同時代に奄美大島に流されていたわが国の西郷隆盛の場合、当初は島の人々を「毛唐《けとう》」と見下しながらも同時に母国・薩摩の「苛政《かせい》」のひどさを一目で見抜き「誠に忍びざる次第」「松前の蝦夷《えぞ》人さばきよりはまだ甚だしく」と言葉を連ねて義憤と同情を寄せ、やがて島の娘を娶《めと》って子どもが産まれる頃には「島人に成り切」ったと豪語するまでになるのだが、そうした、ある種柔軟な流刑者は済州にはいなかったのだろうか。

流刑地としての歴史があるこの島に、いまイエメン難民が流れ着いている。これは決して偶然ではなく、半島から見て使い勝手のよい距離にある最大の離島であればこそ流刑先に選ばれたのだろうし、同じ地理的条件が、時代の変化と技術の進歩とともに観光の視点で見られるようになると、格好のリゾート地を演出する。観光促進の仕かけが、難民にとっては渡りに船の逃亡ルートとなる。面白いのは二百年にも及ぶかの「出陸禁止令」が現代に隔世遺伝したかのごとくよみがえり、済州のイエメン人に課せられている点だ。

「十分ほどで着きそうですが、早く来すぎてしまいましたね。一時間近く余裕があります」

朴氏が言う。僕はメモ帳を裏からめくり、調べておいた住所を探す。武陵公所《ぶりょうこうじょ》。これだ。難民を支援するカトリック教団が、この公所（教会兼公民館のようなもの）を宿舎として提供している、という教会関係のニュース記事を読んでいた。

「この住所、近いですか？　少しでも取材して間に合いそうなら、見ておきたいんですが」

朴氏に伝えると、運転手とのやりとりがあり、僕にも聞き取れた。遠くはない。行ける。

## 六、働く難民

ネギのような作物が育つ畑に囲まれて、白い陸屋根の建物が見えてきた。あれが目指す武陵公所だ、とすぐにわかるくらい、建物はまばらだ。外づけの階段が屋上までつながり、軒の上には十字架が掲げられている。一階建ての、シンプルで小さな建物だ。

タクシーには待っていてもらい、柏原氏とともに勇んで表に出た。土のにおいが鼻をくすぐる。天気はすでに快晴と言ってよい出来栄えで、今日も暑くなりそうだ。時刻は十時過ぎで、しかし早起きした夏休みの朝食後のような日脚の溜めが感じられるのは、済州が日本の関東よりだいぶ西に位置するから。シャカシャカシャカシャカ、と蟬が遠巻きに鳴いている。

呼び鈴を鳴らし、こんにちは、とおはようございます、を韓国語、アラビア語で叫ぶ。

ややあって気配が近づき、ドアが開いた。ぼんやりした顔立ちの若者が立っている。

「おはようございます。日本の記者で、ここにイエメン人の方々がいると聞いて来ました」

相手は戸惑っているようだ。入口を見ると、サンダルや靴が六足ほど脱ぎ散らかしてあった。

「……はありますか？」と彼が身ぶりで示そうとしているのは約束とか許可のことだろう。

「電話で、連絡してからじゃないとダメなので」

「そうですか、わかりました。平安あれ《アッサラーム》」

アラビア語と韓国語はまったく系統の違う言語だが、挨拶言葉の発想は似ている。「平安」「平和」（アラビア語）、そして「安寧《アンニョン》」（韓国語）を相手に投げかける点で、発想が近いのだ。

さてここは空振りに終わったかに見えるが、さにあらず。確かに住んでいることがわかった。監禁されているわけではないのだ。と言うことは。

「その辺出歩いてる人もいるんじゃないすか？」

昨日の経験をともにした柏原氏もそれは確信していた。タクシーに戻り、少しゆっくり走ってもらうと、すぐに見つかった。畑の中に青い波板でこしらえた倉庫があり、その壁がつくる日陰に座りこんでいる若者が二人。首にタオルをかけている。

「アッサラーム・アライクム（あなたがたに平安あれ＝こんにちは）」

「ワー・アッサラーム（同じく平安あれ＝返しのあいさつ）」

「イエメンの方ですか？」

「はい。そちらは？」

「僕たちは日本から来ました。彼は韓国人です」と朴氏を紹介すると二人は「マンナソパンガッスムニダ（お会いできてうれしいです）」と韓国語であいさつした。

「僕らはナーカータが大好きだ。日本のサッカー選手、ナーカータ」

「中田英寿はイエメンでも人気なんですね！」

スーパースターの名前が互いの距離を縮めてくれる。

この二人もやはり五月に済州島に到着した難民で、さっきの武陵公所に住んでいるとのこと。

彼らは例によって僕のアラビア語学習歴を問うてきた。その流れで逆に、彼らがどうやって韓国語を学んでいるのか訊ねる。

「週に三回、韓国人の先生が来て教えてくれます。アヒさんとボミさん」

「女性の方ですね」

「はい」

いまは雇い主が車でやってきて仕事を指示してくれるのを待っているそうだ。いい時に、いい人たちに出会えた。難民申請者たちの労働現場はぜひ押さえておきたいところだ。

一人はそこそこ英語が話せ、僕がアラビア語を理解できない時には通訳を試みてくれる。

「もし僕らがよく働けば、それをイミグレーション（外国人庁）に報告してくれるのです」

「韓国の人々はとても親切にしてくれますよ」とこちらはアラビア語。

言語をいったりきたりしてお話ししているうちに、軽トラックが到着した。

「さあ仕事しなくちゃ。マンナソパンガッスムニダ」二人は立ち上がり、御用聞きに運転席の親方のもとへ向かう。親方は倉庫の南京錠を外した。重い鉄の扉が開き、真夏の陽光がさしこむ。してみると、今朝の現場はここ、なのだ。

朴氏の通訳で、今度は親方（社長）に取材を申し込むと快く承諾してくれた。この日の作業は、倉庫内にある内装品を運び出し、ここから十五分ほど離れた現場で設置するというもの。

「ちょうど人手が要る時に、入管のほうで仕事を探している人がいるというのでやってもらうことにしたのです。外国人は初めてで、まだ四日目ですが、誠実によくやってくれてますよ」

毎回の仕事終わりには、彼ら労働者が持参する紙に社長がサインする。それが評定書になっているようだ。社長は片言の英語と身振りで指示を出す。

いつのまにかゴム軍手をはめていた二人のイエメン人は、倉庫内の木箱やタンスをせっせと運び出してゆく。話を聞きながら見学するうちに、なつかしさに似た感情がせりあがってきた。もう二十年近く前、大学を中退して間もない頃のこと、僕は東京都内の家賃二万五千円の下宿に住み、登録制の肉体労働で生計を立てていた。だいたい作業の前日午後に、「明日これこれの現場、作業内容はしかじか、行けますか？」といった連絡を受けとる。引き受けたら当日、あらかじめ事務所で大量にもらっておいた作業伝票とヘルメットとゴム張り軍手と、手製の弁当を持って現場にゆく。多くは石膏《せっこう》ボードやパーティクルボード、板材、長物と呼ばれる木材などをトラックから所定の位置に運ぶ仕事だった。

現場監督は、どの現場でも尊敬すべき人が多かった。定時を過ぎても作業が続く場合、一時間ごとに残業代がプラスされる。一時間五分で終わったら普通は一時間でカウントするところ、作業伝票にサインする段になって「今日はがんばってくれたから、二時間つけとくよ」とおまけしてくれることもあった。そういう場合事務所への報告電話はちょっと遅らせるのだ。

とあるビルの建設現場ではこんなことがあった。昼休みに、僕はあらかじめ目をつけていた足場のてっぺんに座り、足をぶらぶらさせながら弁当を食べていた。バカと煙は高いところが好き、と言うが、他の現場でも、ガラ（ゴミ、廃材のこと）の山の頂上に座って飯を食うといったことがよくあった。だがこの時は、監督さんに見つかった。下の道路からこっちを見上げ

「降りろ、降りろ！」とやけに大きなジェスチャーで言ってくる。

実はこの監督は少々苦手だった。色白で細面で、現場よりもオフィスにいるのが似合いそうな人だった。早い話が迫力に欠けた。そんな印象があったから、この時も、細かいことにいちいちうるせえなあ、と反発しつつ仕方なく下に降り、説教を拝聴しに行った。「そんなところで食事するなんて危ないじゃないか。非常識きわまりないぞ」といったお定まりの苦言だ。僕としてはただ早く解放されればいい、弁当がまだなんだ、とひたすらすみませんを繰り返す。

目を伏せうなだれていた僕の前方で、ふいに空気が変わった気がした。

「……まあ、気持ちよさそうだなあ、って思ったのはわかるけどね」

監督は足場を見上げてそう言うと、くくくっと笑った。僕はふふふっと笑った。世間知らずな僕のせっかちな人物評はくつがえった。この人もやはり「尊敬すべき監督さん」だったのだ。

結局僕は、この仕事からも逃げ出してしまうのだが。


「韓国人が敬遠する、〝3K〟の仕事を一生懸命やってくれるので、百％満足してます」

社長の言葉を朴氏が訳して伝え、僕を回想から引き戻す。3K（危険、きたない、きついを意味する）とは、日本の事情に通じる朴氏ならではの訳語だ。

給金がもらえるだけではなく、いつまで続くとも知れない難民生活に張り合いが出るのも労働の効用の一つだろう。けれどもだ。仕事に貴賤《きせん》をつけるつもりはないが、この手の肉体労働は、戦争から逃れてきたイエメン難民の大部分にとって、積極的に志望するものでもなかろう。

工事現場でアルバイトをしていた頃、十時と三時の休憩時間や作業に余裕のある時など、監督さんや職人さんと雑談することがしばしばあった。そうした時、我々〝若い人〟たちは、なにか目指すものがあって、一時的にこうした仕事をしてると見なされるのが常だった。

それに似た仕事にいま、済州島で、イエメン難民が就いている。僕は彼らの笑顔と働きぶりを見て、よろこんでいる。一方で、マジョリティの側、つまり韓国人に、かつて僕たち若きバイト君たちが受けとめていたあの視線があるのか、気になりつつある。将来だとか夢だとか自己実現だとかを当然のこととして労働者一人一人の肩の上に見出す、あの視線が。

## 七、「ニセ難民」排除論者の言い分

インタビューの場に指定されたのは、西帰浦市内のコミュニティセンターのような施設だった。難民受入れへの反対運動を牽引する「済州難民対策道民連帯」（以下「連帯」）代表のイ・ヒャン氏は時間通りに現れ、二階の会議室に案内してくれた。丸顔に黒ぶちの丸い眼鏡をかけ、髪を一つに結わいた柔和な物腰の女性だ。よく冷えたアイスティーを用意してくれていた。

「日本のテレビ局も一度取材に来ましたよ」と微笑む。

イ氏の口調はおだやかだ。訛りはなく聞き取りやすいので、僕は韓国語である程度話の内容をつかみ、続いて朴氏の日本語訳で詳しく理解するという手順がとれる。

イ氏の主張をまとめると、以下のようになる。韓国では二〇一三年に他のアジア諸国に先がけて難民法が施行されているが、この法制には問題が多い。難民認定者のみならず難民申請者すべてに生活費の保障その他の待遇を約束しており、仮に申請が棄却された場合も、強制送還は禁じられているし、再審査のために国選弁護士がつけられることになっている。

「韓国国民は国防の義務をはじめ、さまざまな義務を果たして権利を行使しています。けれども難民申請者は〝無賃乗車〟で国民と同等の法的地位が保障されているのです。韓国には不幸な身の上の人々がたくさんいます。独居老人や、医療費が得られずに自殺してしまう人など。そんな状況なのに難民申請者を優遇する政府は異常です」

だから「連帯」は難民法の廃止もしくは改正を求めて活動しているとのことだ。敵は政府であり制度であり、またそこにぶら下がっていると見なされる集団なのだ。イ氏は「民族主義や人種差別主義ではありません。ナチではありませんので誤解しないでください」と強調する。

そして難民法にぶら下がっていると見なされる集団は、難民申請者だけではないとのこと。まず国選弁護士。外国人が難民審査に落ちると、再審査を求める仕事がこの人たちにゆく。弁護士たちは仕事が欲しいから難民を擁護する、とそういう理屈だ。

続いて人権団体。数多くの団体が国連や政府から支援金をもらって活動しているとのこと。あとは「一人当たり三五〇万（約三十五万円）から七百万ウォン（約七十万円）受けとって彼ら（難民申請者）を連れてくるブローカー」が暗躍しているそうだ。けれども誰がそのブローカーに報酬を支払うのかは不明のままで、金額が具体的な割にぼんやりとした話だった。

「国民はこの制度からまったく恩恵を受けていません。私たちはお金を払わなければならず、あの人たちはお金を受けとります。税金がかかるからみなが反対しています」

同じような主張はわざわざ済州島まで出向くまでもなく、わが国にいても聞かれる。ある集団が得をしている。その陰で多数派が損をしている。だからなんとかしないと、と。

いずれにせよ反対する最大の理由は経済面にあるらしい。それなら難民申請者がどこの出身であろうと運動の方針にはさほど影響しないだろう、と思いきや。

色々聞いていると、結局は相手がイスラム教国の出身者だから態度を硬化させているのが透けて見えるのだ。「みなさんの活動が、過度な排斥につながることはありませんか？」と質問し、イエメン人の中には暴言を浴びせられた者もいた、という話をするとこんな答えが返ってきた。

「それだけ市民が不安になっているということです。例えばこんなことがありました。九歳の娘を表で遊ばせていた女性が、アイスクリームを買いにちょっとその場を離れて戻ってきたら、イエメン人男性が二人、娘の近くに座って見ていたそうです。二人の様子をほんの何秒間か見ていた母親は強い恐怖を感じました。イエメンには早婚の習慣があるそうですから」

わが国の、この前の戦争の時には、アメリカ軍がやってきたら女性はみんな強姦されると信じ込まされていた人々が多くいたらしい。イ氏の語るエピソードは、そんなことを考えさせる。

出自の異なるある集団が制度面で優遇されているとする意識と、その集団に対する嫌悪感とが絡み合って一つの「Ｎｏ」を構成しているこの図式は、わが国で一部の国民が在日コリアンに対して抱くのによく似ている。よく似ているもなにも、およそマイノリティとは多かれ少なかれそうした態度をとられがちな境遇にあるのだろう、ことさらに在日コリアン（韓国では在日僑胞《キョッポ》と呼ぶ）の例など出すまでもない。ふつうなら。

ただ舞台が済州島であってみれば、やはりこの相似形には触れておきたいのだ。

この時点からちょうど七十年前、つまり朝鮮戦争勃発の二年前、ここ済州島は極度の混乱状態にあった。四・三事件と呼ばれるその事態の詳細を記す紙幅はないが、私見ではそれは辺境に特有の敏感さゆえに生じた悲劇であり、朝鮮戦争の前哨戦であり、最も多量の血を流した「赤狩り」であり、建国間もない大韓民国が犯した常軌を逸する大弾圧であった。

その騒乱から、まさに難民となって逃げのびた人々が、日本帝国時代から拓かれていた航路を使って大勢関西にやって来たのだ。その数は資料によって違うが、一例では四万人。この人たちが在日の大きなパートとなるのだが、さてホスト国の、排他的な国民にとっては、それから七十年、個々の事情はどうでもよい、とにかく「在日だから」、と指弾する対象となる。

「言いにくいのですが日本では在日コリアンに対するデモもありました。また、なにか凶悪犯罪が起きると、インターネット上には『どうせ犯人は在日だろう』といったコメントが湧いてきます。イスラム教徒を十把《じっぱ》ひとからげに危険と見なす態度も、これと同じようなものではないでしょうか？」

韓国でこういう話をするのは緊張する。済州社会全体のトラウマとなった四・三事件に言及するのも、だ。通訳を聞き終えたイ氏は特に不快な表情になるでもなく、答えた。

「違います。私たちはヨーロッパの難民政策が失敗だったと見ています。彼ら（難民）がヨーロッパで問題を起こしてきたから、韓国の人々も本能的に恐怖感を持っているのではないでしょうか。在日僑胞の場合は、むしろ日本で仕事を手伝ったりと、社会のためにはなっても、問題を起こすことはなかったんじゃないでしょうか」

社会のためになる。さっき話を聞いた雇用主はイエメン人労働者の働きに「大いに満足」していた。つまり難民申請者が一人の事業主を助け、「社会のために」なっているのだが、それはそれで反対派にとっては「韓国人の雇用が奪われる」になるのだ。なおかつイ氏は、前倒し就労した難民申請者たちの離職率が高いことに触れ、「本当の難民ならどんな仕事でもするはずです」とさえ言う。すぐやめるからにはやっぱりニセ難民だ、ということなのだろう。

だいたいの主張はわかった。僕は近い将来に照準を定め、話を進めた。

「具体的に問題を起こしたケースがなにもないのにニセ難民、不法難民と決めつけているようですが、では今後審査が進んで、本当の難民と認められたらどうなさいますか？　その時にはきちんとその人の名誉回復を行うのでしょうか」

話はいたってシンプル。「ニセ難民」が誤りだったとわかった日には、せめて謝罪くらいするのが筋ではないの？　これは質問ではなく、むしろ要望だった。それこそ四・三事件にしても民主化運動にしても、政治の犠牲者の名誉回復を辛抱強く進めてきた伝統が韓国にはある。

「難民認定されたら、それについてはなにも言えないでしょう。しかし再審査をやる時には、在外公館でやるという風に法を変えるべきです。申請や訴訟にかかる費用も自分で負担するようにしないと、韓国の国民が税金で食べさせている状況は変わりません」

おっと、話が筋違いを起こしたぞ。イ氏はわざと論点をずらしたのではなかろう。お詫びと訂正とか名誉回復とかいった発想がまったくないだけだ。しかし不思議だ。すべて自己負担できる人しか難民申請しちゃダメというのなら、本物の難民とは何者なんだろう?

「ところでイエメン人と接した経験はありますか?」

「ありません。彼らは私たちを避けるんです」

イ氏は笑いながら言った。

## 八、ムスリム難民を助けるカトリック教会

話は二時間近くにおよんだ。ありがとうございました、と双方席を立った時、イ氏が遠慮がちな笑みを浮かべて僕に言った。

「あなた、少しイエメン人みたいですね」

通訳なしでわかった。口にしたことでためらいを払拭《ふっしょく》できたのか、イ氏は声を立てて笑った。取材の間、僕の顔を見てそんなことを考えていたのかと思うとおかしかった。

顔について露骨にコメントされるのは僕の場合わりとよくある。国内でも、国外でもだ。いわゆる日本人っぽい顔立ちをしていないらしいのだ。沖縄出身の父に似たようだ。ついでながら、父は娘の友だちから「イラン人かと思った」と評された過去を持つ。

子どもの頃から黒人とかポリネシア人とか言われることがあったが、発想が豊かで口が悪い

ガキの世界ではお互い様。だけどそこそこ大人になってから先は、我々いちじるしく濃い系の人間ばかりが頻繁に顔のことを言われる不公平が幅を利《き》かせている気がしてならない。

あまり愉快なものでもない。反動で、僕は積極的な誉め言葉になりそうな時以外は相手の容貌に言及しないようになった。外国人に言われた時は、「私の父は沖縄という日本の中でも最も南のほうにある島の出身でして……」と説明するようにしている。イ氏に対してもそう答えたが、本当はもうちょっと気の利いた返事をするべきだった。

「イエメン人みたいな顔の私と二時間じっくりお話ができたのですから、今度は本物のイエメン人と会ってみてはいかがでしょう」とか。

タクシーを呼んで待つ間、僕とは対照的にすっきり涼しげな顔立ちの柏原氏が言った。

「さっきの話どう思います？　イエメン人があの人たちを避けるってホントですかね」

「デモの最中だったらそりゃ近づかないでしょうけど、普段はねえ。関心ないだけでしょう」

「なんか、すべてを悪いほうにもっていきたがりますよね。小さなことでもイスラムが絡むと」

「九歳の娘を見ていたのが怖かった、ていう話はリアクションに困りました」

柏原氏は苦笑で応じた。

時刻は十二時を過ぎていた。二時から、今度は難民を支援する立場の人と会う約束になっていた。場所は済州市だ。あまりゆとりはない。タクシーに乗り、朝来た道をとんぼ返りだ。

支援者のほうも三十三の団体が集まって「済州島難民問題対策汎道民委員会」を結成している。中でも僕が特に取材を希望したのは、カトリック済州教区・移住司牧センターのキム・サンフン局長だ。キム氏たちの活動は、インターネットで知った。済州島を取材すると決めてから、ハングル入力に切り替えて難民関連の情報を検索していたところ、カトリック教会の存在が強く浮かび上がってきたのだ。

後の章でも触れるが、僕が母国・日本の次に深入りしている国はスペインだ。二〇〇九年に短期留学で初めて滞在して以来すっかり惚れこんでしまい、これまでに六回行き来している。自転車で旅した距離は、韓国の二倍、三千キロくらいになるだろう。そんなわけで、スペインをスペインたらしめたカトリックという宗教についてはわりと身近に感じている。

歴史的に見るとカトリックの信者たちは他の信仰を持つ者らに対してかなり乱暴なことをしてきたものだ。例えばイスラム教徒に対しては、二世紀にもわたって繰り返し十字軍を送りこんだり。スペインではレコンキスタ（国土再征服）後にイベリア半島内にとどまったイスラム教徒を強制的に国外退去させたりしていた。要するに極めて融通の利かない面を持っていた時期もあった。そんなカトリック教会が、済州島で、イエメン難民を、イスラム教徒を守ろうと努めている。彼らは単に、事務的に手助けしているだけなのか。それとも、かつて激しく敵対した歴史も含め、信仰の実践としてやっているのか。そういう興味があって、キム氏に取材を申し込んだのだった。ちょうど僕が済州に来る前日には、カトリック教会の頂点に立つローマ教皇が、済州のイエメン難民に二万ユーロの義援金を送るというニュースが入った。となるとやはり難民支援は済州教区のローカルな判断というわけではなさそうだ。

西帰浦から帰ってくると、旧済州が大都会に感じられる。海に向かって下ってゆく中央路から斜めに一本細い路地があり、その先には立派な尖塔を持った聖堂がある。カトリック済州教区の聖堂だ。その近くの小さな大衆食堂に入り、ククス（麺料理）をかきこんだ。

移住司牧センターの事務所は聖堂の裏手に建つビルの四階だった。エレベーターはなく、三人して階段を上る。暑い。事務所の扉は開け放たれ、入口に薄手のアコーディオンカーテンが張られていた。あいさつをして中に入る。ロマンスグレーの髪をうなじまで伸ばした男性が迎えてくれた。半袖シャツの襟の内側にスカーフをチラ見せした、なかなかお洒落な紳士だ。彼がキム・サンフン局長だった。

キム氏は僕たちを事務室の中央に置かれた円テーブルに誘《いざな》った。ついさっきまで面談をしていたようで、入れ違いにイエメン人らしき二人の男性が僕らにあいさつして出て行った。

「はじめに私のほうから質問したいのですが」とキム氏が切り出した。

「難民問題の専門家は大勢いるのに、なぜ専門家でもない私のところへいらしたのですか？」

「イエメン難民の流入に反対する人々の中には、イスラム教を問題にする人もいます。そんな中で、過去にはイスラムを敵と視《み》ていたカトリック教会が熱心に支援活動をしていることを知り、興味を抱いたのです。難民支援は、キリスト者としての信仰とどう関わっているのか」

通訳の朴氏は、僕が「敵」という言葉を用いたのが意外だったのか、そこでいったん語の確認を求めた。僕はカトリックとイスラムとの過去の争いの例を付け加え、説明を補う。

「カトリックの私たちがイスラム教をどのように思っているかということですね。一つの例になるかもしれないので、最近済州で起きたことをお話ししましょう。

先週の土曜日に教皇大使が済州にいらっしゃいました。済州の主教はその頃、信徒たちに宛てて難民を助けるよう書簡を書いていました。大使はそれをご覧になり、来島されたのです」

教皇大使とは読んで字のごとく、教皇庁が世界の各国に派遣する大使だ。駐韓大使はマルタ出身のアルフレッド・シュエレブ大司教。

「大使はイエメン難民の宿舎への訪問を希望されました。私たちが宿舎に案内すると、難民相手にこう説かれました。『全世界のカトリック信徒はイエメン内戦が早く終わるよう祈っています。しかし私たちの祈りだけでは足りません。あなたがたもともに祈らねばなりません。ともに祈ることで、一刻も早く戦争が終わり、あなたがたがご自宅に帰れるよう願っております』と。

ご存じのように、ムスリムは一日五回祈りを捧げます。その祈りを聖堂や宿舎となっている公所の中でするのを許可したのはもちろん、より熱心に祈るよう激励されたのです。ムスリムの信仰に対し、私たちは例えばこのように接しています」

ここからが本題だ。キム氏たちが具体的にどのような支援活動をしているのか。

話を聞き始めてすぐにわかった。キム氏は「専門家ではない」どころか、済州の難民問題の最初期から奮闘してきた現場のエキスパートだったのだ。逃げてきた人々をどう助けるか。一つのモデルケースとなるので詳しく記しておきたい。

## 九、ゼロからの難民支援

ここ移住司牧センターでは外国からの移住者のサポートをしている。とは言え難民の対応はこの年の五月になるまでしたことがなかったそうだ。

「済州には難民について詳しい人はほとんどいませんでした。一方、ソウルには難民センターがあるし、ムスリムのコミュニティもあります。ソウルまでたどり着けば助けが得られるので、お金をあまり準備せずに来た人たちばかりでした」とキム氏はふり返る。

ところが難民流入が止まらない事態を受けて、政府は四月末に、済州のイエメン人に出島制限を課した。島を出てはいけない、と。出島制限のスタンプがイエメン人のパスポートに押されるようになったのは五月の第三週頃だとキム氏は記憶している。それ以降、通過地点にすぎなかったはずのこの島に閉じ込められた五六〇余人の難民は、じりじりと生活費を削ってゆく兵糧《ひょうろう》攻めの状況に置かれたのだった。

ちょうどその時期はラマダーンに当たっていた。ラマダーンはイスラム教の暦、ヒジュラ暦における聖なる月で、二〇一八年の場合、五月十六日から六月十四日まで。敬虔なムスリムはこの間、日の出から日没までの飲食を断つ。外出が減るので、済州市民がその存在に気づくのが遅れたらしい。「そうじゃなかったら、もっと早い時期に大騒ぎになっていたでしょう」とキム氏は語る。この期間がキム氏たちにとっては難民支援体制を一から作る準備期間になった。

ある日ここへ一人のイエメン人が訪ねてきた。三十代のその男性は、他のイエメン人やキム氏よりも流暢な英語を話し、また経済的な余裕があった。彼は英語を介したアラビア語の通訳を引き受けてくれた。同時にSNSでイエメン難民用のネットワークを作ってもらう。

こうしてイエメン人の間での情報網ができ、同時に支援者たちとの意思疎通もしやすくなった。その一方でキム氏は、難民たちが済州社会に受け入れられるよう奔走する。頼れる仲間が二人いた。一人はソウルの難民人権センターに二十年務めていた男性。もう一人は生まれも育ちも済州島の四十代男性。ソウル出身のキム氏よりもはるかに土地の事情に詳しい。かたや難民問題の専門家で、かたや地元通、というツートップの布陣だ。三人は対策会議を繰り返した。

キム氏たちはまず、入管に警告した。間もなく手持ちの金が尽きた難民たちが宿を出て、野宿を始める、そうすると社会問題になるだろう、と。

「しかし入管の人たちはそれを信じませんでした。そうこうするうちに、市内で野宿するイエメン人の写真が市民のSNSに上がりました。すぐにそれを入管に見せに行って言いました。『今後なにか問題が起きたらあなたがたが責任をとるのですよ』と。向こうはちょっとしたパニックですよ。この時から入管はようやく問題意識を持つようになりました」

この一件以来、宿無しイエメン人を保護するルーチンが確立された。野宿者がいるという報せを受けると、キム氏の仲間と入管の職員が確認に行き、相手を手近なホテルに連れてゆく。入管職員はホテルにつけ払いを頼む。この難民申請者はやがて仕事を見つけます、そうしたら宿泊代を払います、払わなかったら入管で負担しますと。入管職員の対応を見てキム氏は、ふつう難民申請から半年経たないと下りない就労許可が前倒しされる見通しを持った。

はたしてキム氏の予想は当たり、ちょうどラマダーンが終わる六月十四日に、法務省の管轄で最初の就業説明会が開かれたのだった。

ここまでの話だけでも、キム・サンフン氏に会いに来た甲斐があった。午前中に反対派のイ氏の話を聞いてきてよかった、なおかつ、この順番で会ってよかった。イ氏と別れてここに来るまでの間、彼女の言い分の論理的整合性や個人的な賛否の判断は別として、なにか僕の中でわだかまっているものがあったのだが、その正体が見えてきた。イ氏の話は、現場感が希薄なのだ。例えばイ氏はこんなことも言っていた。

「入管の職員は韓国語か英語で、イエメン人はイエメン語で、それでどうやってまともな審査ができるのでしょう」と。イエメン語という言語は僕の知る限りないのだが（アラビア語だ）、それはともかく、少しでも現場への想像力があれば、『蘭学事始』の時代の江戸じゃあるまいし、言葉の問題くらい「なんとかしてるんだろう」と思うはずだ。現に、支援の現場に立つキム氏たちは、早い段階で通訳になる人を見つけている。

支援団体の活動は、週一回の無料診療、毎日の韓国語講習、住居の提供など多岐にわたる。キム氏は総合的な暮らしの相談に当たり、二人の修道女がそれぞれ医療と教育を担当している。

まず医療について。毎週日曜の午後三時に無料診療所を開いている。診療分野は内科と歯科だ。無料診療所では簡単な診療しかできないので、他の病院に連れてゆく場合もある。費用はキム氏ら支援者もちだが、大きな手術が必要な時は法務部から出るそうだ。およそ二ヶ月で、外部の病院に連れていった難民は百人にものぼったという。全体のざっと二割だ。それまで劣悪な環境で暮らしていたことをうかがわせる。

続いて暮らしの相談、特に難民たちの住まいについて。入管と協力して野宿の問題をひとまず解消したキム氏ら支援者はその後、より安価な住まいの確保と提供を始めた。キム氏は一人一人と面談して、各々の事情を考慮して可能な居場所を紹介するのだ。

キム氏の話を聞いていると、登場人物の多さに驚かされる。済州島に来ている五百人以上のイエメン人全員、とまではいかないにしても、その半分くらいは個人的な知り合いになっているのでは、と思わされるほどだ。

「子どもがいるいないを問わず、家族で逃げてきた人々が十一組ありました。面談をして、済州では支援が難しいと思ったので法務部に陳情書を送りました。ソウルへ送ってください、と。それからもうすぐ二ヶ月になりますが、ソウルへ行けたのは一組だけです。父親が先に本土へ入っていたケースで、家族結合の原則で認められたわけです。

済州に残されたうちの二組は、それぞれ子ども五人の大家族です。法務部はその家族もソウルに送ってやりたかったのですが、その頃にはもう反対の声が大きくなっていたので無理だったのだと思います。結局、修道院の一階と二階をそれぞれの家族に提供し、いまはそこで暮らしています。

また、教職員の労働組合に子どもたちの勉強を見るようお願いしました。今週末から簡単な授業をしてくれることになっています。けれども……子どもたちにはあまり力になれず、本当に申し訳ないと思います」

小さな子どもとともに、キム氏が特に気にしているのは青少年の存在だ。

「私が初め信じられなかったのは、青少年が独りで逃げてきているということでした。パスポートの手続き等が必要なのにそんなことがあるのか、と。保護者も来ているのではないかと。実際に面談してみて、事実だとわかりました。そのうちの一人のケースをお話しします。

彼はイエメンにいた頃十五歳で、背は高く体もできていたので毎日、兵士が（徴集のため）探しに来ていたそうです。彼の母親は、息子が銃を持って戦闘に行くのを望んでいませんでした。生きて欲しかったのです。そこである日、どこへ行くかも告げずに息子をバスに乗せ、五回も乗り換えて、パスポートと航空券とわずかなお金を渡し、逃がしたのでした。面談の際私は、両親がいつ韓国に来るのか彼に訊ねました。『来ません』と彼は言います。母親は、たとえ彼がよその国に帰化しようと、生きていてくれればいいという想いだそうです」

ずっと後に僕がこの話を別の国の難民に、そっくりそのまま聞かせることになろうとは、当時は想像すらしていなかった。

「彼はいま、韓国人の家庭で暮らしています。機械工学を学びたいと言っています。青少年は他にもいます。彼らは学業に秀でていれば庇護者を見つけられるでしょうし、そうでなければ技術を身につけるのが望まれます。さもないと貧困層に落ちてしまいますから」

キム氏は難民たちの支援をたいへん長い時間軸において考え、実践しているのだ。最低限生かしてやればそれでよいというのではない。もちろん生命を守るのは最優先課題だが、その上で、戦争に断ち切られた日常を少しでも復旧させたいと願い、力を尽くしている。

その志には、教皇の教えがヒントになっている部分もあるようだ。僕があらためて教皇の難民支援を話題にすると、キム氏は丁寧に教えてくれた。

「教皇が即位されて最初に訪問したのは難民のもとでした。その時に教皇は全世界の信徒に向けて、難民を助けなさいと、具体的な方法も含めてメッセージを出されたのです」

その方法とは、まず微笑みをもって「歓迎」し、次に「保護」すること。

「〝善きサマリア人〟の話をご存じでしょう？　道で血を流して倒れている人を見かけた時、善きサマリア人はどうしたか。血を洗って宿屋に連れてゆき、代金を払ってあげた。これが保護です。それと同じで、戦争を避けて逃げてきた人たちなのだからよろこんで歓迎し、保護すべきだと思っています」

言われてみると確かに、無料診療も住まいの提供も、聖書のこの挿話をなぞっているようだ。

そして三番目は「増進」のための力添えで、これは文脈上、自己実現と言い換えたほうがわかりやすいだろう。教育や、難民の仕事の幅を増やすための努力がこれに当たる。

「そして四番目が『統合』です。私たちの社会でいっしょに暮らしてゆけるようにすることです。教皇はそうおっしゃっていました。当時私には理解できませんでしたが、いま実際に難民を支援する活動を通して、その正しさを実感しています」

いまはその二番目から三番目の段階に当たる。だからこそキム氏は難民申請者の就業環境を憂える。

「就業許可が前倒しで下りたとは言え、難民申請者たちが選べる仕事は限られています。漁業、養殖、農業、軽作業、皿洗い等ですね。なぜこれらの職種だけ許可したか、ご存じですか？」

「韓国人があまりやりたがらないから、ですか？」

「そうです。しかし難民にもさまざまな人がいます。肉体労働者もいれば博士もいる。たくさん勉強している人もいるのです。現在までに三六〇人が仕事につきましたが、続いているのは二四〇人だけです。あとの人々は、きつく、慣れない仕事で、解雇されるか自ら辞めてしまったのです。こうした状況は今後も続くでしょう」

キム氏らの見方では、仕事が続かない難民が多いのは個性や適性を無視しているからなのだ。職業選択の不自由をやわらげるために、難民たちも努力しなければならない。たとえ技能や適性があっても、意思疎通がうまくいかなければ働きづらいだろう。

「だからこそ韓国語教育が大事なのです。ここでも授業をやってますし、島全体ではここ以外に五ヶ所の韓国語教室を開いています。歩いて一時間以上かけて学びに来る人もいました。それじゃ疲れてしまうので、韓国語を勉強したい難民にはバスカードを配布しています」

語学教育の話になると、僕はがぜん図々しさを発揮して、せがんだ。授業風景を見学させてください、と。韓国語もアラビア語も、僕は独学で、ちょっとした講座にさえ出席したことがない。だから単純に見てみたいのだ。しかも過去の自分の経験から、語学をやるには多少の情熱を動員しなきゃならないことを知っている。言語というのは、特に初学者にとって、なによりもまずお口のダンスなのであり、ノリが悪いと入りこみづらいのである。イエメン人がどんなノリを見せてくれるのか、知りたい。その熱量を受けとりたい。

はじめは少し渋っていたキム氏も、僕の熱意にほだされたようで、明日午前中の授業への参加を認めてくれた。

楽しみが一つ増えたところで、仕事の話に戻す。

「今朝話をうかがった反対派の人は『難民に職を奪われる』と危惧していました」

そう伝えると、キム氏は「話になりませんね」と、珍しくぶっきらぼうに言い放った。ややあって、「韓国人が言ってるのですか」と苦笑し、もとの明晰な口調で言葉をつなぐ。

「例えばこの国で暮らすフィリピン人がそう言うのならまだ理解できますけどね。いま済州島には二万人の外国人がいます。不法滞在者も含めれば二万五千から二万八千人になります。彼らは韓国人がしたがらない仕事をしているんですよ？

難民問題が出始めて間もない頃、こんなことがありました。島の南部の農村に暮らす信者がここに来て、『難民を雇えないか』と言うのです。なぜ難民を、と逆に訊きました」

その人が持つ農場でも他の農村でも、韓国人の後継ぎは一人もおらず、外国人労働者に頼る状態が続いていた。その雇用形態はおそらくわが国の技能実習生に近いもので、原則として三年契約。その後双方が希望しても延長は最大で一年十ヶ月までしか認められない。しかし雇い主からすれば、三年くらいでようやく一人前になるのに帰られてしまうのは割に合わない。

そこで、長年済州にいる不法滞在者たちを雇うようにした。彼らは契約に期限がないので、能率は上がった。だがもし当局にバレたら労働者は強制送還、雇用主は一人当たり二五〇万ウォン（約二十五万円）の罰金を支払わねばならない。悩んでいたところにイエメン難民増加のニュースを知り、「難民なら条件が合えば一生働いてくれるという噂を聞いて」相談に来たそうだ。

「職を奪われるから反対などと言ってる方には、こういうところで働いてみたらいかがです、とお伝えください」

## 十、漁村の光景

別に反対派と同じ持ち時間にして公平を期したわけではないが、キム・サンフン氏の取材も二時間に及んだ。時刻は四時過ぎ、まだ陽射しの強烈な旧済州の路地に出ると、柏原氏がまぶしそうに眼を細めて言った。

「いやー、明晰な話し方する人でしたね」

「はい。カッコいい人でした」

二人とも、支援者の体験談のほうが反対派の論よりも単純に面白い、という手応えを感じていた。じゃあこれから、他の支援者の話を集めてまわろうか。という案もあったが、喫茶店でアイスティーを飲んで身体と頭を冷やすうちに、少々意地悪な方針に落ち着いた。

イエメン難民の粗《あら》さがしをしておこう。

要するに僕たちは、よその国のことながら、難民支援側に近づきすぎていた。ここらで少しは、イエメン難民の危ない話題を追ったほうが、視点が増えていいんじゃない？　というわけで頭を一時、三面記事向けに切り替える。

「なんて言いましたっけ、イエメン人がケンカして警察沙汰になったたっていう漁村？」

「翰林《ハンリム》です、済州市翰林邑《ゆう》の船員宿舎、と記事にはありました」

メモを見ながら僕が答えると、「そこ行ってみません？」と柏原氏が提案する。七月一日の午後、翰林の船員宿舎で暮らす二人のイエメン人男性が、殴り合いの喧嘩をして現行犯逮捕された。船主夫人の談では、食後の皿洗いの順番が問題になっていたそうだ。

こんなちっぽけな事件が現地で尾を引いてるとは思えないが、とりあえず行ってみよう。

タクシーを拾って海沿いを走る。済州島はかなり整った楕円《だえん》形をしているので、沿岸部の町や村の位置関係を説明するのにはいっそ時計の文字盤で考えるとわかりやすい。済州市の都市部は十二時から一時あたりに広がり、いま向かっている翰林は十時前のあたり。けっこう遠い。車は点々と連なる漁村や海水浴場を縫って走る。茅葺き屋根に黒い防風ネットをかぶせた民家が車窓をかすめた。細長い平地に畑が拓かれ、スイカの直売店が設置された所もある。今朝訪れた農村地域とはまた違った趣があり、じっくり旅してみたくなる。

三十分後、翰林の閑散とした漁港で車を降りたら、西に傾きかけた太陽が空と海面から照りつけ、猛々《たけだけ》しいまでの熱気がたちこめている。港のだだっ広い駐車場には日陰をくれるものがなにもないのだ。かと言って、市場は休みなのか人がおらず、聞き込みは困難。古い住宅地の方は例によって腰の低い民家が多く、日陰は少ない。僕たちは早くも気息奄々《えんえん》となりつつ、イエメン人や韓国人を探す。

そう、イエメン人や韓国人を、探していたのだ。

ところが旧済州散策で百発百中に近い精度まで鍛えられた我がイエメン人レーダーが狂い出してしまった。異変を感じたのは最初の「それらしい」若者三人組に話しかけた時だった。意気揚々と声をかけ、面と向かった瞬間、人違いに気づいた。インドネシア人だったのだ。

一度くらい失敗はある、今度は間違えないぞ。「彼ら、そうじゃないですか？」という柏原氏の決まり文句を背中に受け、コンビニから買い物袋を下げて出てきた二人組を追う。念のため二人の会話に耳を澄ますと、アラビア語ではない！　またもや外れだ。

異変に気づいた朴氏は、独自に聞き込みをしてくれた。路地で出会った韓国人男性によると、「この町の住人は六十％が外国人だよ。漁の仕事で来ているんだ」とのこと。

「六十％は言い過ぎかもしれませんが、確かに外国人が多いようですね」と朴氏が補足する。

キム・サンフン氏が話していた現実が目の前にあった。この漁村では、外国人労働者に頼らないと、漁業が成り立たないのだ。

「これ、日本の漁村や農村でもきっと同じようなことが起きてるんだと思いますよ」

柏原氏は静かに衝撃を受けとめている。

当然のことながら、と言うべきか、現地の人々はイエメン難民問題を特に問題とも受けとっていない。彼らを単に労働力候補としてしか見ていないのかもしれないが、いずれにせよ拒否反応はなく、例の喧嘩については「ああ、そんなことがあったねえ」とどうでもいい様子。

タイ釣り漁船が一隻、出港準備を始めた。トラックがふ頭のすぐそばに停まり、船員たちが荷台と船を行き来して網の積み替え作業に精を出す。漁港というのは一隻動き出すだけで景色が一変する。さっきまで眠っていたのが嘘のよう、その一隻を中心に活気が放射され、だらしなかった僕の足もとれたての魚のようにぴちぴち跳ね出す。

ゴム長靴をはいた人々が小気味よく動きまわる中、社長さんを見つけて話を聞いた。

「この船ではイエメン人も働いていますか？」

「いるよ。イエメン人は三人雇ってたが、二人は仕事がつらいって辞めちまった。残った一人はよく働いてくれてる。彼はねえ、国にワイフがいるから一生懸命になれるんだ」

この社長さんは労働のリズムをそのまま話し言葉に移したような口調で、こういうものを聞くにつけ、世界にたくさんの言語があることが改めてよろこばしく思える。英語を知らない彼がイエメン人の船員にどうやって指示を出すのか訊ねると、「身ぶり手ぶりだ。最初のうちは簡単なことしか頼まないからそれで十分伝わるよ」とのことで、それはノリを見てると納得。

「他の外国人も雇っているのですか？」

「ああ、インドネシア人だ。彼らは覚えが早くて助かってる。で、あんたはうちのイエメン人と話がしたいのかい？　いま、少しならいいよ」

こうして紹介してもらったハイルさんは小柄ながらがっしりした体格で、ちょっとやそっとでは動じそうにない面構えが印象的な中年男性だった。社長に呼ばれて荷台から降りてきても表情を変えなかったが、アラビア語であいさつすると人懐っこい笑顔を見せた。

ハイルさんは首都サナアの出身だ。フーシ派に支配されて久しいここでは大規模な戦闘は行われていないようだが、「フーシの悪口を言うだけで殺されるようなひどいところ」だそうだ。彼もまた多くのイエメン人と同様ムスリムだ。文化の摩擦はないか訊ねた。

「船の上でもお祈りはできるし、問題はありませんよ。友達もできましたし」

考えてみたら、同僚のインドネシア人の中にもムスリムは少なからずいるに違いない。

社長さんがさっき「ワイフがいる」と言ったのが気になっていた。そこで訊いてみると、ワイフがいるだけではなかった。

「サナアには妻と四人の子どもたちが暮らしています。連絡は、一週間に一度ネット通話するくらいで。家族みんな、いつか韓国に来られることを願ってます」

会話は二分にも満たず、ハイルさんはすぐまた作業に呼ばれてしまった。

海がかすかに赤味を帯びつつある。ソウルに帰る朴氏の飛行機の時間を考えると、そろそろ引き返したほうがよさそうだ。最後にもう一度港を端から端まで歩いていると、河口のそばに置かれたコンテナがつくる日陰に座り込んだ三人組の男性が見つかった。アラビア語でしゃべっている。サンダル履きにハーフパンツ姿で、今日はオフのようだ。

話を聞くと、彼らも海の仕事で来たのだが、ハイルさんとは対照的に音《ね》を上げつつある。

「漁に出る時は一日十八時間働いて、寝るのは四時間だけ。魚を獲る仕事は初めてだし、しんどいですよ。イエメン人には外の仕事しかやらせてくれないんです」

別の若者が「でもマレーシアでは仕事自体させてもらえなかったから」と付けくわえる。

「マレーシアと韓国とでは、どっちがしあわせですか？」

「韓国です。こっちのほうがずっといい。親切な人が多いし」

三人はそれぞれサナア、フダイダ、タイズの出身で、五月五日に済州に到着した。もともとの友人ではなくこっちで知り合ったそうだ。そういう人たちは大勢いる。

彼らもムスリムだが、船ではお祈りできないので宿舎に帰ってからするそうだ。

「マレーシアにはモスクもたくさんあるしお祈りは普通のことですが、韓国はそうでもないので」と、現地の習慣に配慮して折り合いをつけたものらしい。

話していると、一人がレジ袋からバナナを取り出し、一本僕にくれた。遠慮したが、くれると言ってきかない。

「でも、お腹すきません？」

「僕たちは大丈夫。ところであの人は友だち？」

さっきから遠巻きに写真を撮っていた柏原氏に気づいていたのだ。紹介すると、今度は柏原氏にもバナナをプレゼント。柏原氏は照れていた。これがもし彼らの故郷だったら、路上で茶やコーヒーをふるまわれる、といったおもてなしの展開になっていたに違いない。彼らの作法を通じて〝幸福なアラビア〟がかげろうのように立ち現れ、うすれていった。

「ケンカの話も聞いといてくださいよ」柏原氏が耳打ちした。そういやそれが目的だったんだ。

「ああ、あったあった。別の宿舎だったけど、その二人とも知り合いですよ。済州市内に連れていかれたのかな。そんな深刻な事件じゃありません」

結局、翰林訪問の最大の収穫は外国人頼みの漁村の現実をじかに知れたことだった。それから、バナナ。僕はすぐに食べてしまったが、柏原氏は大事そうに持ってタクシーに乗りこんだ。

今日一日お世話になった朴氏を済州国際空港に送り届ける。空港前で握手をして別れる時には、ずいぶん前からの仲間のような気がした。それから再びタクシーのシートに腰を沈めた瞬間、隣で柏原氏が叫んだ。彼の尻の下ではバナナが無残《むざん》につぶれていた。

「せっかくの友情のしるしが……」

ズボンより先にバナナを心配するあたり、さすがである。

## 十一、望京楼に独り立つ

あくる日の朝八時五十五分。キム・サンフン氏に教えられた通り、移住司牧センターがあるビルの地下スタジオに入る。今日はここで韓国語講座の様子を見せてもらうのだ。二人用の机が六台と椅子が並び、正面にはホワイトボードが置かれている。前列左端の席に座った二人のイエメン人は、まだ少年だ。キム氏が特に気にかける、青少年難民たちだ。

一つ空席を置いて、昨日の取材中に事務所で見かけたインド人女性がおり、僕たちに気づくと笑顔であいさつをくれた。通路をはさんで右側の席には若い白人女性が二人並んで座る。なるほど、この講座はイエメン人のためだけに開かれるわけではないのだな。

やがてキム・サンフン氏が入ってきて、前の席の少年二人の肩に手を置き、にこやかに話しかけた。その口調は、昨日僕たちと話していた時とは違い、よりカンタービレ（歌うように）で、強いて日本語にするなら、

「おっはーよう！　昨日は誰が料理をしたのか、な？」

という感じだ。韓国語の質問を、二人が理解しかねてるのを見て僕がアラビア語と手ぶりで通訳すると、誰それです、と答えた。そして、もう一人は頭痛で来られなくなったとがんばって伝える。サンフン氏は表情を曇らせ、「暑いから水をたくさん飲むようにしなさい」とアドバイス。ここではあえて英語を封じているように見受けられる。教育的配慮、だろう。

教師を務めるのは修道女のヨハン・テレサ氏。これは洗礼名で、テレサ氏は丸顔に困り眉の韓国人女性だ。サンフン氏は彼女に僕たちを紹介するとスマートな足取りで出て行った。

二時間弱の授業の途中から、僕はアラビア語のわずかな知識を活かしてアドバイスを試みた。まだハングルの読み書きを学ぶ段階だったので、母音字をアラビア文字の発音記号にたとえて説明するなど、双方の言語を少し知っているだけで思わぬアプローチができるものだ。

授業を見届けると、柏原氏は一足先に帰国の途につく。僕はもう一泊する予定だ。別れ際に柏原氏が冗談めかして言った。

「前川さん、済州に居座ったほうがいいんじゃないですか？　けっこう戦力になれそう」

戦力とはもちろん、イエメン難民を手助けする力、だ。

「いいですねえ。少しは役に立てる自信ありますよ。この環境で一ヶ月も暮らしたら、アラビア語も韓国語もだいぶ上達するだろうし」

結局僕は、自分のことばっかり考える。

「それじゃお疲れさまでした。見送りはいいですよ。成果を楽しみにしてます」

「色々ありがとうございました。お気をつけて」

路地で別れ、柏原氏はタクシーを拾いに歩き去った。

独りになった。

少し観光するか。

今日も暑い。大通りに面した観徳亭《かんとくてい》の巨大な瓦屋根がつくる日陰に入った。見上げると、韓国らしく鮮やかな緑色を主調に塗られた梁や垂木が目に涼しい。観徳亭は、世宗《セジョン》大王末期の西暦一四四八年に建てられた練兵場で、済州牧官衛の南西端に位置する。

「みなさんが学んでいるハングルはこの建物とほとんど同い年です。時のマーリク（王）世宗は漢字を知らない人々のために、簡単に使いこなせる文字を創ったのでした」などと、観光ガイドの文言を頭の中でこねまわしている自分に気づく。柏原氏と別れ、日本語の話し相手がいなくなり、吐き出されない言葉が空想とじゃれあいがちになっている。その空想の中で観光ガイドの真似事を始めたのは、「戦力になれそう」とそそのかされたためばかりでもない。

難民生活は長丁場だ。キム・サンフン氏の話では、審査結果が出るのは十月頃。それまでどんなに悩んでもこの島にいるしかないのだから、どうせなら楽しめたほうがよい。そんな頭があるものだから、その後済州牧官衛に踏み込んでからも、下見気分がついてまわった。

今世紀のはじめに復元された済州牧官衛は、李氏時代の地方行政を司った役所だ。門をくぐると敷石と砂できれいに均《なら》された敷地が広がる。蓮池や各種の建造物がゆとりをもって配置されており、表のビル街と違って空が広い。そぞろ歩きにはもってこいだが、夏のこの時間、しかも天気は快晴、四角い蓮池のまわりで首をひょこひょこさせて歩く鳩たちのような余裕はなく、屋根から屋根へと、あるいは歴史展示室を見つつ、島伝いに歩く。観光客の姿は稀だ。

敷地の北側には望京楼《ぼうきょうろう》という櫓《やぐら》が建つ。前に述べたように、朝鮮本国から済州に派遣される役人たちは、左遷気味の、やる気ない人間が多かった。彼らがここに上り、北の空の彼方に本土を、京を、つまりいまで言うソウルを想い、酒でも飲んだのだろう。使えない役人どもの境遇はどうでもよいとして、どこかを向いてその地を想う発想には惹かれる。そもそもはソウルを目指して来て、済州島に閉じ込められたイエメン人たちにこそふさわしい場所ではないか。

木の階段を上り、望京楼に立った。北側の手すりに寄りかかってみても、〝陸地〟はおろか海も見えない。空を介して、望むものだろう。こりゃいいや。星空なら、なおいい（残念ながら夜は閉園だが）。西のほうを向けばイエメン人にとっての望「郷」楼だ。

まだ見ぬ彼らの故郷に想いをはせようとする。はせようとするが、脳裏に明滅するのは昨日見せられた空爆後の病院の様子や、血や、爆炎ばかりだ。Arabia Felix、幸福なアラビア、とつぶやいてみても。それならアルチュール・ランボーを介して想ってみようか。

ランボーはアデンから家族に宛てて多くの手紙を書いているが、その地を描写する記述は皆無に等しい。もっとも、それは他の旅先、逗留《とうりゅう》先についても言えることだが。

「撮影器具一式を持って今度アフリカに戻る時は、面白いものを送りましょう。ここアデンには葉っぱ一枚ありません（持ち込まない限りね）。必要もなしに滞在するようなところではないのです」（一八八二年十一月十六日付の手紙）

そっけないのだ。そんな冒険商人ランボーのアデン発書簡の中で、一瞬だけ『感覚』や『我が放浪』の少年詩人が舞い戻ったかのような告白が聞かれる箇所がある。

「（母に今後の帰国の予定を伝えたあとで）いずれにしても、僕の放浪癖がおさまるなどとは期待しないでください。まったく逆で、もしも食い扶持を得るための仕事に縛りつけられることなく旅ができるのなら、僕は二ヶ月として同じ場所にとどまっていないでしょう。世界は実に広大で、驚嘆すべき国々に満ちており、人生が千回あっても旅し尽くせないほどなのです」（一八八五年一月十五日付の手紙／以上プレイヤード版全集より拙訳）

続く文ではすぐに「とは言えみじめな放浪はしたくないので……」ともう少し現実的な旅行暮らしの話に移り、かつてボロ靴の紐を竪琴《たてごと》の弦に、大熊座を宿屋に見立てた少年詩人の面影はあせるのだが、ここでうっかり表明された世界への興味に、愛に、僕は励まされるのである。驚嘆すべき、という土地の中には、アデンもイエメンも、含まれていたのではないか。

今度は南側を向いて立った。こっちの眺めが一番気に入った。広々とした敷地内に橘林堂《きつりんどう》や友蓮堂《ゆうれんどう》といった韓屋《ハノク》が朝鮮瓦の屋根を誇らしげに掲げて建ち、その向こうに現代の済州のビルたちが並んでいる。そのコントラストが良かったし、済州の町を見ている気分になれるのだ。

イエメン難民たちにとってこの町は、済州島は「必要もなしに滞在するようなところではない」のだろうか。彼らだって旅行者だ。「驚嘆すべき国々」の一つとして楽しんでくれているかもしれない。同時に彼らは生活者でもある。いずれこの町を、わが町と感じられるようになるだろうか。住めば京《みやこ》となる、その日を望む、望京楼。

## 十二、イエメン人の、町の駅

そろそろまた、イエメン人を探しに行こう。徒歩十分ほどの距離にある「オルレ観光ホテル」に向かった。このホテルのキム・ウジュン社長は熱心な難民支援者の一人だ。アポなしの訪問で、キム社長がいたらもうけものだし、いなくとも誰かしらイエメン人に会えるだろう。

と言うのも、キム社長は空いた部屋を難民たちに安価で提供し、地下の食堂を自炊用に開放するなど、食と住の面で直接に手助けしているからだ。キム・サンフン氏の話では、一時は二百人もの難民が住んでいたという。僕たちが初日に話したイエメン人の一人は、「オーリホテル」に住んでいる、と教えてくれたものだ。

ちなみにホテルの名である「올래《オルレ》」という単語は、済州島独自の言葉らしい。タクシーの運転手の話では、細めの道を指すのだとか。路地、といったニュアンスだろう。機内から見下ろした、折れ曲がった道の数々はこう呼んでよいものと思われる。

オルレ観光ホテルそのものは、オルレではなく西光路という幹線道路に面して立っていた。

十四階建ての細長い建物で、玄関脇にサンルームが付いている。

「こんにちは。日本から来た記者の者ですが、キム・ウジュン社長はいらっしゃいますか？」

受付の中年女性は、ふだんの表情がすでに笑顔になりかけているような、色白で華やかな顔立ちの人だった。僕の質問に、眼を輝かせる。

「すぐ戻ってきますよ。どういった御用でしょう？」

「イエメン難民の支援をされてるということで、少しお話が聞ければと」

「まあ！　どうして知ってるんですか？」

「記事が出てましたし、こっちで人に聞いて」

「まあ！　有名になっちゃってるんですね」あっはっは、と笑い出した。彼女はキム社長の奥さんだそうだ。難民の手助けを始めるに至った経緯を訊くと、世間話でもするような楽しげな口調で話してくれた。

「はじめは私たちも難民が来てるなんて知らなかったんですよ。イエメン人の噂を聞くようになったのは五月の二十日頃かしら。実際接してみたら、いい人たちじゃないですか。この国の人とそんな変わりません。純真ですし。

その頃はちょうど、ラマダーンだったでしょう。地下の食堂には食材がたくさんあるから、夜はそこで食事できるよう開けてあげたんです。いまでは家族みたいに思ってます」

支援といっても、そんなたいしたことはしていませんよ、と奥さんは謙遜する。話しているうちに、イエメン人の若者が二人入ってきて、ロビーの椅子に座った。アラビア語で自己紹介すると、奥さんは「アラビア語もできるの？」と驚いて、また笑った。こっちはこっちで、彼女がいとも自然に、僕たちがお盆休みを話題にするような調子でラマダーンの話をしたのに少々驚いていた。訊ねはしなかったが、毎年毎年ヒジュラ暦のその月を意識して生きてきたわけではあるまい。家族のように思う、と語るゲストたちの文化習慣を受けとめて、けれども特別気負うでもなくしなやかに手助けしてきた結果だろう。

ほどなくしてキム社長が帰ってきた。インテリ風のキム・サンフン氏とは対照的に、短髪で大柄な、現場仕事の親方といった風貌の男性だ。

「ほら〝有名人〟が帰ってきましたよ。こちら日本から来た記者さん」

奥さんがほがらかにつないでくれた。

キム社長への最初の質問で、僕はお手柄な失敗をした。「なぜイエメン人を助けようと思ったのか」と訊こうとし、도와《トワ》と言うべきところを조와《チョワ》と言ってしまったのだ。それがキム社長の耳には좋아《チョア》（好く）に聞こえ、

「どうしてイエメン人を好きになったのか、ということですね」と問い返された。むしろこの方が面白いや。続けてもらおう。

「最初から好きだったわけじゃないんだけど」

社長がそう切り出すと、飲み物をとりに行った奥さんの笑い声が聞こえた。

この夫婦の間ではイエメン人を評する言葉として「純真」が共有されているようで、キム社長は、付き合いを重ねるうちに見えてきたその美点をこう表現した。

「イエメンの人たちは、資本主義に染まっていないようです。利己心がない。ものがなくて困っている人がいたら持ってる者が分けてやる。互いに助け合ってるのが見ててわかります」

イエメン難民のそうした営みに惹かれるだけあって、キム社長は「困った時はおたがいさま」の精神を地で行く人のようだ。こちらから問うまでもなく、韓国の歴史を踏まえて語る。

「植民地時代、抗日闘争をしていた人々が満州へ行ったり、済州島では四・三事件の時、おおぜい日本に逃げたじゃないですか。国に混乱が生じると、国外に逃げて流浪生活を送る。

イエメンの人々も同じですよ。内戦から逃げてきて流浪生活を強いられているのです。生きるために逃げてきて、そうは言ってもいつまでも有り金が続くわけじゃないから仕事を探す。お金が貯まって、イエメンの家族に送金できればするだろうし、自分のために使う人もいるでしょう。この人たちが婦女暴行するなどと決めつけて攻撃するのはおかしな話ですよ。韓国にいる間は人権を守り、平和に生きられるようにすべきです」

済州島の特殊な事情に限らず、朝鮮戦争を経験したこの国では、手に届くところに避難の、離散の、逃亡の記憶がごろごろしている。キム社長はそこから他者を迎える際の知恵をくみとっているようで、頼もしい歴史の使い方だ。

こう書くと、じゃあ日本にはそんな動乱の経験がないから「困った時はおたがいさま」の埒《らち》外にいて、難民なんか助けなくてよいのね、と開き直る人がいるかもしれない。助ける助けないはお任せするが、一つ付け加えておきたい。

さっき僕は難民の観光案内をする空想に遊んだが、ああいったことを最初に思いつき、半ば実行したのは、二〇一一年の三月十三日頃だった。この時なにが起きていたかと言うと、東日本大震災で福島県内の原子力発電所が爆発し、大勢の人々が埼玉県の、僕の家の近所にあるさいたまスーパーアリーナその他の施設に避難して来ていたのだった。たいへんなことになっちまったが、せっかくはるばる来たんだし、日がな一日避難所にこもっていても暗くなるばかりだ。そう考え、近場でさくっと我が町の魅力を味わえるスポットをいくつか見つくろい、印刷して持っていった。結局一人もガイドせず、代わりに枕を差し入れて大いによろこばれたが、いずれにしても、人はある日突然、日常を断たれ、生きるために逃げねばならなくなることがある、という真実をまざまざと突きつけてきたのは日本で起きたあの大震災だったのだ。

「最近は食堂で韓国語教室をやってます。今夜もあるので自由に見ていってください」

話を終えるとキム社長はロビーの椅子にかけてスマホをいじっているイエメン人に片言の英語で声をかけた。

「今日は仕事か？」

「イエス。チキン・ファーム。フィニッシュ」

問われた若者も片言の英語で返す。養鶏場で仕事し、今日はもう終えたと。スマホで鶏小屋の写真を社長に見せ、鼻に手をあて顔をしかめた。

「あー、くさかったんだろ？」キム社長は韓国語で言い当て、豪快に笑った。

「二人とも、チキン・ファーム？」

「ノー、仕事は俺だけ。友だち、連れてきた」

こうしてこのホテルに集まる仲間が増えてゆくのだろう。他の支援団体の活動もあり宿泊者は減っているが、難民のための町の駅のように機能している。バス停が目の前で、Ｗｉ－ｆｉが拾えるのも魅力だ。この後僕は二人のイエメン人と雑談を始めるのだが、その間にも新たなイエメン人がやってきて社長夫妻と英語、韓国語を交えた「オルレ語」でしゃべっていた。

## 十三、故国への想い

養鶏場で一仕事してきた二十八歳のモハメドさんは首都サナアの出身で、済州に来るまでの旅路が他の人々とは違っていた。イエメンを脱しカタール、ウクライナと飛行機を乗り継ぎ、ベラルーシの首都ミンスクで四ヶ月過ごした。そして一月に寒さから逃れるようにマレーシアへ渡り、あとは多くの仲間たちと同じだ。

「韓国はいいとこだね。時々イヤな奴もいるし、入管は俺たちを難民と認めたがらないけど」

「そこが問題だよね」と僕が言うと、「いやいや、ノー・プロブレム」とまた英語を交える。

「今日の職場でも、ウォーマンがよかったよ」

「え、女性（woman）が？」

「違う違う、ガールじゃない、オールマン（すべての人）」

みんないい人たちだったと言いたいのだ。彼の英語の発音は、日本人のカタカナ英語のようなもので、母語の発音体系をひきずっている。アラビア語で「オ」に近い音を表す文字はローマ字ならW。それでこんな勘違いが生じるのだ。

モハメドさんの友人の、同じくモハメドは、以下区別のために君づけで呼ぶこととするが、片言の英語もできないようだ。労働後のゆとりを感じさせるモハメドさんとは対照的に、さっきから黙っていた彼がぶっきらぼうに言った。

「記者なら、悪いことばかり書くのでしょう?」

「いや、僕はそんなことしないよ」

とりあえず記者を名乗ってはいるが、今朝あたりから足を洗って旅行者に転職しつつある。モハメド君にもわかるよう、僕はできるだけアラビア語で会話を続ける。

「韓国人の友だちはできた?」

「いるよ。俺のベスト・フレンドだ。ほら」モハメドさんがスマホで見せてくれた写真には、イエメンの民族衣装を着て頭にクーフィーヤ(ターバン)を巻いた青年が写っていた。

「彼はムスリムなの?」

「違うよ、着せてやったんだ。いいだろう」

羨ましいし、亡命の旅にもこんな伝統服を持ち出すところに故郷での暮らしがしのばれる。目の前に座る彼はジーンズにTシャツ姿。これまで出会ったイエメン人の中にも、民族衣装で出歩く者など一人もいなかった。

むこうからやってきたイエメンのかけらを拾い集めておきたい。

「僕はイエメンを旅したいんだ。特にアデンに憧れていて。アデンは火山の跡にできた街で、この島は火山島だけど、似てると思う？」

「アデンより、ソコトラ島だね。イエメンにもこんな風に大きくて美しい島があるんだ」

ソコトラ島は『エリュトゥラー海案内記』にも記されていた。モハメド君がスマホで見せてくれた写真には、巨大なカリフラワーのような樹々をはじめ、豊かな自然が満ちている。

「イエメンには砂漠はある？」

「あるけど、それだけじゃない。緑も山もたくさんある」

「美しいところなんだろうな」

「はい。كانت《カーナトゥ》」モハメド君が美しかったのだと過去形で言い直した。

戦争が始まるまでは？　と確認するまでもない。

喉の奥にぬかるみができていた。言葉はそこにはまり、飛び出そうとしても足をとられ沈んでゆく。戦争などという人工の怪物をどうすることもできない悔しさに、顎《あご》が勝手に左右に、細かく震えていた。いやいやいやいやいや、と。

望京楼で西に向かって立ち、望郷楼と見立てた時から抱いていた、あまりにも単純明快で、それゆえにかえって「記者」の仕事が漏らしがちな疑問を口にした。

「イエメンは、好き？」

「もちろんです」

「大好きだ」

二人の表情が強張《こわば》り、しかし大きな黒い目は輝いている。すぐに口もとがほころび、同窓会で久々に会った友に向けるような笑顔になった。そしてさっきより饒舌《じょうぜつ》になり、理解が追いつかない。ただ、言葉の力で僕にイエメンを案内してくれているらしい、想いは伝わる。

「あなたは何歳ですか？」モハメド君が不意に訊いた。数詞は苦手だ、三と六を伝える。

「三十六歳ですね。イエメン最古の町は、七千歳です！」

「ピラミッドより年上なんだぜ？」

おしゃべりしているうちにいつのまにやら時刻は午後二時近く、空腹を感じ二人を食事に誘った。自炊するから、と断られ、僕はみんなに礼を述べてホテルを出る。

その後街を歩きまわる中で出会った一人のイエメン人について書いておきたい。済州で話した難民の中で唯一、個人的にいたく心配してしまう人だ。

大通りの反対側に、カラフルなビーチパラソルが開いていた。お店のイベントかなにかかなと思ったら、パラソルが逃げてゆく。日傘代わりに使ってる人がいるのだ。近づいてみたらイエメン人の男性だった。カトリック教会に資金援助を頼みに行くところだ、と言う。

年も名前も訊かなかったが、四十代から五十代の年格好で、頭が禿げている。内戦が始まる前にインドで働いていたそうで、英語がかなり達者。僕に対しては最初のあいさつ以外ずっと英語だ。そんな彼のなにが心配かって、言うことがとにかく後ろ向きなのだ。

「取材に来た？　ああそうですか。どうせこっちの人たちはイスラムは危険だとかテロだとか、そんなことしか書いてないのでしょう。それをみんな信じちゃって、私たちに冷たくします」

「助けてくれる人も大勢いますよ。あなただってこれからカトリック教会に行くんでしょ？」

「行っても支援がもらえるかどうか。私は皮膚の病気があって、ホテルじゃないと暮らせない。だからお金がかかるんだけど、みんながイスラムに偏見持ってるから……」

万事がこの調子なのだ。すでに複数のイエメン人の様子を見てきた僕には、イスラムに関する偏向報道に愚痴を連ねる彼自身が、偏った情報を選んで穴蔵にこもり、被害者意識を募らせているように思えた。そして被害者意識というものがしばしば、強い自信や高いプライドから生じるのは、わが身をかえりみて思うところ。どっちにしても孤立すればするほどこじらせる。

案の定、この人はさほど遠くもないオルレ観光ホテルの存在さえ知らなかった。

「今度そこに行ってみたらどうです？　親切な韓国人がいて、イエメン人の仲間も多く集まってますよ」

「どこにあるんですか？　この近く？」

この提案に少しでも食いついたのが救いだった。道順を簡単に教え、ホテルの名を二度繰り返し、覚えてもらって別れた。

社会の中で孤立を深め、自尊心や被害者意識が暴走すると、身の丈を離れた考えに快感を求めるようになる。あの人はこちらが訊きもしないのにイスラムイスラムとやたら宗教的な帰属を強調していたが、例えばここに、異教徒との戦いとか聖戦とかいった大義がきらびやかな装飾をまとって行動をそそのかしてきたらどうなるか。

イエメン難民の流入を、テロと結びつけて怖れ、また脅威をあおる人がいる。そんな見方で社会を鎧《よろ》い、新たに来た者たちが人間として否定され孤立すると、不幸にしてそのうちテロや犯罪に走る者もあるかもしれない。意地悪なまなざしが犯罪者を育てるのだ。

　済州島ではさいわい、イエメン人のコミュニティができつつあり、そこに属する個人は孤立していない。イエメン人コミュニティ自体もまた、韓国人たちとの接点をふんだんに持ち、社会から孤立していない。あのパラソルの男性も早く仲間に入ることを願う。

## 十四、難民の将来

　空が茜色に染まる七時過ぎになると、昼間の暑気は嘘のようにひいてゆく。風を浴びると涼しいくらいだ。下り坂に急かされ、雑踏の中を速足で歩く。今夜の楽しみはオギョプサルでもタッカルビでもビールでもマッコリでもない。オルレ観光ホテルで開かれる韓国語の夜学だ。

　ホテルの地下食堂へはロビーを介さず直接階段で下りてゆける。わりと長い階段で、下り始めには地下でなにが行われているのか、気配は感じられない。それが途中から、降下する飛行機が厚い雲の層を抜けた時のように、がらりと変わった。

　来てる、来てる。四メートルはありそうな高い天井の下に並んだ長机には、二十人以上のイエメン人がついていた。みな、テキストと筆記用具を机に置き、ホワイトボードのほうに体を向けている。ちょうど授業が始まるところで、先生にあいさつする暇もなく、僕は後ろのほうにいた助手らしき若い女性のそばに立った。

「こんにちは、日本から来ました。韓国語もアラビア語も少しできるのでお手伝いできるかもしれません」と小声で告げると、スチさんというその女性は、ようこそ、と迎えてくれ、緊張した面持ちで、実は少し不安なんです、とささやいた。

「それじゃあ始めます！　僕は英語で説明します。英語がわかる人、手をあげてー！　はい、その人たちはわからない人のそばについて教えてあげてください」

先生のキム・チェフンさんは、がたいのいい青年で、見た目に違わぬ声量で生徒たちを引っ張る。後で聞いたところ、チェフン先生は文学専攻の大学院生だそうだ。スチさんは記者で、二人は前の週の土曜日にボランティア活動を始めたばかり。

先生は次々にハングルを書き、大声で発音する。返ってくる声に圧倒された。二十数人の男が叫ぶとこんなにも響くのか！

テンポよく、エネルギッシュに、また新たな文字が書かれ、声が食堂を震わす。熱気が高まってゆく。そのうちに先生は、文字を書き、まず生徒たちに読ませるようにやり方を変えた。一文字一文字がテストだ。生徒の中に語学上の切り込み隊長が複数おり、彼らが最初に、音を発する。先生がそれに応え、残りの生徒が追いかける。一人ひと声、豊かな雨粒、言葉の水源に打ちつける集中豪雨のリズムに全身で浸り、鼓動が高まる。みな真剣で、楽しそうだ。

食堂の上座にあたる壁には、『サキソフォン・コロッサス』（ソニー・ロリンズ）のジャケット風のサックス奏者がシルエットで描かれている。天井には、天の川を表現したような木板の飾りがかかっている。この空間はライブにも使われそうな雰囲気だ。

言葉を獲得するための熱気を帯びた声が、とっくからライブ音楽になりつつあった。

スチさんの近くに座っていたウサマ君が英語で僕たちに相談を持ちかけた。

「僕たち二人には少し易しいから、もっと先のほう教えてくれませんか？」

「いいですよ、じゃあこっちでやりましょう」

スチさんと並んで座り、二人の青年と向き合った。テキストを見せてもらって驚いた。『アラブ人のための選り抜き韓国語第一歩』と題する専門のテキストだ。スチさんに訊くと、

「寄付金で買ったんです。ノートも揃えてくるつもりだったんですが、間に合わなくて……」

ここの生徒さんたち、めぐまれすぎじゃん。

ウサマ君たちは文字だけの読みは大体覚えたようで、その復習を終えると、単語と簡単な例文の学習に入る。スチさんは時々、テキストに出ている例文をつくりかえて彼らに教える。聡明な人だ。僕はと言えば、彼らが発音に苦戦する時、アラビア文字でヒントを書いたり（それで相手の発音が修正されるととても嬉しい）、スチさんの英語が伝わっていない時に運よくアラビア語での言い換えを思いついたら教えてやる。彼らは黒々とメモを書き込んでゆく。

彼らの向学心は疑うべくもないが、ウサマ君はひょっとしたら別の感情も働いて個別指導をお願いしたのかもしれない。綴りの総ざらいに各々の名前をハングルで書く時、「見てて」とスチさんの注意を引いてから、「ウサマ・ビン・ラディン」と書き、「僕はこの人じゃないよ」とわかり切ったことを言って笑うのである。狙っているのはウケか、彼女か、どっちもか。

ウサマ君が恋心を抱いているなら、たとえ実らなくても韓国語は一気に上達するだろう。

そのうち後ろのほうにいた数名が、スチさんのそばに席を移して勉強を始めた。ホワイトボ

ードでの大人数授業も順調に進み、先生が書くあいさつや自己紹介の文の復唱が始まる。ありますありませんの表現を教わっていたウサマ君が「できた！」とまたアピールした。隣の、控えめな友人の肩をつかみ、自分がこしらえた文のリズムに合わせてゆさぶる。

「彼は、髪の毛、ありません！」

ウサマ君は自分で言ったことをアラビア語で友人に告げ、じゃれ出した。

授業の後の食堂は、思いのほか速やかに人がはけていった。イエメン人のペースからして、しばらく雑談でもしていくと予想していたのだが。授業の後と言うより、音楽だか劇だか、あるいはスポーツかもしれない、なにかの興行が終わった直後のような満ち足りた空気がたちこめていた。満足していた。そして、希望を感じた。お話がてら、片づけを手伝った。

「いやあアラビア語にはエの音がないって言うんですから、難しいですよ。今日はありがとうございました。次はいつ来てくださるんですか？」大男のキム・チェフンさんが声を弾ませる。

「明日日本に帰るんですが、そのあとはわかりません」

するとスチさんが冗談まじりに言った。

「帰らないでくださいよ〜。あなたは私よりうまく教えられるし、助けてくれそうなのに」

もう一度言われたら、どうなっていたかわからない。テオ・アンゲロプロス監督の映画『永遠と一日』に登場する、言葉を買いながら旅する詩人に憧れたものだが、そこに言葉を教える、を付け加えて新しい人生を始めようか。

キムさんたちは車で帰る。地上に出て、そこでお別れした。ホテルの隣はコンビニで、店の前に置かれたテラス席でイエメン人が三人、雑談にふけっている。さっきの授業にいた人たちだ。招かれて、お邪魔した。若干、感傷的になっていた。明日、日本に帰ると言うと驚いて、「ここに住んでるんじゃなかったの?」「いつ戻ってくるんだ?」と口々に問う。別に僕がこの人たちの間でなにものかになっているわけではない。彼らは人懐っこく、友だち想いなだけなのだ。彼らはよく「サディーキイ」と口にする。私の友だち、という意味だ。

　キム社長が地元の男性としゃべりながら近づいてきた。イエメン人に、よう、という感じで声をかけ、連れの男性に僕を紹介する。初老の男性は僕に手を差し出した。腰を浮かせて握りかえす。ただそれだけだ。が、キム社長のシマ周辺では、めったなことは起きまいと直感的に安堵した。そして難民をもてなす現地人は他にも点々と、この島に散らばっているのだ。

　アラアという若者は英語が上手で、授業中もよく先生の手助けをしていた。彼が言った。「日本はすごい国ですね。戦争で散々に破壊されたのに、いまでは世界に貢献できる平和な国になってるのですから」

　わが国に寄せられる典型的な誉め言葉だが、現在も破壊が続くイエメンから来た彼の口から聞くと、過去が未来に合流する。僕が世話になったある日本人男性は、宮古島守備隊の一員として終戦を迎えた。敗戦のショックで、自決を考える仲間も少なくなかったという。そんな一種の恐慌状態を鎮めたのは部隊長の一喝だった。「貴様らが生きて帰らないことには復興もなにも始まらないんだ!」と。その体験談が、いまここで自分のこととして思い出された。

「今度はイエメンがそうなるんだ。平和が戻ったら、君たちが僕らのじいさんばあさんたちのように頑張って、国をよみがえらせなきゃいけない。ここで生きて、技術も文化も、人の優しさも怖さも色々学べる君たちこそ、かけがえのない大きな力になれる。そうだよね？」

声がかすれていた。

「はい。必ず、そうします」

飄々《ひょうひょう》と話していた彼の目に野心がほのめいた。

# 第二章　先人たちの亡命行 ――パウ・カザルスとヴァルター・ベンヤミンの足跡

人生は繰り返せない。コンピューターを使って建物の最適な構造をはじき出すように、済州で別れてきたイエメン難民のこれからをシミュレーションすることはできない。

けれども人が故郷を捨てて逃げること自体は、人類の歴史の中で数限りなく繰り返されてきたのだ。民族大移動のように個々人の気持ちを知る手がかりのないものから、最近の、顔が見える亡命者、難民たちまで、本当に、数限りなく。

この後僕は、難民審査の結果が出始めた頃に再び済州を訪れることになる。だがその話をする前に、過去に同じような境遇に置かれた人々の物語を綴っておきたい。

イエメン難民たちと出会う以前のある夏、僕は歴史上の逃亡者たちの足跡をたどる旅をしていた。彼らは、いわゆる偉人である。だから逃げる行程や逃げた先での活動について、比較的細かく記録が残っている。おかげで個人としてのふるまいがわかりやすい。僕がその足跡を追った人々の中から、第二次世界大戦の前後に生じた二人の逃亡者を紹介しよう。スペイン・カタルーニャの音楽家パウ・カザルス（一八七六－一九七三）と、ドイツのユダヤ系作家ヴァルター・ベンヤミン（一八九二－一九四〇）だ。

この二人は、ある意味で対照的である。一人は逃げた先で旺盛な活動を続け、天寿《てんじゅ》を全うした。もう一人は、逃げる途上で行く手をさえぎられ、自ら命を絶ってしまう。どちらも偉人だし、僕にとってはひとかたならぬ思い入れのある人物だ。が、肝心なのは二人とも単なる個人でもある、ということだ。難民審査の結果を待つイエメン人たちと等しく。

僕たちは、第二、第三のカザルスを実現できるかもしれない。逆に、第二、第三のベンヤミンの悲劇へと追い込んでしまうかもしれない。この人たちの過去は、難民申請者の未来を映す曇った鏡だ。のぞきこんでみれば、ぼんやりとであれ確かになにかが見えてくる。さらには将来、僕たちが逃げる羽目になった時のことが映っている可能性もある。

短く言えば温故知新。先人たちの逃亡紀行へご案内しよう。なお、この旅の僕は自転車で移動し、ギターとハーモニカを携行しているが、そういう趣味なのだ、程度に思っていただきたい。楽器については下手の横好きで、長めの旅に出る時はなにかしら持っていきたいだけ。

## 一、旅立ち

はじめからこの旅の前途と目的にふさわしい掟破りの展開だった。正午に成田を発ち、モス

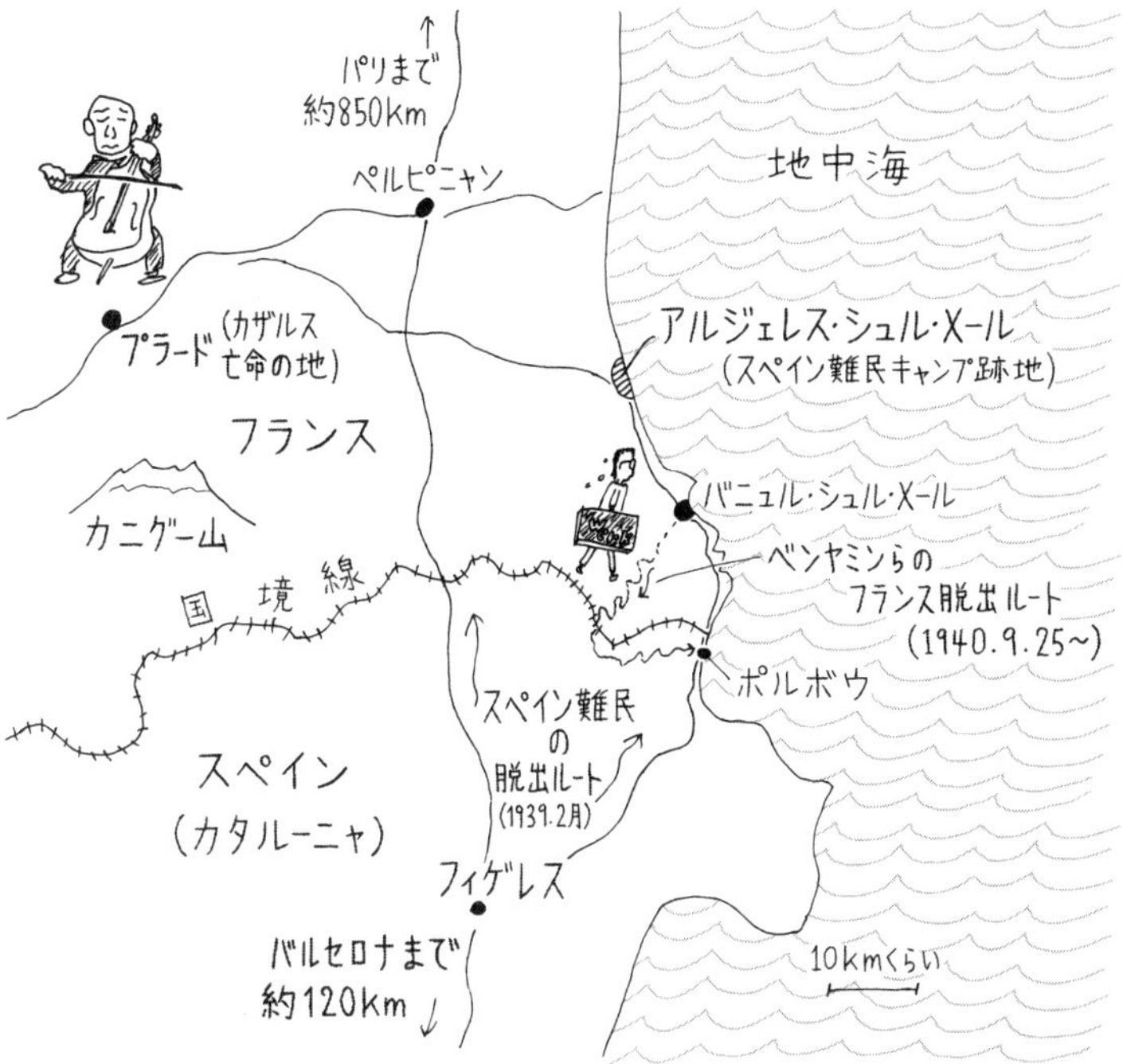


クワで乗り換え、夜十一時過ぎにバルセロナ空港に到着する。そこから高速バス乗り場に移動し、深夜一時三十分発のフランス行きバスに乗り、南仏ペルピニャンで下車し、自転車を組み立てて最初の目的地プラードを目指す、という計画だった。自転車を分解し、専用の袋に入れて運ぶ輪行という作業は、スペイン国内の長距離バスでおこなった経験が一度ならずあった。スペイン―フランス間の国際バスでも、当たり前のようにできるものと疑わなかった。

ところがだ。深夜にタクシーでバルセロナのサンツ駅に着き、ぽつねんと明かりを灯すバス会社の窓口に行くと、痩せて神経質そうな中年女性が「発券は零時までですよ」と言うではないか。早くも想定外のことが起きていた。なんとか拝み倒してペルピニャンまでの切符を売ってもらう。だがバスに荷物を預けようとすると「物はなんだね？　ギター？　自転車？　両方とも禁止だ」と運転助手に拒否されてしまった。僕はこれを冗談と受けとめた。もちろん冗談でないと困るし、特に楽器に関しては、歴史的にもフランス－スペイン間をさんざん奏者が行き来していたのだし、その中でも神に等しい存在であるパウ・カザルスの足跡をこれからたどりに行くのだ。禁止であるはずがない。

「じゃあどうすればいいんですか？」

まだ余裕を残して、そう訊ねた。なんらかの、僕に都合のよいオチがあるものと期待して。

「禁止されているから、載せることはできない」

そこで初めて本格的に焦りだした。

「そんな話聞いていません。それに同じ荷物でのバス旅行はスペイン国内で何度もしていますよ。禁止なんて、理解できません。楽器だって……」さっきアコーディオンをリュックにぶらさげていた男がいたのを思い出しターミナルを見渡した。こういう時、同類ほど頼れる存在はいない。しかしその男は別のバスで去ったのか、それともなにかいい裏技を知っているのか、この交渉の場には見当たらなかった。

「このバスでは禁止されているんだ」

中肉中背の運転助手は冷たく言い放った。目尻にも口もとにも、どこにも笑いの兆候は見られない。冗談でも職権濫用のサディストでもなく、単に任務に忠実なだけなのだ。

「わかりました。この大きい袋に入ってるものは自転車ではありません。こっちはギターではありません。すべて〝荷物〟です。袋に入っちゃえば同じでしょう？　さあ載せてください」

　相手は黙って首を横にふる。

「だって、もう切符買っちゃったし、ここで載せてもらえないと旅が始められないんです」

　論理も頓知《とんち》も放棄して、僕は泣き落としに傾いていった。

「それがどうした？　じゃあもし規則に反して載せて、事故が起きたらどうするんだね？　当然、調べが入り規則違反が明らかになる。そんなことしていたら仕事にならんのだよ」

　この説教を最後に、相手の態度が不意に軟化した。手荷物以外は全部下に入れるから、窓口で札を三枚もらって来なさい、と。

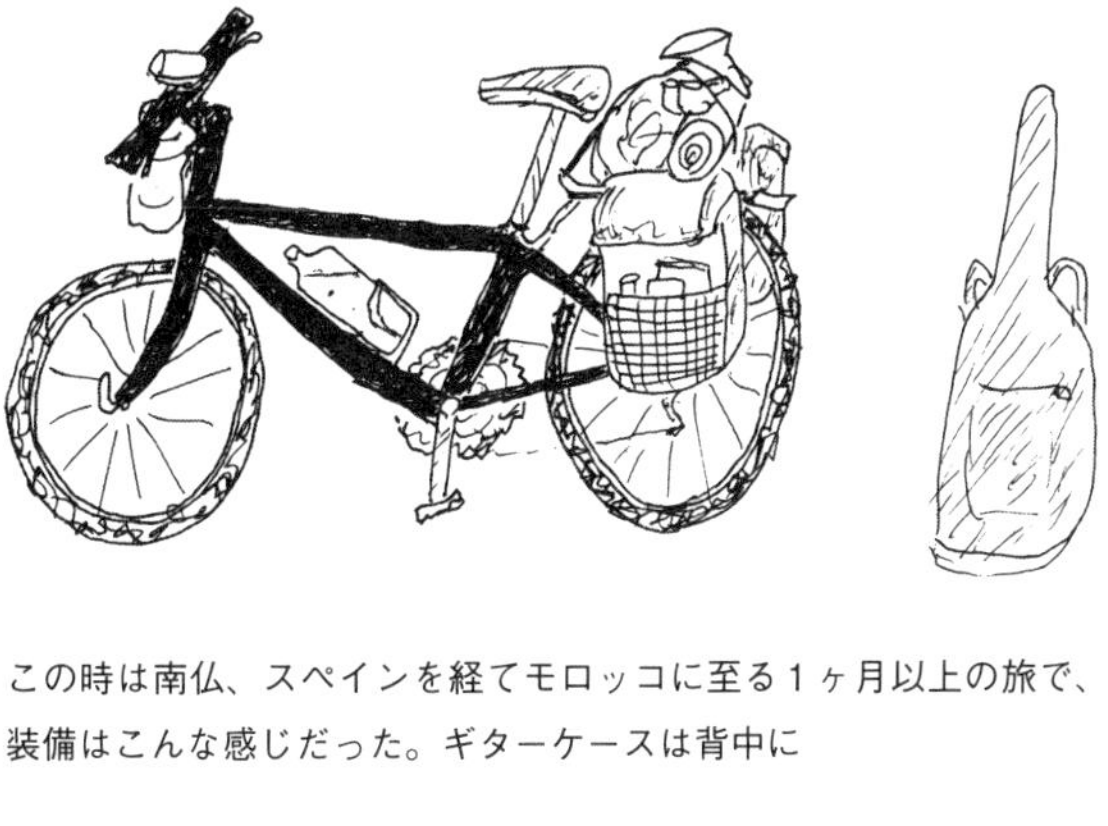

この時は南仏、スペインを経てモロッコに至る１ヶ月以上の旅で、
装備はこんな感じだった。ギターケースは背中に

なにが彼の心境に変化をもたらしたのかはわからない。職務遂行という目的から評すれば、それは魔がさしたと言うべき現象だったかもしれない。僕は救われた。旅が続けられる、と言うか始められる。そして確かなことは、同じような個人の判断が人の生死を分けた場面も、歴史にはひしめいているということだ。ＥＵ圏のスペインとフランスの間でも、こうした不測の足止めに遭遇する。ましてや戦争など、極度の混乱にある地域では——。

機内で読み返していたサン＝テグジュペリの「Lettre à un otage（人質への手紙）」を思い出していた。その表題作の短編エッセイには、彼が内戦中のスペイン——場所は明記されていないがおそらくバルセロナ、つまりここ——で遭遇した危機が綴られている。ジャーナリストとして訪れていた彼は、ある時武装したアナキストの集団につかまってしまう。脇腹に銃をつきつけられて彼らの基地に連れて行かれ、身分証をホテルに置いてきた作家はカタルーニャ語でささやきあうアナキストたちにスペイン語で抗議を試みるが聞き入れられない。銃を手にした彼らは「鉢の中の金魚を観察するように」、サン＝テグジュペリを見ている。

生か死かの瀬戸際で、重苦しい時が流れた。膠着《こうちゃく》状態はしかし、作家が看守と交わしたささやかな身ぶりと表情で劇的に去るのである。看守の一人が煙草を吸うのを見て、「身ぶりにかすかな微笑みを添えて、一本くれとせがんだ」。ただそれだけで、「奇跡」が起きた。微笑みが相手にも伝染し、「そして私たちは同胞になっていた」と作家は書いている。

禁止されているはずの自転車とギターを積んでくれた運転助手と僕との間には、サン＝テグジュペリが奇跡の鍵を見出したような笑顔は交わされなかった。ただ唐突に、相手が折れたのだった。空席の目立つバスに乗りこみ、きつく眼を閉じた。出発前夜も、飛行機の中でも、ほとんど眠れていなかった。寝ないと脚がつりやすくなり、自転車が下手になる。

バスは中々発車しなかった。運転手は他の客たちと、表でおしゃべりしている。少しまどろんで雑念に邪魔され眼を開くと、すでに二時をまわっていた。結局、予定より一時間以上遅れて発車し、ペルピニャンへの到着もその分遅れ、その分夜明けが近くなり、これは僕にはさいわいだった。荷物を引き出す時には、あの運転助手氏も手伝ってくれた。歩道のなめらかな舗石の上に、巨大な紺の輪行バッグとギター、それに左右一対のサイドバッグが並んだ。ゆっくり自転車を組んで空気を入れる頃には夜も明けるだろう。

礼を述べると、「ブエン・ビアッヘ（よい旅を）！」と初めて微笑んでよこした。

## 二、カザルスの亡命

ペルピニャンはフランスの南西端、ピレネー＝オリアンタル県の県庁所在地だ。ルシヨン地方、すなわちフランスにおけるカタルーニャ地域の中心都市でもある。カタルーニャといえば、二〇一五年に行われた住民投票で、独立派が勝利したことは日本でも大きく報じられたが、あれはスペインでの話。カタルーニャ文化圏はフランスにもあるのだ。そしてこの事実が、これから僕が足跡を追いかける音楽家パウ・カザルスの亡命生活に影響を及ぼすのである。

ここで簡単にカザルスの前半生をまとめておこう。わが国ではカタルーニャ語のパウよりもスペイン語のパブロ・カザルスという名で知られている彼は、史上最高の音楽家の一人だ。一八七六年にスペイン・カタルーニャ州のアル・ヴァンドレイという小さな村で生まれ、幼い頃から作曲や鍵盤楽器の演奏に楽才をあらわしたが、彼の生涯を決定づけたのは十一歳の時に手にしたチェロだった。長じてバルセロナに移り、より深い音楽性を目指して研鑽《けんさん》を重ねたカザルスは、チェロの奏法そのものを一新してしまうのだ。

演奏家としてのカザルスに深入りはしない。とにかく彼はその長い前半生ですでにして、超一流の、世界的な音楽家になっていた。そんな彼が、なぜ亡命する羽目になったのか。

カザルスは芸術至上主義の天才ではなく、彼の信じる正義の実現を目指す理想家だった。民主主義と平和、そして祖国カタルーニャの独立。その実現のためなら音楽で協力する。

わりと身近な例でいけばバルセロナのオリンピック。一九九二年に開催されたこの大会には遠い前史があったことをご存じだろうか。時は一九三六年。この年のオリンピックはナチス政権下のドイツ・ベルリンで行われた。当時のスペイン第二共和国では、左派が大同団結して票を集めた人民戦線政府が誕生したばかりで、ファシストの祭典になりそうなベルリン大会をボイコットし、カウンターとして「人民オリンピック」をバルセロナで開催する予定になっていた。亡命者の選手登録をも受けつける、国家の枠に縛られない画期的な大会だ。

指揮者としても活躍していたカザルスは手兵のオーケストラを率いて、開会式にベートーヴェンの『第九』を演奏しようと決める。平和への祈りをこめて、だ。ちなみに彼はその三年前にナチスが政権を掌握した時点で、ドイツからの招待はすべて拒否すると公言していた。自分の理想を実現してくれそうな場面では演奏を惜しまず、好ましくない主催者、政体のもとでは絶対に演奏しない。これがカザルスの戦い方だ。

しかし『第九』の演奏は実現しなかった。ちょうど人民オリンピックの開会予定日にスペイン各地で軍が蜂起し、二年八ヶ月に及ぶ内戦が始まるのである。カザルスはフランスに避難する。共和制のもとで自治権を拡大し、勇み足気味とは言え独立宣言さえ発せられていたカタルーニャでは、フランコ将軍率いる叛乱《はんらん》軍の勝利後、徹底した弾圧が行われ、カタルーニャ語の使用さえ禁じられることになった。カザルスがそんな所に帰れるはずがない。こうして彼の亡命生活が始まる。その最初の拠点が、これから目指すプラードという町だ。


いっせいに街灯が消えた。時計を見ると六時になっていた。自転車の荷台に寝袋をくくりつけるのも含め、ゆっくり準備した。降りたところは「el Centre del Món」というショッピングセンターのような施設の前で、名前がカタルーニャ語なのが興味をひいた。通りを隔てて反対側にある建物から太ったおじさんと二人の婦人が出てきて立ち話を始めたので、彼らにプラードまでの道を訊ねた。親切に教えてくれただけでなく、中からペルピニャンの小さな地図帳をとってきてくれた。プラードまでおよそ三十五キロだそうだ。

当時スマートフォンを持っていなかった僕は当然、ＧＰＳを利用したナビゲーション・ツールも備えていない。この旅では今後ももっぱら地図と標識と人を頼りに道を探してゆく。

ペルピニャンの街を出るとピレネー北東麓のみずみずしい景色が始まる。道はおおざっぱにテー川を遡行《そこう》するように走るので、水あるところ、緑が絶えることはない。左前方、西南西の方角に、五つほどの峰がほぼ同じ高さに連なった高い山が見える、あれがカニグー山に違いない。標高約二七〇〇メートルだ。高い。カニグーはカタルーニャの聖山だ。さすがに聖山となるだけの山には、教えられなくてもなんとなく目がゆく。本日の目的地プラードは、方向的にも距離的にも、カニグーをすぐ南に拝む位置にあるようだ。カタルーニャ人というアイデンティティに誰よりもこだわったカザルスが、プラードに居座ったことの象徴的な意味が想像される。ちなみに彼はこの地名を冠した曲も書いている（『サン・マルティ・デル・カニゴ』）。

ル・ソレという村のパン屋でカフェオレとクロワッサンの朝食をとった。朱色のスパニッシュ瓦で葺かれた屋根が並ぶ新興住宅地から少し入ると、一辺三本のアカシアに縁どられた広場に出る。共和国広場、というその名はいかにもフランス的だ。頭上には赤と黄色の小さなルシヨン旗がたくさん張られ、中央につくられた照明灯の台座には、人が手をつないで輪になったイラストが描かれている。カタルーニャのフォークダンス、サルダーナを描いたものだろう。サルダーナは踊りであり、曲形式でもある。カザルスもこの形式で曲を書いている。その名を知らなくともイメージが刷り込まれている人は、わが国にも少なくなかろう。フランスの画家アンリ・マティスの大作『ダンス』はサルダーナに想を得て描かれたものだ。

走っていると、意外にもカタルーニャ文化が強調されているのが目をひく。村の名前も、しばしばフランス語とカタルーニャ語の二言語併記になっている。意外にも、というのはフランスはスペインよりもはるかに中央集権が進んだ国であり、そのせいか、フランス側のカタルーニャにしろバスクにしろ、存在感が稀薄な印象を持っていたからだ。

思い出してみると、僕がカタルーニャの存在を知ったのは、カザルスを通じてだった。この両者との出会いは同時に訪れた。あれは確か中学生の頃、なにかのドキュメンタリー番組を観ていたら、国連の会議場でスピーチをする、禿げて、ちょっと背の曲がった、しかしやたらと威厳のある老人が現れた。それがカザルスだった。「外国人にもゆっくり英語をしゃべる人はいるんだなあ」と意外に思った。授業で聞くネイティブの録音はもっと速く、なおかつ英語らしかったから。一九七一年十月、カザルスに国連平和賞が授与された時のひとこまだ。

ところどころ初習者の耳にも聞き取れるとがぜん興味をひかれ、相乗効果で日本語字幕の内容も頭に入ってくる。その時カザルスが切々と訴えていた「Catalonia（カタルーニャ）」という地名、国名と、この老音楽家と、その後にＶＴＲが流れた名曲『鳥の歌』の演奏は一セットになって記憶に刻みこまれた。

「ひとつ、言わせていただきたい。私はカタルーニャ人です。いまはスペインの一地方になっていますが、そもそもカタルーニャとはなんだったのか？　かつては世界で最も偉大な国でした。英国よりも先に議会ができたのはこの国なのです……」

半世紀以上年下の二人目の妻マルティータとともにプエルト・リコに移り住んで亡命生活を続けていた彼はそれから二年後に九十六歳で大往生を遂げる。独裁政権を維持してきたフランコが没するのはその二年後で、結局カザルスは生きて帰郷することはなかった。

九時頃向かい風が出始めた。国道一一六号線を懸命にこぐが、三キロ走るのに十五分もかかる始末。風のためだけではない。体調が、およそ自転車旅行に適したものではなかった。過去二十四時間で三時間しか睡眠をとっていなかったし、アエロフロートロシアの長距離便エコノミー席を含めて飛行機二回、深夜バス一回と、座りっぱなしで尾骶骨《びていこつ》周辺が痛かった。これだけの長距離・長時間の移動をしてから休みなく自転車に乗るのは初めての経験だった。

寝不足で、感受の窓にブラインドがかかったような状態だった。初めてフランスを走っている、そのよろこびはとっくに消え失せ、ただ義務的にペダルをまわす。

こうしてパウ・カザルスにゆかりのある地を目指して自転車を走らせるのは初めてではなかった。二つ目の大学である立教大学在学中、二〇一〇年の夏にスペイン横断プラスアルファの自転車旅行を敢行した時、バルセロナを発って最初の目的地がカザルスの生地であるベンドレイであり、彼の別荘——現在は記念館——があるサン・サルバドルだった。

あの頃は若かった。前夜、隣村の砦跡で野宿し、サン・サルバドルのカザルス記念館に着いた時にはまだ開館前だった。が、苦にならなかった。すぐ向かいにカザルスの像と「バッハは奇跡だ」と訳せる彼の言葉が記されたバッハ広場がある。そこに行ってギターでバッハの『無伴奏チェロ組曲第一番』の『プレリュード』を弾いて待った。この『無伴奏チェロ組曲』はカザルスが弾くまで、世のチェリストたちからは忘れ去られていた。十三歳のカザルス少年が、バルセロナの楽器店でこの組曲の古い楽譜を偶然見つけた時のエピソードは伝説になっている。

なんという魔術と神秘がこの標題に秘められているかと思った。この組曲の存在を聞いたことは一度もなかった。誰一人、先生さえも私に話したことはなかった。なんのために私たちが店に来ているのかを私は忘れた。ただ楽譜を眺め、抱きしめるだけだった。あの光景は一度もうすれたことはない。今日でもあの楽譜の表紙を見ると、かすかな潮の香のする、かびくさい古い店に私は帰っていく。

（アルバート・E・カーン編『パブロ・カザルス　喜びと悲しみ』吉田秀和他訳）

サン・サルバドルのカザルス記念館は、この音楽家が愛してやまない海ときわめて親密な立地にあった。なにしろ南側の大きな窓からは砂浜が見え、その先には地中海が広がっているのだ。白波は指板の上を行き来するチェロ奏者の左手のように寄せては返す。寄せ切った先で砂をぬらしてしばしわだかまる様は、フレーズの最高音にふくよかなビブラートを与える指先によく似ている。ピアノだとこうはいかない、などと改めてチェロと海との近しさを確認させるのは、その空間に堆積した若き日のカザルスの、情熱と発見に満ちた夏たちがなせる魔術に違いなかった。展示内容は彼の生涯を網羅しているのだが、その別荘は、音楽家の前半生とのみ結びついている。半世紀以上にわたる前半生。

内戦は、カザルスとその別荘とを引き離した。いま僕が向かっているプラードは、彼が困難な亡命生活を送ったところだ。海からは四十キロ以上離れている。あんまりおもしろいことはないかもしれない。体調が思わしくないと、考えも暗くなる。とにかく早く横になりたかった。

## 三、歴史がつくるコネクション

目的地に近づいている時は、その村や町がどんな姿で現れるか、期待が湧いてくる。村や町の姿、と言っても日本のように東京都北区も埼玉県の川口市もさいたま市も全部くっついている、という具合の住環境にいたらピンとこないかもしれない。スペインやフランスでは、街も村もその多くがいまだにくっきりと輪郭を持って、農地や野原などの「外」と区別される。こっちでは町も村もしばしば確実に、「見える」ものなのだ。

それまで通ってきた村々はいずれも眼を楽しませてくれたものだ。古い家々には玉石を積み上げて壁をつくっているものが多く、そのまだら模様のざらつきが多少の目覚ましになった。プラードまであと六キロのマルキクザンヌという村は、そうした民家が日本の宿場町の風情で国道沿いに並び高台の教会を支える、村全体が二階建てのつくりになっていた。

しかし見え方に関して言えば、プラードの第一印象はまったく冴えなかった。それどころか、街が見えないパターンだった。だらだらした上りの先から始まる上に、広い範囲に市域が発展したらしく、輪郭が見える間もなく建物の連なりの中に入りこんでいた。不世出の音楽家が亡命先に選んだ街として幻想を育てている分、いっそう拍子抜けだった。だいたい、カザルスの伝記や回想では寒村とか小村とか言われていたが、大きな街ではないか。

ペルピニャンを出たばかりの頃に推測したように、カニグー山はいまや真南にそびえ立っていた。すらりとずば抜けた独立峰ではなく、ざっと数えて一、二、三と、折り目の三つある青い屏風《びょうぶ》のようだ。山頂付近は森林限界を超えているのか、白く縁どられている。やがて三階建てに軒をそろえた建物を基調とする旧市街に入ると当然その姿は見えなくなるが、街路の交わり方によっては、両側に並ぶ建物の間に借景された一幅の掛け軸のようにカニグーが現れる。

間の抜けた反応だが、水がうまそうな町だな、と思った。次の瞬間には、季節ごとの表情が知りたくなった。次の瞬間には、到着した安堵感も手伝って、すっかり気に入っていた。

カザルスがこの町に到着したのは一九三九年の春だった。同年の四月一日には、フランコ将軍の勝利宣言がなされている。彼らファシスト軍の勝利は、特にカタルーニャの共和主義者にとっては二重の悲劇だった。一つにはもちろん、民主的な共和国という理想が潰《つい》えたこと。これはしかしカタルーニャに限った話ではない。もう一点、深刻だったのは、はかない共和制の中で達成しかけていたカタルーニャ独立の夢が無惨にも打ち砕かれたことだ。内戦の最後まで抵抗を続けたバルセロナは、熾烈《しれつ》な報復を受けた。連日無実の人々が連行されていった。

その頃パリにいたカザルスは、愛する故郷が「一大監獄」にされてしまった報せを聞いて、ほとんど気が狂わんばかりに嘆き悲しみ、苦しんだ。当時、六十二歳。世界を知り、世界に知られ、人生の酸いも甘いも味わい尽くした大家が初めて経験する絶望だった。

しかしカザルスは屈しなかった。それどころか、現在多くの人が知っている平和運動家としての彼のキャリアはここから本格的に始まるのだ。「何日間も部屋から出」ず「生きる意欲を失っていた」カザルスを心配したバルセロナ出身の友人が、彼にプラードへ引っ越すよう勧める。パリからプラード。ふつうに考えれば都落ちだ。なにかと不自由な亡命生活に利するとは思えない。だが友人の誘いには明確な意図があった。「土地の多くの人たちは私たちの言葉を話すのですよ。カタルーニャに帰ったと思うようになりますよ」と説き、さらには近くの収容所に入れられた数多くの共和国派難民を支援するよう頼んだのだ。仲間のためにできることがあれば、カザルスにとっても励みになる。そう見込んでいたのだろう。

新天地はカザルスの目にどう映ったか。

心に嘆きは残っていたものの、周囲の風景に私は安らぎをおぼえた。玉石を敷きつめた小道が曲がりくねり、赤いタイルの屋根の白壁の家が立ち並び、ちょうどアカシアが花盛りで、プラードの村は、子供のときから馴染んでいるカタロニアの村と寸分違わなかった。（中略）事実、この地域は数百年前まではカタロニア王国の一部だったのである。（前掲書）

この地域が正式にフランスの領土になったのは一六五九年のピレネー条約によってである。およそ半世紀後の一七一四年、カタルーニャの残りの部分はボルボン（ブルボン）朝スペインの軍門に下り、それ以来「スペインの一地方」の座に甘んじている。ＦＣバルセロナのサポーターが十七分十四秒になると「独立！」コールを挙げるのはこの年号にちなんだ習慣だ。
もしもこのルシヨン地方がフランスにとられていなかったら、当然フランコ軍の支配するところとなり、「カタルーニャに帰ったと思うように」なれる地域はこの地球上のどこにも得られなかっただろう。三世紀に及ぶ歴史をてのひらの上で眺めてみると、ルシヨンが、いつかカタルーニャ人たちの避難所になるために切り離されたかのように感じられるのだ。

まず宿を見つけておきたかった。目抜き通りのド＝ゴール将軍通りを走っていると、オスタル（ホテルより安めの宿を指す）の看板が見つかった。付属のバルにいた女性に空室を訊ねると、「ありません」とにべもない。道中、下はさんざんはき古したボロボロのハーフパンツに着替えており、僕の身なりはきれいとは言い難い。お断り、されちゃったかな。

僕が断られたその宿のすぐそばに、カザルスが亡命生活の初期を過ごしたグラン・オテルがあったようだ。その窓から見えるカニグーを「この見事な山岳は、カタルーニャ人に特別な意義を持っている」と讃えている。実際に来てよくわかった。カニグーは確実にカザルスの亡命生活に寄り添っていたのだ。そしてこの山並へのまなざしと故郷への想いは、彼にあっては同じ一つのものだっただろう。阿倍仲麻呂《あべのなかまろ》が唐土《もろこし》にて見た月のように、故郷を幻視させる鏡のようなものとして、カニグーはカザルスに、もどかしさと、そしておそらくは希望を、やる気を与えたことだろう。あれは自分たちの大事な山だ。あの向こうに自分たちの故国がある。あの向こうから、同じ山を見ている人たちがいる、と。さいわいにして国を失ったことのない僕は、韓国の最北端にある統一展望台から、北朝鮮領の金剛山を見ようと目を凝らしていた時のことを思い出していた。

その後宿は見つかったが、エアコンなしで六五・五ユーロ（約七八〇〇円）と、スペインの内陸部だったら考えられないような値段だった。が、なにはともあれほぼ二日ぶりに横になれる。僕自身、逃避行をしてきたかのような疲労がたまっていた。

ビールを飲んで昼寝して起きたら九時を過ぎていた。近所でピザを食べて、今度は本格的に寝た。この日の最大の収穫は、カニグーだった。

## 四、亡命先での芸術活動

翌朝は鳥の声で六時前に目を覚ました。ああ、あれだ、と僕はベッドの中でうきうきしていた。国連総会で『鳥の歌』を演奏する前のカザルスの、あまりにも有名なスピーチ。「鳥は、空に舞い上がると、ピース、ピース（平和）と鳴くのです」。鳥は英語で鳴くのか、なんていう野暮な突っ込みは言いっこなし。気分よく跳ね起きてシャワーを浴びた。

チェックアウトの十一時まで、宿に荷物を置いてカザルスゆかりの地をまわるつもりだった。プラードに住んだ十七年の間にカザルスは何度か住まいを変えているが、はじめのグラン・オテル以外の二軒はいずれも西の外れにある。これは好きでそうしたわけではなかっただろう。グラン・オテルを拠点にしてスペインからの難民支援のために奔走していたカザルスと親友の詩人ジョアン・アラベドラは、やがて第二次大戦が勃発しフランスの大半がナチス・ドイツに占領され、ヒトラーの傀儡《かいらい》に等しいヴィシー政権が誕生すると、一度はプラードを捨ててアメリカへ亡命しようと決意する。ところがボルドーで乗るはずだった船がドイツ軍に沈められたために果たせず、ほうほうのていで帰ってきたらホテルの部屋はすでに埋まり、あまつさえ宿の主人からは「カザルスさんに部屋を貸したことがバレたら大変ですから」と、庶民の悲しい本音を浴びせられる始末だ。村の外れにしか借りられる物件がなかったのだ。

と言っても中心部からド＝ゴール将軍通り（当時は別の名だが）を歩いて七分程度の差しかなく、その間には緑豊かな公園あり、シャトーあり、そして背景は抜けるような青空とカニグー山。すばらしい散歩コースだった。なるほど往時は小さくまとまった村だったようだ。

町が尽きて道が大きく下り始める直前に、カザルス夫妻とアラベドラ一家が一九四〇年代の多くを過ごした家がある。通称ビリャ・コレッ。一階も二階も中央にドアがある線対称の家で、白っぽい壁に赤い前髪然とした屋根、素朴な農夫の顔のようなかわいらしい建築だった。夏の花を植えていないのか、ゆとりのある庭は緑の単色だ。

現在ここに住んでいるフル夫人に話を聞くことができた。八十歳近い、太ったおばあさんだ。門をくぐって庭に招き入れられるだけで感動ものである。

「ここにパウ・カザルスが住んでいたのですね?」とわかり切ったことを訊くと、「ええ。この一階（日本で言う二階）です。もう七十年以上前のことよ」と正確に答えてくれた。下の階にはアラベドラ一家が住んでいたのだ。さしせまった危険のないいま、夏の朝の涼しげな光の中に建つその家を見ていると、芸術家同士のシェアハウス生活はあんがい楽しかったんじゃなかろうかというのんきな考えが頭に浮かぶ。昨日は僕自身がしんどかったせいもあって亡命生活のつらい面にばかり思考が向かいがちだったが、楽しい時間もたくさんあったに違いない。

フルさん一家は一九四八年にカザルスらがすぐ近くの、現在「鳥の歌」荘と呼ばれる家に移った直後に、ここに引っ越してきたそうだ。カザルスがプエルト・リコに渡るまでのおよそ十年間、ご近所さんだったことになる。練習する音が聴けたかもしれない。うらやましい。

ダメもとで、中を見せてもらえるか訊ねると、これはきっぱり断られた。不躾《ぶしつけ》な訪問のお詫びに、というわけでもないが、この空間でぜひにと思い、僕は許可を得てハーモニカで『鳥の歌』を吹いた。もともとはカタルーニャでクリスマスに歌われる民謡だったというこの曲は、カザルスが亡命先で弾くようになってから、望郷の歌となり、そしてカタルーニャのシンボルとなり、平和への祈りとなった。カザルスは国連でも弾いたし、ケネディ大統領の招きに応じて特別に催したホワイトハウスでの演奏会も、この曲でしめくくった。彼が奏でる『鳥の歌』に心をゆだねる人は、ある瞬間に自分の中で鳥たちが飛び立つのを感じることになる。

スペイン留学中に初めてバルセロナを訪れた時も、できたばかりのカタルーニャの友人相手にこの曲を吹いて聞かせ、非常な歓待を受けたものだ。そうして深まった友情はいまでも続いている。僕はけっこうカザルスの世話になっているのだ。

吹き終えて、この曲ご存じですかと問うと、「『鳥の歌』でしょう」とフルさんは笑顔で答え、「あのね、モリッチ・レス・バンという村では鐘でこの『鳥の歌』を鳴らしてくれるんですよ。それがとてもとても、きれいなの。十何個かの鐘で、この曲を鳴らすのよ」

若やいだ声でそう教えてくれた。

プラードの公立図書館にはポンペウ・ファブラの名がつけられている。彼もまたフランスに亡命したカタルーニャの知識人だ。それもとびっきりの。ファブラはカタルーニャ語の近代的な綴字法《ていじ》を確立し、辞書を編纂《へんさん》した人物なのだ。亡命カタルーニャ人コミュニティの長老格だった彼は、一九四八年のクリスマスにプラードの自宅で亡くなった。墓もここにある。

行政上は間違いなくフランスに属するプラードの町の公立図書館に、スペインから逃げてきた亡命者の名がつけられているのは不思議な感じがする。他にも、プラードに関係するカタルーニャの偉人の一覧があったり、役所の、通りに面した壁には「私はカタルーニャ人だ」というカザルスの言葉が引かれた後に「そして私たちも、みんな」と大書された――いずれもカタルーニャ語で――垂れ幕がかかっていたりと、カタルーニャ推しがすごい。

図書館の二階にはカザルスにまつわる小さな展示室がある。手紙や写真にコンサートのプログラム、ポスターといった品々に加え、木彫りのカザルス像、彼が弾いていたチェロの弦、さらには書斎を再現した空間まである。

作曲家としてのカザルスのライフワークとなったオラトリオ『エル・ペッセーブレ』の楽譜が展示されていた。演奏家、平和運動家としてのインパクトに隠れがちだが、カザルスは作曲家でもある。その彼の畢生《ひっせい》の大作が書き始められたのはまさにプラード時代、ついさっき訪れたあの小さな家でだった。全編カタルーニャ語で歌われるこの曲の作詞者はジョアン・アラベドラ。カザルスとシェアハウスしていた亡命詩人だ。

展示室ではアラン・ジョミー監督のドキュメンタリー映画が上映されていた。観るのは初めてで、すぐに夢中になった。ちょうどカザルスがプラード行きを決めたところから『エル・ペッセーブレ』誕生のいきさつにさしかかるところだった。それは家族愛と友情と土地の伝統が相互に作用しあうあたたかい物語だった。

ペッセーブレとはつまり飼葉桶《かいばおけ》のことだ。飼葉桶、馬小屋、と連想するとすぐに行き着くであろう、詩はキリストの生誕を物語り、その主題は人類の希望、兄弟愛、そして平和だ。アラベドラはこの詩を、まだ亡命する前、バルセロナで、当時五歳の娘マリアにせがまれて書いた。クリスマスにみんなで謡《うた》える詩を書いてちょうだい、と。できあがった物語詩は、少女にもわかるよう、やさしい言葉で書かれている。

その後不幸にも戦火が襲い、一家は真冬のピレネーを越えざるを得なくなる。短期間だが収容所に入れられ、それからパリでカザルスと合流し、ともにプラードへ移って四年が経ったある日、うれしい報せがアラベドラのもとに届いた。ペルピニャンでカタルーニャ語の詩のコンテストが開催されることになったのだ。アラベドラは娘のために書いた詩を思い出した。しかし余裕のない亡命行の中で、原稿はとっくに失われている。どうしたものか。ここからは、上映されていたドキュメンタリー映画で詩人の娘のマリアさん本人が語っていることで、カザルスの回想とは若干異なる。そしてこっちのほうが真実味がある。

原稿は娘が大事に保管していたのだ。「こんな素敵なプレゼント、失くすわけがないじゃない」というわけで。アラベドラはその原稿に手を加えて完成させ、見事に大賞を獲得した。時は第二次世界大戦最中《さなか》の一九四三年五月。

そこで初めてカザルスがこの詩を知る。アラベドラは彼に内緒で応募していたのだ。たぶん、落ちたら恥ずかしいからだろう。授賞式で朗読されたその詩の美しさに感動したカザルスは、曲をつけようと決意する。今度はカザルスが内緒にする番だった。そして――。


　翌月のアラベドラの聖人の日の聖ヨハネの日に、私は彼を抱擁して誕生日のお祝いを述べ、彼をびっくりさせる贈り物があると言った。私は彼をピアノのところに連れていき、彼の詩の文句をうたいながら、作曲の最初の断章をピアノで弾いた。そして詩全部に音楽をつける計画を彼に告げた……。（前掲書）

以来、『エル・ペッセーブレ』の作曲は、カザルスの心の支えになった。長い年月をかけて完成した曲は、演奏に一時間以上要する、いわばカザルスの『第九』。初演は彼がプラードからプエルト・リコへ拠点を移した後の一九六〇年、メキシコはアカプルコで行われた。それからのカザルスはこの曲を各地で公演し、人類愛のメッセージを伝える平和の使徒となる。

作曲の他になにをして過ごしていたのかと言えば、ほうぼうに手紙を書いて、スペイン内戦で発生した多数の難民への支援を呼びかける。時には難民収容所を自ら訪れ慰問演奏もした。

こうして見るとプラードでのカザルスはずいぶん精力的に活動している。他の亡命者や難民と比べ恵まれた境遇にあるという自覚が彼のモチベーションを高めたのだ。

カザルスは超のつくほどの偉人である。だが尊敬するあまり、現代の難民と彼とを切り離してしまってはいけない。難民の一人一人にもそれだけの可能性が備わっているのだ。そしてカザルスがその死後、極東の一人の少年にカタルーニャという国を知らせるきっかけとなったように、逃げて生き延びた者たちは、苦境に置かれた故国をよみがえらせる力を持ちうる。


展示を見た後は宿に戻ってチェックアウトし、二キロほど離れたサン・ミシェル・ド・キュクサ修道院を訪れた。よりカニグーの懐に近づく位置にあるこの修道院は、一〇五九年に最初のカタルーニャ語の文書（歌）が書かれたという由緒を持ち、プラードで亡命生活を送るカザルスやアラベドラをはじめとするカタルーニャ人たちの心のよりどころとなっていた地だ。後にカザルスはここでも『エル・ペッセーブレ』の公演を行っている。一九五〇年にカザルスを慕う音楽家の発案で始まった、毎年夏の「プラード・カザルス音楽祭」の会場でもある。

光の加減によってはほとんど赤紫色に見える柱が並ぶ回廊を陶然《とうぜん》となって歩いた。中庭の芝が正午の陽射しを浴びて輝いている。燕が鳴きながら旋回していた。さそわれて視線を上げると、石造りの巨大な修道院の壁の脇からわずかに山影がのぞいていた。カニグーだろう。

プラードがあってよかった。

わずか一日の滞在で、心からそう思うようになっていた。カザルスたちに代わってこの土地にお礼を言いたい気分だった。カザルスがパリからここに移ったことも、ボルドーで船を失い戻って来たことも、プラードが発する強烈な引力に運命を任せた結果ではなかったか。

　この引力は、はじめカタルーニャ人にだけ働きかけていたが、いまではより広い範囲の人々を招き寄せるようになっている。例えば、僕が来てしまった。そして音楽祭の時期には、世界中から音楽を愛する人たちがやって来るのだ。

## 五、かつてのスペイン難民キャンプにて

　前の日とは打って変わって、雲一つない快晴だった。次の目的地はアルジェレス・シュル・メール。そこにはかつて、スペイン内戦が生んだ五十五万人もの難民を住まわせるためにできた収容所の一つがあった。カザルスは慰問演奏のためにそこを訪れていたという話だ。

　正午過ぎに修道院を後にし、昨日上ってきた道を下ってゆく。まとまった下り坂でだいぶ楽ができた。アルジェレスまでは約六十キロ。経験上、暑い時期に色々見聞しながら自転車で旅するには一日にこれくらいの距離が理想的だった。一日百キロ以上になると、走るために旅しているようで、道中の観察や人との交流のよろこびはいちじるしく削られる。

　暑かった。プラードから下り始めたあたりで見た路上温度計が三十四度を示していたので、その後はもっと上がっただろう。走っているとやたらと鼻水がたまる。熱があるのかもしれない。だがもう一息だ。海に近づくにつれ、遠くに連なるピレネーの稜線は、明らかに勢いがなくなっている。西から東へ、ためらいがちに標高を下げてゆき、最後に三角形の突出を見せ、

その先にはもう山影はない。海に達しているに違いない。

林が点在する中をゆく道の先には、ピレネーの最前衛らしき、あの三角形の山が見える。よく見ると前後に二つの峰が重なっているようで、奥のほうの頂には塔が建っている。それが現役なのか遺跡に類するものなのか、この距離からでは識別しようもないが、確かに人工物だ。見張りの役割を担うものだろう。つまりそのあたりを国境線が走っているのだ。

林が途切れると、瀟洒《しょうしゃ》なバンガローが並んで姿を現す。キャンプ場なのか、モデルハウスの屋外展示なのか、そういう場所が増えてきた。

道はその先でスペインを目指す自動車道と交差し、アルジェレスの浜辺に向かう道との分岐点に至る。環状交差路が二つ続いており、どの道を行くのが最短なのかわからない。そこにちょうど、ゆったりサイズのTシャツを波立たせて散歩する、中年女性三人組が通りかかった。

「地元の方ですか？」

「ええ」

それなら道を知っているはずだ。ところで僕は具体的にアルジェレスのどこを目指すべきか、自分でもわからなかった。なにがあるのか、知らないから。そこでこう訊ねた。

「歴史はお詳しいですか？」

三人のうちの二人が、歴史はあなたの担当よ、という具合にあとの一人を見つめた。

「ここにはキャンプが……」と言いかけると、

「あるわよ、たくさん」歴史担当ではない一人が僕の質問をさえぎった。「キャンプ場でしょ？」と、自転車の荷台に結わきつけられた寝袋を見てそう言う。「待って、そうじゃないわ」とさすがに歴史担当の彼女はピンとくるものがあるようだ。

　早とちりを含んだこのやりとりは日本語で伝えづらい。「ここには内戦によるスペイン難民のための収容所があったでしょう」、と言おうとすると、フランス語の順序では「ここにはキャンプ－収容の－難民のための－スペイン人－内戦の」となる。僕はゆっくりしゃべっていたから、長い名詞節のしょっぱなの「キャンプ」で割りこまれてしまったというわけ。改めて完全な文を述べると、歴史に詳しい彼女は「ええ、そうですよ」とやはり知っている様子。

「なにかそれに関するモニュメントとか展示とか、ありますか？」

「詳しくは知らないけど、『スペイン人墓地』と呼ばれてるものが、ビーチのほうにあるわ。あとは展示施設があるけれど、いまはもう閉まってるわね。革命祭前だから」

　革命祭前だとどうして展示施設が閉まるのか、よくわからなかったが、フランスにとって七月十四日がいかに大切な日であるかが感じとれる。


　ラ・レティラーダ（退却）の名で知られるスペイン共和国難民の波がフランスに到来したのは、一九三九年一月二十六日のバルセロナ陥落から二日後のことだった。二日とは、ありあわせの交通機関と自分たちの足とでピレネーに殺到するまでに要した、非常に生々しい時間だ。軍民合わせて最終的には五十万以上のスペイン人がフランスに流れ込んだ。

「フランスの憲兵は、疲れ切ったスペインの難民を、暖かい部屋と十分な食糧のある生活人種のもっているあの冷淡さで迎えた」とはスペイン内戦で名を上げた写真家ロバート・キャパの回想だ（『ちょっとピンぼけ』川添浩史他訳）。冷淡。内戦中、ヒトラーのドイツ、ムソリーニのイタリアが公然と叛乱軍を支援したのに対し、英仏は共和国との共闘を避け、「不干渉」を貫いていた。戦争を回避するためにドイツへの宥和《ゆうわ》政策をとったのだが、叛乱《はんらん》軍と現実に戦い続けていた共和国スペインから見ればとんでもないまやかしだ。戦争はすでに始まっていたのに。

そういう時期の、そういうフランスらしく、難民の受け入れにも消極的だった。国土へ迎え入れはしたが、おっとり刀で作った収容所に隔離した。その第一号がアルジェレス・シュル・メールの北の浜辺だ。粗末なテントで海からの強風をしのいでいるだけ、という劣悪な状況に耐えかね、せっかくフランスに逃げてきたのにスペインへ戻った者も多くいた。彼らは、「共和派亡命者たちの罪を問わない」というフランコの約束を信じて帰国し、裏切られた。恐るべきリテラシーの欠如。フランコ政権を承認したフランス当局からの甘言もあっただろうが、過酷な収容所暮らしに疲弊し、判断力が麻痺していたとしか思えない。絶対に帰ってはいけなかったのだ。

アルジェレス・シュル・メールの浜辺目指して自転車を走らせる。背の低い防砂林の中、すれ違う人、バスを待つ人、みんな、格好が遊んでいる。ビーチで遊んでホテルかキャンプに帰るのか、汽車をかわいらしくデフォルメした車が牽引するトレインバスの客車は若い肉体の陳列台だ。そこかしこのキャンプ場から子どもたちの歓声が聞えてくる。やがて交通量が増え、のろのろと走る乗用車の後部座席をのぞき見ると、乗り疲れたのだろう、海に着く前に眠りに落ちてしまった金髪の少年の、安心し切った寝顔が窓にもたれている。

海岸線と並行に走る道に出た。散発的に椰子の木が立つ、路肩の広い――駐車だらけの――通りには小屋サイズの飲食店や露店が並び、商魂たくましく看板を目立たせているため、ヨーロッパの街ではふつうあまり見られないような人工色の競演が行われていた。

それにも増して多彩なのは、ここに来ている人たちの幸福だろう。家族の幸福があり、恋人同士の幸福があり、仲良しグループの幸福があり、日常生活からバカンスというカギ括弧で自らを隔離した彼らは、いわば地の文の流儀から自由になって、それでいて前後の文脈に合った、個性的な詩の時間を過ごしていた。

難民収容所の面影はまったくなかった。この場の雰囲気は楽しそうすぎた。軽かった。歴史は風船みたいに、手を離すとニュートラルな空へ飛んでいってしまいそうだった。しかし写真のネガとポジが同じ一つのまことから生じるという意味において、このリゾート地と収容所は瓜二つだった。暑さと疲労で頭がおかしくなったのだろうか。

観光案内所はそのにぎやかな通りを二つに分ける位置にあった。係のエヴァさんという女性に地図をもらい、スペイン人墓地の場所と他の関係スポットを教えてもらった。墓地までの距離は二キロ足らず。また、砂浜の一画には収容所があったことを伝える記念碑があるそうだ。

人と話すと反射的に元気が出る。ありがとう、と案内所を出た。ちょっとこぎ出して、すぐに自分がしぼりかすになっているのに気づいた。もう脚がまわらない。人通りと車の多いリゾート地を走るのは、それでなくても難儀する。ホテルがあったら、入ってしまおう。

## 六、難民の墓と詩人の墓

クリーム色の壁と広大なバルコンを持った三階建てのホテルが見つかった。なんでもいい。多少高くても、健康第一だ。

名はホテルだが、中年の夫婦が切り盛りするペンション風の宿だった。部屋に荷物を置くと、まず水シャワーを浴びて身体を冷やした。午後八時二十分。そろそろ空が赤らみ始めている。少し休みたかったが、まだ墓参りも済んでいないのだ。すぐにギターを背負ってホテルを出た。ギターケースには楽器だけではなく、地図や資料などの書類も入っている。他に手提げ鞄を持っていないので、散策する時にはなかなか便利なのだ。下は海パンに着替えた。

スペイン人墓地は目抜き通りを少し北上してから左折し、海から離れる方向へしばらく歩いたところにある。人通りは急に少なくなる。馬やポニーに乗れる牧場があり、レジャー施設を含んだキャンプ場がある。歩く僕の意識は常に、黄色く色をつけ始めた南西の空、ピレネーの向こう側、ここに送られてきた難民たちの故郷スペインに向かう。緊張していた。

にぎやかな遊び声が聞こえてくるキャンプ場の向かいに、それはあった。駐車場とバスの停留所に隣接した、三十メートル四方ほどの芝地で、門は閉ざされていた。錠は下りていない。開けて入った。砂利敷きのアプローチが、中央の、大人の背丈くらいの墓石へと続いている。

墓石には「ここに眠る」という文句の下、三面合わせて一五〇人ほどの名前が刻まれていた。そして最後に「そして大勢の、知られざる犠牲者」と書かれている。

墓前に蹲踞《そんきょ》して、しばらく瞑目した。

それから改めて墓石を読んだ。多くはスペイン人やカタルーニャ人の姓だが、シュミットやラインハルト、ヴィンターシュタインといった、他の出自を想起させるものもある。スペイン共和国を助けるために駆けつけた国際旅団の者だろう。友邦《ゆうほう》からの、国家としての力添えは前述のようにほとんど得られず孤立していた共和国だったが、各国の若者の正義感と冒険心、そして危機意識に火をつけ、大勢の義勇兵を、すなわちボランティアを招き寄せたのだ。彼ら国際旅団の活躍がなければ、内戦の早い段階でマドリードは陥落していただろう。

国際旅団の解散は一九三八年の秋だが、その出自によって、簡単に帰れない事情を抱えている者もいた。例えばドイツやオーストリア出身のユダヤ人で、亡命先から国際旅団に加わった者たち。彼らにとって、ファシズムの台頭は文字通り他人事《ひとごと》ではないし、母国はすでにナチスに奪われているのだ。そういう人たちがスペイン人やカタルーニャ人とともに最後まで戦い、フランスに流れてきて、ここで亡くなったのだ。ここに読まれるシュミットやヴィンターシュタインは、ユダヤ系の人物ではないだろうか。

少し離れたところに、幼児の背丈くらいの石があった。碑文によると、キャンプで亡くなった七十人の子どもたちに捧げられたものだ。みな十歳未満だったという。

どちらの石にもささやかながら花飾りが供えられている。僕は供えるものをなにも持って来ていなかった。ケースからギターを取り出し、大人の墓の前の砂利に座り込んだ。それなりにスペイン人、カタルーニャ人との付き合いを経験し、素朴な御国自慢という形でしばしば表される彼らの郷土愛の強さには多少なりとも触れている。すべてが現代よりも遠かった七十年前、その気持ちはいっそう強かっただろう。二度と故郷の土を踏むことなく亡くなった人たち。

スペインの曲を一つ、心をこめて弾いた。

演奏を終え改めて手を合わせ、黙禱してから墓地を出た。キャンプがすぐ、そこにあった。難民キャンプが。今日、プラードから楽器を持ってアルジェレスに行った。カザルスの真似がしたかったのだ。で、収容されている人たちに一曲聴いてもらった。よろこんでくれた。――例えば当時、そんなちょっとした冒険を試みた個人があったかもしれない。かもしれないどころか、ただ記録に残っていないだけで、似たようなお見舞いをした個人は必ずいた。

フランスの当局からの支援が十分でない中、難民たちのために尽くしたのはここでもまた個人だった。例えばこの日エルヌという街を通って来たが、その近郊には当時二十六歳のスイス人看護婦エリザベス・アイデンベンスが働きかけて建てた産院があった。彼女は収容所で暮らす妊婦が出産を断念せざるをえない状況を見かねて、新しい小さな命を救いたい一心でこの大仕事を成し遂げたのだった。素人の慰問演奏みたいな情緒的な、半分自己満足の働きかけではなく、一つの家庭の将来を決定する、極めて現実的な仕事だ。

一九六〇年のクリスマス・イブに完成した『エル・ペッセーブレ』は次の詩句でしめくくられる。Pau als homes de bona voluntat.Pau!――善意の人々に平和を。平和を！

夕暮れ時の、人がまばらになった浜辺に来ていた。さえぎるもののないベージュの砂浜が広がり、地中海はおだやかに揺れていた。北に五百メートルほど歩くと、収容所の北限を示す標識がある。南の境界は、わからない。めっぽう広い。なぜ浜辺を選んだのか、これまで気にしていなかった疑問が生じ、同時に答えが出た。見張りやすさ、管理しやすさゆえだ。

砂浜に隣接した公園にある、ラ・レティラーダの六十周年を記念して置かれた巨大な石碑を見ると、ここには計十万人が収容されたと書かれていた。それでも間に合わなくて、南フランスの各地に同様の収容所をつくらねばならなかったのだ。

メモをとっていると、九十歳は過ぎていそうな小さな老人が話しかけてきた。入れ歯を忘れてきたのか、歯が一本も残っていない口もとは常にナチュラルな笑い皺を湛《たた》えている。声は細く聞き取りづらいが、歴史を勉強しているのか、といったことを訊ねているのはわかった。そうですと答えると、意外な単語を口にした。

「ここはゲットーだったんだよ。ヴィシー政権の時のゲットーだ」

修飾語なしでこの単語を聞くと、ユダヤ人を対象にした、というニュアンスが強く感じられる。記念碑の文はもっぱらスペイン難民にしか触れていないというのに。

この老人の記憶は正しい。スペイン内戦の終結からほどなくして第二次大戦が勃発すると、難民キャンプは、今度はユダヤ人の収容所に転用されるのだ。

一九四〇年六月、ドイツ軍の電撃戦が始まってわずか一ヶ月でフランス軍は崩壊、第一次大戦で国民的な英雄となっていたフィリップ・ペタン元帥が首相となり休戦協定を結んだ。以来、フランス北部はナチス・ドイツの占領下に置かれ、南部はペタンの政府が統治することとなった。首都の名にちなんでヴィシー政権と呼ばれる。このアンドレと名乗るじいさんは、その頃のことを覚えているのだろう。

南西方向、ピレネーのほうを望見すると、今日の道中目印にしてきたあの三角の山がいまではっきり二つの峰に分かれ、その先もまだわずかに隆起を繰り返しながら水平線と交わっていた。その岬のくびれに、遠目にもはっきりと白っぽい町がはりついているのがわかった。距離は十キロくらいか。あれがコリウールだ。

美術史上は〝野獣派〟発祥の地として知られるその美しい町もまた、逃げてきた者の記憶をとどめている。内戦の末期、近代スペイン最大の詩人アントニオ・マチャードが、弟と老いた母を連れてそこへたどり着いたのだ。しかしカザルスの場合とは異なり、マチャードは到着時、すでに喘息をこじらせており、間もなく病没する。

アルジェレスで一泊した翌日の朝一番で、コリウールを訪れた。入り江にのぞむ中世以来の王城に寄り添うわずかな平地から丘の斜面へとせりあがってゆく小さな街だ。高台から街の中心部のある低地に下りてくると、海に向かうプラタナスの並木道に沿ってカフェや食料品店が並ぶ。石畳の路地をゆっくり走り、すぐに海に達した。王城が古い巨大な石の軀体を波のない海に浸している。その足もとの岸壁にはヨットやモーターボートが一列に停泊していた。

教会前の広場に向かう路地に一歩入ると、海の気配はたちまち遠のく。ルシヨン旗の束が頭上に張り渡された広場には、抱きかかえられるような安心感があった。その近くの小さな商店でオランジーナを買いがてら、店員の女性にマチャードの墓地を訊ねた。彼女は知っていた。マチャードたちが泊まっていた「キンターナ荘」について訊ねると、これも教えてくれた。いまはもう宿として営業していないし、誰も住んでいないそうだ。

教えられた通りに行くと、マチャードの墓はすぐに見つかった。石のベッドのような形状の立派な墓で、ベッドの背にあたる部分に詩人の肖像の浮き彫りが飾ってあった。みずみずしい花が供えられ、石の上には小さな水彩画や、スペイン第二共和国の三色旗をあしらった絵がお供えされている。ちょうど僕たち生きている人間が、枕元に好きな本を何冊かと、恋人の写真なんかを持ち込んで消灯までの愉しみを味わうような、意外ににぎやかな墓になっていた。

ほったらかしにされていないことが一目でわかった。

文庫本くらいの大きさの、薄い簡易製本の詩集が置いてあった。これも供え物だ。奥付を見ると、ログローニョの出版社の名が書かれている。同人詩集らしかった。スペインのログローニョはカスティーリャとバスクの接するあたりにある、ワインで有名なリオハ州の州都だ。同人たちが偉大な先人に渡しに来たのだろう。

こうしていると、お見舞いに来たような気分になってくる。二つの木陰の間にあって南中を急ぐ太陽の光を浴びるこの空間には、最近の訪問者の痕跡が多く残っていた。それらの痕跡は、なめらかなアニメーションを構成するコマのようなものだ。一つ一つはすでに終わり、静止しているが、新たな訪問者の意識に触れると、時間がまた動き出す。

昨日は誰それが来てくれてね、と病床の詩人がしゃべっている。そんな気分になる。

だが墓石には冷たい事実が刻まれていた。

アントニオ・マチャード
セビーリャ　一八七五年七月二十六日　――　コリウール　一九三九年二月二十二日

すぐ下に、もう一人――。

アナ＝ルイス、詩人の母
セビーリャ　一八五四年二月九日　――　コリウール　一九三九年二月二十五日

亡くなる数日前、マチャードは宿の女主人に小さな木の宝石箱を手渡した。「スペインの土です。私が死んだらいっしょに埋めてください」と。女主人は不吉な提案をいさめたが、詩人は自分の死期が近いことを確信しゆずらなかった。

マチャードが危篤に陥った時、母は隣のベッドですでに寝たきりになっていた。息子の死を知らずに安らかに逝ったものと信じたい。子が親より先に死ぬのは親不孝に違いないから。

この詩人について多くを紹介する紙幅はないが、一つだけ、僕のスペイン観に、ひいては人類観とでもいうべきものに大きな影響を与えたエピソードを記しておきたい。

　内戦末期、バルセロナを離れる直前、共和国の敗北を直視したマチャードは、ソ連の作家イリア・エレンブルグにこう語っている。

「結局のところ、私たちは戦い方をまったく知らなかったのです。おまけに十分な装備を欠いていました。かと言って、スペイン人をあまり厳しく責めるべきではありません。バルセロナはいつ陥《お》ちてもおかしくはない、戦いは終わりです。戦略家や政治家、そして歴史家にとってすべてははっきりしている。私たちは敗けたのだ、と。だが人間としては、ひょっとして、勝ったのかもしれません」

　戦争に負けても、人間として勝つ。それがどういった思想と行動において可能なのか。彼の残した言葉はいまでも僕たちに問い続けている（マチャードの最晩年についてはイアン・ギブソン『Ligero de equipaje』等を参考にした）。

## 七、ヴァルター・ベンヤミンと〝自由への村〟

　コリウールからその隣町ポール・ヴァンドルまでは三キロほどしかない。丘を一つ越えたその町へは、コリウールの遠景をふり返りつつ走っているうちに着いてしまう。途中、坂の頂が町の境界に当たり、そこから眺めるコリウールはことに美しい。海と空の間にさしはさまれた楔《くさび》のような細長い半島。その付け根には石の質感を湛えた王城が堂々と建ち、突端ではノートル・ダム・デ・ザンジュ教会の円塔が、入り江にたゆたう四、五艘《そう》の白い小型船舶を見守っている。自転車を降りて、しばらく見とれていた。

それから再び自転車にまたがり、すぐそこに見えるポール・ヴァンドルへ下りてゆく数分間は、逃亡者の足跡を追う旅にあっては一年半に相当する。ここからは、僕が追う逃亡者たちの流れる方向が逆転する。今度の相手はフランスからスペインへ逃げてゆくのだ。

スペイン内戦がフランコ軍の勝利に終わっておよそ五ヶ月後の一九三九年九月、ドイツ軍は突如ポーランドに侵攻する。これに対し、それまで事なかれ主義に傾いていたイギリス、フランスはようやく重い腰をあげドイツに宣戦布告、ここに第二次世界大戦が勃発する。

宣戦布告してもなお、英・仏連合軍はポーランドを救うための積極的な軍事行動はとらず、国境に軍を配備しただけだった。戦争状態らしからぬこの時期のフランスにあって、しかし早くから日常を奪われた人々がいた。フランス在住のドイツ移民だ。彼らの多くは一九三三年にヒトラーが権力を掌握した結果祖国に住んでいられなくなった人々、つまり共産主義者や社会主義者、そしてユダヤ人だった。ナチスの味方などしそうもない人たちだ。だが出自に変わりはなく、いまや敵性外国人ということになる。

宣戦布告の翌日、九月四日から早速敵性外国人の摘発が始まり、男性は収容所に入れられた。その中には作家ヴァルター・ベンヤミンの姿もあった。ユダヤ人の彼は、ナチス政権誕生とともにドイツからフランスへ亡命していたのである。これから僕が追うのは彼の足跡だ。

ベンヤミンを作家と呼ぶことに疑問を持たれる方もあるかもしれない。日本でも欧米でも、批評家とか哲学者とか呼ぶのが相場になっているようだ。しかし、若干の経験的、直感的な理由から、僕は彼を作家と呼びたい。

簡単な経歴を記しておく。ヴァルター・ベンヤミンは一八九二年にドイツのベルリンに生まれた。ユダヤ人美術商の、裕福な家の出だ。フライブルク大学、ベルリン大学などで学び、後に博士号を取得するが、教授資格論文が審査に落ち、以後文筆活動に専念する。それからの人生については旅の途中で触れるとして、代表作は『暴力批判論』『ドイツ悲劇の根源』『パサージュ論（未完）』など……と書いてみたところで、ご存じない方にはハテナという感じだろう。カザルスのように生前から高く評価され、強い影響力を持っていたわけでもない。

とにかく彼は二十世紀最高の物書きで、世界遺産級の頭脳の持ち主だったと僕は信じている。ドイツ語をまともに勉強したこともないくせに、八重洲ブックセンターの洋書部門で手に入れたレクラム文庫と、辞書と、訳書を駆使して『歴史の概念について』を読み解き、丸暗記しようとしていた時期があった。迷走気味の労働者生活に限界を感じ、新たに大学入学へ向けて舵を切った頃のことだ。彼の著作からなにを学び、なにを理解したのか、自分でも明確にできないが、ベンヤミンを読むとしばしば「この世界はおもしろいから生きなきゃ損だ」という気にさせられるのだ。そんな率直なメッセージはたぶん彼の全著作を探しても書かれていないのに！　部分的に辞書をひきひき挑戦したのを除けばもっぱら日本語訳でだが、本は読み散らし、音楽は聴き散らし、という具合に何事も積み重ねるのが苦手な僕にしてはめずらしく、ベンヤミンの作品は、人生の転機らしきものが訪れるたびに立ち返りたくなる。

ざっとこの程度の思い入れがある人物なのだとした上で、話を戻す。敵性外国人とされたベンヤミンは古い城館を転用したヴェルヌーシュの収容所に送られた。彼にとっての不幸中の幸いは、健康上の理由（心臓疾患）で使役を免除されたことだ。彼は囚人や看守相手に哲学の講座を開いたり、この状況で雑誌を作るために夜な夜な〝編集会議〟を行っていた。この収容所では後に彼の亡命行を手助けするリーザ・フィトコの夫ハンスと出会っている。ベンヤミンは作家仲間の尽力で十一月十六日に釈放された。そしていったんパリに戻り、いまに至るも世界中の人々を魅了し、挑発してやまない『歴史の概念について』を書く。翌年五月初めに脱稿。

まさにこの同じ月に、ついにドイツがフランスへと侵攻を開始。敵性外国人への対処はさらに厳しさを増し、以降は女性もみな収容所に送られるようになった。単純計算で、数は二倍になる。そんなにたくさんの施設がどうして用意できたのか？　簡単なことだ。スペイン難民のために数多くつくったあの収容所群を転用すればいい。アルジェレスの海辺がアンドレじいさんの言う「ヴィシー時代のゲットー」にされたように。

前述のリーザ・フィトコは他の多くの女性とともに列車に乗せられギュール収容所に送られた。移送中にはフランス国民から「裏切り者」呼ばわりされ石を投げられることさえあったという。ある女性は生まれも育ちもフランスで、ただ過去に三ヶ月間ドイツ人と婚姻関係にあった、というだけの理由で連行された。戦争は国全体を疑心暗鬼にする。

だが重箱の隅をつつくような敵性外国人狩りをしている場合だったのか。英仏連合軍はドイツ軍の電撃戦の前に敗れ去り、わずか一ヶ月足らずのうちに今度はフランス政府そのものがパリからボルドーへ逃げる羽目になった。ベンヤミンはドイツ軍のパリ入城が間近に迫った六月初頭、パリを脱し、ピレネー中部のルルドへ移った。そして六月二十二日、屈辱の休戦協定。

休戦協定の第十九条では、フランスに政治的亡命者の引渡しが要求された。ドイツ出身のユダヤ人亡命者が生き延びるには、隠れて過ごすか、フランスを出るかしかなくなったのだ。

混乱の中で収容所を脱出した亡命者たちは、知恵と経験を寄せ合ってこの国を出る手立てを模索した。やがて浮かび上がってきたのが、スペインから中立国ポルトガルを経てアメリカ合衆国に渡る案だ。もちろんビザやパスポートといった書類が必要となる。人々は非占領地域で各国領事館のあるマルセイユに続々と集まった。いまやフランス人の避難民も数多くいる。

ベンヤミンも八月にはマルセイユに到着した。ルルドではゲシュタポに踏み込まれて荷物を没収されたこともあり（原稿は無事だった）、心労は募るばかりだった。

マルセイユで再会した友人の哲学者ハンナ・アーレント（彼女もギュール収容所に入れられていた）によると、パリでアメリカへの亡命を考え始めた頃、ベンヤミンは乗り気ではなかった。「友人に、アメリカで長生きするくらいならフランスで早死にした方がよいと話して」さえいた。また、収容所で自殺者が出たというニュースをきっかけに、彼自身もその手段を口にするようになったという（『アーレント＝ショーレム往復書簡』細見和之他訳）。作家のケストラーによると、ベンヤミンは「馬一頭楽に殺せる」量のモルヒネを携行しており、それはドイツの国会議事堂放火事件（ナチスの独裁が固まる契機）を機に用意したものだったそうだ（『地上の屑』）。だとすると彼は亡命生活を始めたその時から常に、自殺のための備えをしていたということになる。迫害を逃れてきた異邦人が自殺するという救いようのない事態は、後の章でまた目撃することになるだろう。現代日本の問題として。

ベンヤミンは先に亡命していた友人ホルクハイマーの協力で合衆国のビザを得ていた。これがあると、ポルトガルの通過ビザがとりやすくなる。通過ビザとは要するに「私はこの国に住みつくことはありませんよ」という宣言書のようなもので、行先を示す書類がないと申請できないのだ。スペインの通過ビザも同様に。最後は出国ビザだが、そっちはナチス・ドイツの言いなりになったヴィシー政府の管轄だ。合法的に得るのは不可能に等しい。

非合法に国境を越えるほうが現実的だった。スペインに入ってしまえば通過ビザで目をくらませられる。ただし正規の道ではだめだ。ゲシュタポの手先と化した騎馬巡査の見張りが厳しい。それなら山越えしかない。その起点となるのがバニュル・シュル・メールという村で、すぐ隣のここ、ポール・ヴァンドルには亡命者たちの一団が移り住み、機をうかがっていた。

ポール・ヴァンドルもまたピレネーの支脈が地中海に触れる地に広がる港町だ。平地の規模はコリウールよりはるかに大きく、高さがまちまちな建物が壁を揃えて立ち並び、海沿いにアスファルト路が走っている。

ドーム屋根を持つ鐘楼を青空に掲げた、薄いピンク色の教会が海を向いて建っている。その近くの広場にはまたしてもド＝ゴール将軍の名がつけられていた。大理石の碑には「ド＝ゴール将軍　一九四〇年六月十八日広場」と記され、その下に彼が亡命先のロンドンからBBC放送を通じて放った歴史的な演説の要旨が書かれている。

「すべてのフランス国民よ！　フランスは戦いに敗れはした。だが戦争に敗れたのではない」

この文句を目にするのだけでも、フランスに来てすでに三回目だった。この時ド＝ゴールに与えられた〝国土〟といえば、一九〇センチを超す彼の長身くらいしかなかった。国土の半分をまだ残している物理的なフランスのほうは、しかしすっかり去勢されて、かつての上官であり師でもあるペタン元帥のもと、ナチス・ドイツの傀儡になろうとしていた。この状況から四年後にはたくみにパリ解放の一番槍を果たし、フランスを戦勝国に導いたド＝ゴールの戦略的、政治的な天才は讃えられてよい。戦後の核保有は残念でならないが、やはり第一級の人物に違いない。しかも彼こそ亡命という〝逃げる技法〟をフルに活かした人物なのだ。逃げて、勝つ。国を守るために、逃げる。ド＝ゴールはそれを有言実行した。

リーザ・フィトコがマルセイユから汽車でこの港町に着いたのは一九四〇年九月中旬のある夜のことだった。当時三十一歳の彼女は、状況が逼迫《ひっぱく》している時にこそ、自分だけではなく仲間のために動いたほうがよいと知るタイプの人間だった。陸路国境を越えるため、一回きりしか使えない道ではなく、後から仲間を続々と案内できるような確かな道を探りに来たのだ。

リーザは単身、一つ隣のバニュルを訪れ、フランス警察の見張りが手薄な道を探した。村長は亡命者への理解がある人で、山を越えてスペインに入るルートの地図を書いてくれた。

その数日後の九月二十四日（リーザの記憶では二十五日の早朝だが、すると計算が合わない）、ポール・ヴァンドルのリーザの屋根裏部屋に、一人の男が訪ねてきた。ヴァルター・ベンヤミンだった。出国ビザ以外のすべての必要書類を手にしたベンヤミンは、はじめハンナ・アーレントとその夫のビザ取得を待ち、いっしょに脱出するのを望んでいたが、彼のスペインビザは期限が間近に迫っていた。それで同行をあきらめ、リーザの夫ハンスから新たな脱出ルート開拓の話を聞いてここに来たのだった。二人は面識があった。久しぶりに再会した時の印象をリーザはこう記している。「世の中はたがはずれてしまったというのに、ベンヤミンの丁重さは微塵《みじん》も変わらない」（『ベンヤミンの黒い鞄　亡命の記録』野村美紀子訳）。

ベンヤミンは自分と、知り合いのギュルラン夫人とその十六歳ぐらいの息子の三人に、スペインまでの新しい道を案内して欲しいと頼んだ。もちろんリーザに断る理由はない。が、彼女自身まだ一度もその道を通っておらず、本当に行けるのか不安だった。そこでまず二人でバニュルの村長に会い、詳しく説明を聞いて道の下調べをすることにしたのだった。

すでに僕も合流を果たした。次はいよいよ〝自由へ向かう村〟バニュル・シュル・メールだ。

## 八、自由へ向かう村

スーパーで買ったブラックチェリーを二十粒ほど入れた袋を荷台にくくりつけ、バニュル目指して走り出す。すぐにダイナミックな坂道が始まり、その中腹に、ワゴン車よりも背が高い巨大なワインボトルが立っていた。本物ではなく看板で、隣に片流れ屋根の可愛らしい小屋がある。ワインの試飲販売をやっている店だ。当然、名高いバニュル・ワインに違いない。よだれが出てきそうだった。飲みたい。しかしまだ駄目だ、後回し。

風はわずかに追い気味だった。もう一つ、長くしんどい坂を上る。下のほうを線路が走っているのが見える。向こうから女の子二人組の自転車ツーリストがやってきた。あいさつを交わしてすれ違う。この道や、下を走る鉄道はそのままスペインに至る正規の道だ。

最後の下り坂は酔い心地にさせてくれた。モーターボートの白い航跡が一直線に引かれた海に向かって加速してゆく。バニュル・シュル・メールの標識を過ぎた直後に道は大きく右にカーブし、小さな海水浴場に向けてゆるやかに下ってゆく。その先に、今度は酒樽を模した形状のお店があり、これも試飲販売店らしい。それにしても可愛いつくりの店だ。

この店の向かいが海にのぞむ休憩所になっていた。海抜十メートルくらいだろうか。青い海を挟んでバニュルの村と向かい合う。長い砂浜が海岸の大部分を占め、港は端に追いやられている。低い丘に立ち並ぶ家々の、スペイン瓦の屋根が重なり合い、赤い帯状にまとまった集落の背後には一連なりの緑の山並が控えている。山頂付近で岩がちになるのか、わずかに茶色っぽく荒々しさを想像させる峰が一つ、二つ、三つ……。よく見ると頂上に塔がある峰もある。

あの中のどれかを越えて、ベンヤミンたちはスペインへ入ったに違いない。

少し緊張していた。陽射しは真昼のそれに近づいていたが、期待感が暑熱をいなしている。

およそ五分後。ほどよい人出でにぎわう砂浜に沿って走る大通りと内陸部に向かう敷石の通りが交わる地点で自転車を止めた。あった！　建物の壁に、案内板が貼られている。

ヴァルター・ベンヤミンの道／一九四〇年九月二十四日、ドイツの哲学者ヴァルター・ベンヤミンはナチズムから逃れるためにバニュルを出発しスペインに向かった。

フランス語、英語、カタルーニャ語、ドイツ語の順に併記され（スペイン語がない！）、文字の隣には、道を示した地図がある。その下には矢印型のステッカーが貼られている。こんなに大々的に記憶が継承されているとは。

地図を読むと、スペインとの国境の、彼らが越えた地点は標高五二八メートルに達するようだ。ここは海抜ほぼゼロだから、ちょっとした山登りになる。自転車で登れるのだろうか。

正午だった。浜辺を背にした観光案内所には係の女性が二人いた。スペイン語のわかる人を頼んだ。少し込み入った話になるかもしれないから、より自信のある言語のほうがよい。

言語といえば、ベンヤミンたちはフランスでの逃亡生活の間、何語をしゃべっていたか？彼らの「母国」語はドイツ語だが、フランス語で会話するのがふつうだった。あまり流暢に話せない人は、口数を少なくする。ドイツ語で話すのはリスクが高かったのだ。

係の女性のスペイン語にはかなりフランス訛りがあった。「ヴァルター・ベンヤミンの道」について訊ねると、この村からスペインのポルボウまで、ベンヤミンたちの経路をたどれるようにしたものだそうだ。そのまんま、だ。

「全部歩くとどのくらいかかる？」

彼女は少し調べてから「国境まで行って戻って五時間半かかります」と答えた。

「自転車で行けるかな？」と訊くと、彼女は眼を丸くした。

「無理です、絶対！　本当に狭くて、急な道なんですよ」

歩くと五時間半。いますぐ出発しても、帰りは五時半になる。

他にベンヤミンやリーザ・フィトコにゆかりのものがあるか訊ねると、地元の「ヴァルター・ベンヤミン協会」の電話番号を教えてくれた。あとは書店の場所を訊いて、案内所を出た。

電話番号をもらったはいいが、かける勇気が出なかった。初めての相手と、フランス語で通話となると二の足を踏んでしまう。自転車を押して、商店が並ぶ石畳の路地に入り、教わった通りに書店を訪れた。書店の店主は多くの場合、その土地の知識人だ。

小さな書店だったが、店長は地元の作家ジャン＝ピエール・ボネル氏の『ベンヤミンの最後の道』という本を教えてくれた。ベンヤミンの脱出行程について僕は記憶とわずかなメモしか持ち合わせていなかったので、この本は助けになりそうだ。

ところで「ベンヤミンの道」はいつ、どうやってたどろうか？　問題は自転車だ。こいつで越えられないのなら、どこまで行っても最後にはとりに戻らなければならない。するとまたバニュルの村、ふりだしに帰ってくることになる。

細い路地の突き当たりに、クリーム色の壁を持つ一軒のホテルが見えた。並んだ縦長の窓に、二つ折りの木の鎧戸《よろいど》がついている。古風な雰囲気があった。あそこに宿をとって、国境を目指せばいいじゃないか。国境まで行ったら引き返してきて休めばいい。

それはつまりリーザ・フィトコの役をやる、ということだった。彼女はベンヤミンを国境まで送ってこの道を覚えると、以降何度も別の亡命者を案内して往復したのだった。それでいこう。ともかくいまは暑さがピークに向かう時期、出発はもう少し遅い時間のほうがよい。

## 九、ロジェ・ルリュ氏との対話

三畳ばかりの質素な部屋でシャワーを浴び昼寝をし、それから町に出る。ビーチに並んだレストランの一つで軽く食事し、ビールを一杯だけ飲んだ。食べ終える頃には三時半になっていた。日の長さを考えても、そろそろ出発しなければ帰り道が暗くなる。だがいまは暑い盛りだ。強烈な陽光が物の影をコールタールのように地面に塗りつけている。まだダメだ。

方針が決まらないまま会計をすませた。道路を隔てて海を向いて建つ、オレンジ色の壁の三階建ての建物に注意をひかれた。てっぺんに小さな時計塔がついている。村役場だった。リーザの回想に出てくるアゼマ村長という人物の行方が気になっていた。彼女に道を教え、亡命希望者への協力を惜しまなかった彼はその後どうなったのか。リーザの日記に、こんな記述がある。ベンヤミンを送り出し、道案内としてこの村に住むようになって間もなくのこと。

一一月三〇日

選挙で選ばれたわれらの村長アゼマ氏は何の発表もなく解任され、ペタン政権が後釜をよこした。新村長はどこかの対独協力者の役人で、この地方の出では絶対にない。どこでもここでも人事交替が始まった。とりわけ社会主義者の市町村首長がやられている。共産主義者は言うまでもない。

あれ以来アゼマ氏の姿が見えない。

（『ベンヤミンの黒い鞄』）

この記述以降、アゼマは登場しないのである。役場に行けば当然、歴史を知っている人がいるだろう。

役場前の舗道の敷石は赤みがかっている。村でよく使われる素材らしく、穏やかな色が心の余裕を感じさせる。擦り切れたハーフパンツをはいて手拭いを首に巻いた僕が役場に入ってうろうろしていると、栗色の髪の好青年が「なにかお探しですか？」とフランス語で声をかけてきた。Tシャツの袖からのぞく二の腕が実用的に太くたくましい。

「この村には一九四〇年頃、アゼマという名の村長がいませんでしたか？」

青年はいささか驚いた様子で「いましたよ！」と即答し、入口の壁に貼られた石板の前へ僕を案内した。「バニュル・シュル・メール歴代村長一覧」と題され、一七九三年（ルイ十六世処刑の年！）の初代からいまに至る村長の名と在任期間が刻まれている。青年は二列目の中段あたりを指さした。「ヴァンサン・アゼマ　一九三五－一九四一」とあった。

「この人がなぜ亡くなったのか知りたいのですが……。リーザ・フィトコという人の本に彼の名前が出ていたもので」

察するものがあったらしく彼は奥の部屋に連れていってくれた。そこで仕事していた地位の高そうな女性にわけを説明し、しばしのやりとりの末、友人の郷土史研究家を紹介してくれることになった。

「いまここに呼びましょうか？　それとも外で会われます？」

思わぬ急展開だ。「三十分、いや二十分後にここでお会いしたいです。いったんホテルに帰って、着替えてきたいので」と答えると、「そのままでも問題ないと思うけど、わかりました、そう伝えます」と受話器を手にとった。


郷土史家はベージュの長ズボンにチェックの襟付きシャツという、このあたりではフォーマルな部類に入る服装でやって来た。薄くなった白髪をゆるくなでつけた、血色のよい老人だ。手に紙束を持っている。入ってくるとまず机越しに女性と抱擁を交わし、紹介を待たず僕に手を差し出した。もうすぐ七十九歳になるそうだが、身のこなしは若々しく、健脚そうだ。

「日本から来ました。前川と言います。亡命者たちのことを調べていまして……」

それが「ヴァルター・ベンヤミンの道」を開通に導いた元村長、ロジェ・ルリュ氏との出会いだった。道は彼が村長だった二〇〇六年にできたそうだ。

役場の女性があらかじめ僕の言語事情を伝えてくれていたので、彼とは初めからスペイン語で話した。彼の両親がそもそも、一九二一年にスペインから国境を越えてやって来た移民なのだそうだ。もっともこちらは政治的亡命者や戦争難民ではなく、職を求めてやって来たのだが。

ルリュ氏は部屋を出るとずんずん歩いていき、別館に僕を連れていった。二十畳ほどのがらんとした部屋の隅にあった折り畳みの机を引っ張り出してきて、まん中に設置する。

「ここから直線距離にして四キロくらいでスペインとの国境に達する。そういう位置にある村だから、昔から亡命者と深いかかわりを持っているんだ。君が調べている第二次大戦の頃には、大きく分けて三種類の越境者がバニュルを経由していった。興味があれば説明するが」

「ぜひお聞かせください」

ルリュ氏は用意してきたメモを見ながら続ける。

「まず一九三九年の二月十一日、スペインからの避難民がここを通過して行った。一万人以上だ。共和国派の人びとは、バニュル峠をめぐって、ここまで抜けてきたんだ。

これが亡命の最初の例だ。次に四三年の越境者たちがいる」

「一九四三年ですか？」ベンヤミンたちの例が飛ばされている。

「そう。その前年の十一月十一日、ここにドイツ軍が進駐してきた。その頃にはもうフランス全土を占領していたからね。そして二十歳以上の男性を捕まえ、労働力としてドイツへ連れて行ったんだ。強制労働というやつだ。ところが！」

眼鏡の奥の両目が得意気に僕を見すえた。

「五十五人、細かく言えば五十三人の男性と二人の女性が国境を越えてスペイン側に逃げ、海を渡って北アフリカ、さらにはそこからイギリスへ到達した。そしてド＝ゴール将軍の自由フランス軍と合流できたんだ。それからラ・マンシュ海峡を渡ってブルターニュに上陸し、少しずつ、パリへと進んでいった。すばらしい偉業だ」

話をするルリュ氏の表情には生気がみなぎっている。スペイン移民の息子である彼が、フランスを祖国として愛しているのがうかがえた。

さて、とルリュ氏は仕切り直しをする。

「あとは君が調べているベンヤミンらユダヤ人の例だ。その話をしようじゃないか」

## 十、ベンヤミンの最期と救われた亡命者たち

まず互いにどの程度の知識を共有しているか確かめた。それから僕は気になっていたアゼマ氏について訊ねる。

「フィトコの本にはアゼマ氏が消されたことをほのめかす記述がありますが……」

するとルリュ氏は怪訝そうな顔をした。

「彼が？　いやそんなことはないよ」

ルリュ氏は手もとのメモ用紙をめくって顔を近づけた。

「いいかい、ヴァンサン・アゼマは一八七九年一月二十七日に生まれて一九六一年三月八日に

亡くなっている。……八十二歳まで生きたんだ」

　拍子抜けだった。実は、彼が消されたわけではないことは、僕にもう少し注意力があれば役場の歴代村長一覧を見た時点でわかっていたはずだ。と言うのも、終戦の年の一九四五年から再び村長の座に返り咲いた彼の名前が刻まれていたのだから。

「ただ彼の立場はレジスタンスに近かったからね。ドイツに協力するのはまっぴらだった。それでしばらくここを離れていたようだが」

「ヴィシー政権の犠牲者というわけではなかったのですね？」

「彼はそうではないが、亡命者たちこそヴィシーの被害者だよ。どういうことかと言うと……まず一九四〇年七月十七日、父親がフランス人ではないすべての公務員は職を奪われた。ペタンが政権についてまだ間もない頃だね。そして七月二十二日には、『帰化人再審査法』が制定された。その結果一万五一五四人がフランス国籍を失ったんだ」ルリュ氏は机を叩いた。

「これがヴィシー政権のやったことだ。当然、アパトゥリード（無国籍者）になる者も大勢いた。十一万人のユダヤ人が市民権を剝奪された。ヒトラーの力に萎縮したヴィシー政権はそうやって彼らを追いつめていったんだ。

……思うに、あの人、ヴァルター・ベンヤミンはこんな状況でひどく疲れていただろうし、ひどく絶望していただろう。ドイツに住めなくなり、パリにも住めなくなり、マルセイユに逃げてきて、海路を試みて失敗し、やっとのことで国境を越えたと思ったら入国を拒否された」

一九四〇年九月二十五日。休み休み歩き、十時間もかけて国境を越えたベンヤミンと連れのギュルラン母子は、午後遅くにスペインのポルボウに到着した。案内のリーザとは峠付近で別れている。彼女の回想によると「二時間でバニュルに戻った。上り九時間、下り二時間だ」とのことだ。なぜ上りにそれほど時間がかかったのかと言えば、初めての道を確かめながら進んだためと、ベンヤミンが心臓を病んでおり、規則正しく休みをとりながらでないと歩けなかったためだ。

それでも国境は越えたのだ。あとは用意してきた書類を見せ、一晩泊まって、ポルトガル行きの汽車に乗ればよい。ところが思いもよらぬ運命が待ち受けていた。

……入国の印をもらうため、警察署に行きました。四人の女性（引用者注：途中で合流した亡命者）とわたしたち三人は、役人たちをまえにして一時間も、絶望的に、泣いたり愁訴したりしながらすわっていました。わたしたちの見せた書類に欠点はなかったのですが、ただわたしたちはそろって無国籍だったのです。そして説明によると、無国籍者のスペイン通過を禁止する訓令が、数日前に出ているというのでした。

（ギュルラン夫人が夫にあてた手紙、ショーレム著『わが友ベンヤミン』野村修訳より）

一行は「監置という名目で」ホテルに一泊し、翌日国境のフランス側へ強制送還されることになった。夜十時、ヴァルター・ベンヤミンは自室で、大量のモルヒネを飲んだ。

翌朝七時、ギュルラン夫人がベンヤミンの部屋を訪れると、彼は——朦朧《もうろう》とした意識の中で——、自分の死を病死に見せかけるようにして欲しいと頼んだ。やがて彼が意識を失うのを見てギュルラン夫人は医者を呼んだが助からなかった。病死を装ったのは、ユダヤ人の彼が一時的にカトリック教徒を演じていたことと関係がありそうだ。名前も「ベンジャミン・ウォルター」に変えていた。カトリックだと自殺は罪になる。

「だけど私は、暗殺されたんじゃないかと疑っていたよ。最後の手紙が発見されるまでは」

ルリュ氏は言葉を切り、天井に視線をめぐらせた。

後に発見された、最後の手紙の全文を訳出する。

「万策尽きた状況では、決着をつける以外の選択肢はありませんでした。私の人生は、ピレネーの山すその、誰も私のことを知らない小さな村で幕を閉じます。友人のアドルノに、私が置かれた状況をよろしくご説明ください。書きたかった手紙をすべて書く時間はありません。ポルボウ、一九四〇年九月二十五日」

そしてここで奇跡が起きる。ベンヤミンの死に驚いた現地の役人は、同行者の通過を許可したのである。おかげでギュルラン夫人らは無事にアメリカへたどり着いた。リーザ・フィトコはその後も道の案内を続け、多くの亡命者を救い、最後には自分も夫とともに脱出を遂げた。

「もちろん、ベンヤミンは偉大な人物だった」ルリュ氏は話を続ける。「いまでは誰もが彼を大哲学者だと言う。だから私たちはこの『ヴァルター・ベンヤミンの道』をつくったのだ。それ以来、毎日十から二十人がそこを通る。時には三十人も。いや、冬は別だが」

そんなにたくさんの人が通るとは驚きだった。そしてその人たちは追いつめられて、それしか選択肢がなくてこの道を通るのではない。知りにきているのだ。体験しにきているのだ。人類のしでかしてきたことを。

他に訊きたいことはあるかなと言うので、最後に、若干抽象的な質問をした。この旅をしていたのはシリア内戦から生じた難民をはじめ、相対的な先進国を目指す人々の移動が大きな〝問題〟とされていた時期だった。イギリスのEU離脱が決まり、米国ではメキシコとの国境に壁を作ると言う大統領候補が人気を集めている、そんなタイミングだ。

「現在、中東やアフリカの混乱を主な要因として多くの難民がヨーロッパに流れ、受け入れをめぐって摩擦が生じています。歴史は繰り返し、しかも私たちは結局なにも学べないのでしょうか。難民が生じ、彼らを排斥したがる動きが共感を得てゆく状況を考えると、いまこそ『ヴァルター・ベンヤミンの道』が持つ意義は重大になると思いますがいかがでしょう」

この手の関連付けを嫌う人もいる。だけどこの人なら安心して訊ける。

「象徴なんだ。この道は、過去になにがあったかを象徴する道なんだよ。

その問いには、私の経験で答えるべきかもしれない。私の両親はスペインからここにやって来て、仕事を見つけた。もしかしたらスペイン人を嫌う人たちがいたかもしれない。けれども、フランス語を話せなかった両親が、ここに適応し、同化し、働いた。兄弟姉妹も私もここで生まれた。ここの学校に通い――ここだよ、まさにこの建物――すっかり同化した。いま、レイシズムが横行しているが、私の人生を省みてもやはり好ましくない現象だな」

「あなたの両親を受け入れた人びとがいたように、亡命者たちを助ける人も大勢いました」

「そう、アゼマさんのような人がね。あの人は、バニュルの人みんなに好かれていた。人格者で、落ち着いていて、村想いで……孫娘がここに住んでいる。私のよい友だちだよ。君が『道』を歩く日には言ってくれれば案内するよ。ただ今日は、六時からここで会議がある。そろそろ帰って、髭を剃らないと。最後に、フィトコが住んでいたアパートを教えよう」

ルリュ氏は役場から徒歩一分のそのアパートへ案内してくれた。途中、知り合いの女性に会うと、その服装を褒めたたえていた。八十近くなっても洒落っ気を失わない、粋な男だった。

## 十一、「ベンヤミンの道」を歩く

宿に戻ると午後五時になっていたが、「ヴァルター・ベンヤミンの道」を拓《ひら》いた立役者とたったいま話してきた興奮が体中に渦巻いていた。国境を目指そう。行けるところまで自転車で行って、後は歩けばよい。ストッパー付きのサンダルにハーフパンツ、Tシャツ。果物や煎餅《せんべい》などの食料と、水が残ったペットボトルをまとめて入れた小袋。それにギターケース、というおよそ山歩きにはふさわしくない装備で自転車を引っ張り出し、宿を出た。

荷物を減らしたマウンテンバイクは軽かった。役場の脇から始まるド＝ゴール将軍通りを海から遠ざかる方に五分ほど走ると、高台の集落に向かう道に分岐する。バニュルはこのあたりから山村になる。「ヴァルター・ベンヤミンの道」と書かれた標識が方向を教えてくれる。

リーザ・フィトコのモニュメントを見て集落を出ると、道は丘陵地帯の葡萄畑を縫ってゆるやかに上っていった。日本で馴染みのある葡萄棚と違い、こっちの葡萄畑は文字通りの畑だ。一本一本の背が低く、葉っぱとほとんど同じ色をした若い葡萄が土の近くに育っている。そんなわけだから見晴らしはよい。アゼマ村長はフィトコらに、朝早く、葡萄とりの農夫たちにまぎれて出発するようアドバイスしていたという。その心がよくわかる。

葡萄畑を巡る舗装路はなかなか本格的な上りにならない。依然として高い木はほとんどなく、山道になる気配はあまり感じられない。時折ふり返ると、海に面したバニュルの村が少しずつ遠ざかってゆくのが見てとれる。青い海は村の家並が固まるあたりにだけわずかに望め、あとは両側からせり上がる陸地に隠されてしまっている。その向こうにこそ本来の道があるのだ。

いま僕が走っているこっちの道は、海から、そして正規の道から離れるほうに向かっている。それだけははっきりわかるが、本当のところどこにつながっているのかはわからない。

葡萄畑が途切れがちになり、やがてカーブの右側に小さな看板が現れた。「ヴァルター・ベンヤミンの道」の案内板だ。そこから茂みに向かって、けものみち同然の登山路が始まっている。マウンテンバイクで行けるかも、というあわい期待は一目で完全に打ち砕かれた。

時刻は六時十五分。まだ陽は十分に高い。日没は九時過ぎだろう。それまでにここへ戻ってこられれば、ライトは用意してあるし心配ない。自転車を降り、登山路の入口に止めた。しばしの別れだ。段々になった葡萄畑の向こうに、だいぶ遠くなったバニュルの村を眺めながらブラックチェリーを四個ほおばった。そしてギターケースを背負い、果物や水が入った小袋を持って茂みの中の坂道を登り始めた。

道は細く、乾いた土の上に細かい石が散らばっている。両側にイラクサやススキなどの植物が生い茂り、気をつけないと擦り傷だらけになってしまいそうだ。少し歩いてふり返ると、自転車がどこにあるのか、もう見分けられなくなっていた。

十分ほど歩いて、ずいぶんましな砂利道と交差した。少し行くとバストゥの小峠に達する。標高一三九メートル。ここから本格的にピレネー山脈の尾根に向かう。

アゼマ村長に道を教わったリーザ・フィトコの一行は、まず道の下見をしにここまでやって来た。そこから引き返して村で一泊し、翌朝早くに本当の脱出行につく計画だった。

ところがベンヤミンが、そこに残ると言い出したのだ。野宿の用意などしていない。フィトコは懸命に説得を試みた。が、ベンヤミンは「ここで村に引き返して翌日これだけの道を全部もう一度歩かねばならないとしたら、おそらく心臓がもたないだろう」と孤独な野宿を選ぶ。

国境にあたる峠までは三・五キロ。距離的には一時間もあれば問題なく達せるだろう。しかしそこから先、道はどんどん険しくなった。カシの木の林を行く時もあれば、こんなところにまで、と不意打ちを食わせるような葡萄畑が現れる時もある。いずれにしても足場は悪かった。大きな岩はむしろ安心だ。剝離《はくり》した小さな薄い石が自然に敷きつめられた箇所はすべりやすい。細かいかけらがサンダルの中に入ってくる。時々、どっちに進めばよいかわからない野生的な分かれ道がある。そういうところでは、手頃な岩に黄色いペンキで目印が書かれている。

しかしその目印にしたところで、右とか左とか直進とか指示してくれるわけではなく、ただ短い線が引かれているだけだ。いきすぎた観光地化を嫌う僕には望むところだが、いざ来てみると少々心細い。表の、海に面した道とのこの格差。

次第に帰り道が心配になってきた。「最初の小道を抜けたあと右に曲がった。だから帰りは最後に必ず左に曲がるんだぞ」と、それだけは忘れるまいと頭に叩き込んだ。少し道が開けたり、分岐点に来たりするごとに、半ば冗談で、しかし半ば本気の実用性を見込んで、ブラックチェリーの種を吐き捨てた。ヘンゼルとグレーテルの物語を思い出して。

山歩きは苦手なほうではない。上下ともに長袖でスニーカーでも履いていたら、だいぶ大胆な歩みができただろう。けれどもこの時の僕の装備は、いわば計画的な無計画性の産物だった。ベンヤミンは下見のつもりで途中まで登り、その場の判断で野宿という非常識な選択をした。いきあたりばったりだったのだ。もちろん彼の場合、健康状態も含めて、状況がそれだけ逼迫していたためなのだが、だからこそ僕も、準備万端で来たくはなかった。少しでもベンヤミンの感覚に近づくには、この三日間の疲れがたまっている時のほうが好都合に思えた。

そして自転車を下に置いて歩き出した段階から、国境に達するという目標に加えて、あの地点に戻る義務が生じた。必ずあそこに戻り、いっしょに宿まで帰ろう。そう決心すると、行って帰らなかったベンヤミンをはじめとする亡命者たちを突き動かしたベクトルが逆にくっきりと際だって感じられる。僕は旅行者で、しかもかすかに生活者を兼ねている。宿はとってあるし、金はあるし、パスポートもある。だがベンヤミンはどうだったか。

彼がフランスで過ごした最後の夜、その異常さはすでに彼が生活者ではなくなっていたことを物語っている。人工物のほとんどない――ルリュ氏は「当時は作業用の掘っ立て小屋があり、ベンヤミンはそこで寝たのではないか」と推測していたが――、丘の上に寝転んで、彼はどのくらい休めただろう。彼が第一次大戦中に友に宛てた手紙の中で「夜を抜けるために助けになるのは橋でも翼でもなく、友の足音だけだということを僕は経験から知っている」と書いた、「友の足音（親しみある足音＝brüderliche Schritt）」とも無縁で。

ああ、だけど星座があった。決して快眠を約束してはくれない野宿の夜に、ベンヤミンは間違いなく空を見ただろう。そして彼の生涯の思想の中でもひときわ魅力的な「星座（Konstellation）」の語法に思いをはせたというのはずいぶんありうることだ。

道は尾根を迂回し、すでにだいぶ遠くなっているはずの地中海からさらに内陸部へねじこむように続いている。山の形状は、左右の広がりは見てわかりやすいが、前後の深まりやもつれ具合は読み解きづらいものだ。迷走しているのではないかと疑い始めてしまうこともある。

伊達や酔狂で、案内役なんてやれるものではないな。フィトコが抱える精神的なプレッシャーはどれほどのものだったろう。体力的には、彼女自身も回想しているように、道を覚えて慣れてしまえば大した苦にはならなかったかもしれない。だが、毎回毎回警察の目を気にしなければならないのはもちろんのこと、案内する亡命者たちの不満や弱音のはけ口にされる損な役回りであろうことは容易に想像できる。その上、フィトコが案内する亡命者にはいわゆる知識人が多く、彼らは色んな意味でたくましさを欠いていた。

彼女が国境まで連れていった何人かについてリーザ・フィトコが語る言葉には、どこか冷笑するようなニュアンスすらあった。彼らの身勝手さ、幼児性、現実に立ち向かって実用的に振るまう能力が一般的にないことが理由だと思われた。逃亡者たちは、前途洋々というわけではなさそうだった。彼女にはベンヤミンは際だって痛ましく見えたのに、彼だけは自分の尊厳を維持して、不平を一度もこぼさなかった。彼女の言葉をかりれば、熱い紅茶カップをもつにも助けがいりそうな男であったというのに。

（マイケル・タウシグ著『ヴァルター・ベンヤミンの墓標』金子遊他訳）

この入り組んだ山並を思い切り簡略化して把握すると、どうやらそれはTの字に見立てられそうだ。横棒はスペインとフランスの国境をなすピレネーの主峰群で、縦棒はいま僕がとりついてる支脈だ。そしてこの縦棒の左側を行くのが海に面した表街道、社会的に守られた人々が堂々と行き交う道だ。亡命者の道は、そっちから見えづらいように縦棒の右側を行く。

こうした道行きはベンヤミンの思想の断片を僕の脳裏に招き寄せる。歴史の、人間社会の、ある領域を「実り多き」部分と「否定的な」部分に二分する時、ベンヤミンは後者に注目し、ここをさらに二分する。そうして切りとられるさらに「否定的な」部分をまたしても分割する。それを無限に繰り返すことで、一つの時代の全体像をよみがえらせる、というのが彼の追求した特異な方法だ。この道は明らかに、「否定的な」部分に入る。九時間もの登山の間、病んだ肉体と対照的に活発に動く彼の頭脳はそういうことも考えたに違いない。ではこの道の延長線上で、次に「二分法」が行われるのはどこだろう。ここで早くも思考はつまずく。

ただ、と僕はルリュ氏の話を思い出す。こんな歩きにくい、道と呼ぶのも誇大宣伝になりそうな道が現在、少なからぬ人々を集めている事実にこそ、ベンヤミンが固執する過去の救済や回帰の、部分的な実現が含まれているのではないだろうか。

ノアザミをよけ、天然の石包丁みたいな幅広のかけらに覆われた道を登ってゆく。一時間以上歩き続け、ペットボトルの水はほとんど飲み尽くし、食料はプラムが二つ残っているだけだった。しんどかった。背中にはギターケースがある。ギターを持ってきたのには理由があった。ベンヤミンが最後まで大事に抱えていた黒いトランク。それに近い持ち物が必要だったのだ。

そのギターはきつめの旅行をする時に連れて行く楽器で、多少汚れても傷んでもかまわない、補欠要員だ。とはいえ、旅の大事なおともであり、万が一失くしたり盗まれたり車にひかれて破壊されたりしたら、旅が続行できなくなる程度には心的ダメージを受けることだろう。

ベンヤミンは黒い大きな鞄を、「下見」に出る段階から携えていた。不審がるリーザに対し彼は「この書類鞄は何より大事なものです。なくすわけにはゆきません。原稿だけは救わなくてはなりません。わたしの身より重要です」と説明したという。

鞄はベンヤミンとともに国境を越え、スペインに入った。しかしその後ベンヤミンが自殺すると、あったはずの原稿が行方不明になってしまうのだ。かなり大きなトランクで、その後整理された遺品の少なさから逆算すると、相当な量の原稿が入っていたことになる。それが失われるとは、人類にとって大きな打撃だ。

「抑圧された人々の伝統は、我々がいま過ごしている非常事態が実は普通のものであることを教えてくれる。この教えに適った歴史の概念をこそ、手に入れねばならない」

記憶にある『歴史の概念について』の一節を一度ならず、口にした。そしてドイツ語で暗記している「Das wahre Bild der Vergangenheit huscht vorbei」を唱えた。過去の真の像は一瞬だけかいま見える、と。

歩き始めてから一時間半が経ち、陽が傾いてゆく西の空では雲が色をつけ始めていた。サンダルの中に転がりこんだ小石をもう追い出すこともせず、時々痛みを感じながら歩みを進めた。うんざりしていた。こんなみじめな山歩きは初めての経験だった。そして、それでよかったのだ。ベンヤミンがどれほど逃げ延びたかったか、生きたかったか、原稿を、当時のそして後世の読者のもとに届けたかったか、全身で感じられるのだから。運動にはまったく不向きな個性をもって、無理に無理を重ねてこの道を歩いたベンヤミン。あの頭脳が、あの天才が、こんな目に。涙がこみあげてきた。自分がつらくてではない。悔しくて泣けてくるのだ。

ハンミョウが跳んだ。正確にはなんと呼ぶのか知らない。小さな、西洋梨のような形の甲虫だ。跳んで、三メートルほど前の石にとまった。僕が近づくと、また先に跳ぶ。かわいい。ハンミョウは日本では〝みち教え〟と呼ばれる。それを知って真似してるのかな? などとささやきかけるうちに、あたりは一面の枯れ草に包まれ、上り坂の果てに小さな看板が空をバックに立っているのが見えた。ついに頂上だ。手で膝頭を押して脚力を助け、一気に登り切った。

## 十二、国境での出会い

ちょうど八時をまわったところだった。頂上は広かった。それまでの足場が悪すぎたので、長い時間乗り物に揺られてから地面に立った時のような頼もしさがあった。日はだいぶ前から雲に隠れているのに、汗だくになっていた。シャツを脱いでふりまわし、体に風を浴びせる。

南の縁に近づくと、スペイン側が一望できた。眺望の大部分は一枚、二枚、三枚と重なり合う緑の山並だが、海のほうに目を転じると、滑らかな海岸線のカーブに身を寄せる白っぽい町が見える。ポルボウだ。あとはあそこまで下ってゆけばいいだけだ。

それは亡命者たちの話。今回の僕には、自転車のもとへ帰るという重大な任務がある。フィトコが次なる亡命希望者の案内のため、ふもとのアパートに帰ったように。

舌の奥がぴりぴりしていた。地べたに座り込んで、プラムを食べた。ポルボウの先には一本の岬が突き出て、その向こうにもうっすらと町が見える。夜景になるまで眺めていたかった。

人心地ついたところで、亡命者を取り締まる側の気持ちを想像した。この秘密のルートは、裏の道として確かによくできている。それにしたって、本気で取り締まる気になれば探り当てられるだろう。そして僕が座り込んでるあたりに一人でも立たせたら、脱出は困難になったはずだ。取り締まる警官たちだって、普通の勤め人だ。割に合わない仕事はしたくなかったのかもしれない。けっこうなことだ。じゃんじゃん、サボってください。仕事熱心なのは通常の価値観では美徳かもしれないが、仕事そのものが人道に反する時には必ずしもよろしくはない。

気がつくと見事なカミキリムシが一匹、僕の近くを飛び回っていた。手を伸ばしてもぎりぎり届かないくらいの高さを旋回している。谷のほうへ飛び去ったかと思うと、また戻ってくるのだ。甲虫の美しさは、やはり翅《はね》を閉じて背中を見せてくれた時に際だつものだ。せっかくだから見て、写真を撮りたいのに、彼は着地せずに漂っている。なにかひっかかった。

もともと僕は虫を気にするほうだ。ヘルマン・ヘッセ的な関心は子どもの頃がピークだったが、大人になるにつれて、こう言ってよければ霊界とこの世界の間をとりもつ使者として見るようになった。常にではない。ただ、あ、そうか、と問答無用に納得してしまうことがある。

例えばこんなことがあった。ある晩都内でつまらない酒を飲んで地元の駅に帰ってきた。こうなりゃ近場で飲み直すか、とむしゃくしゃしながら駐輪場に行くと、自転車のハンドルに赤とんぼがとまっている。自転車を引っ張り出してまたがっても、まだ動かない。その瞬間、あこれは沖縄のじいちゃん（父の父）だ、と直感し、懐かしさが悪酔い気味の体内にひろがっていった。そして、そう言えば命日が近かったと気づいたのだ。その晩はまっすぐ帰宅した。

こういう迷信深さというか思考の癖があるので、このカミキリムシにもなにか感じるものがあったのだ。もどかしい、喉まで出かかっているのに、ひらめきのような気づきが来ない。

あまりのんびりしてもいられない。シャツを着て、ギターを背負い、もと来た悪路に向かって歩き始めた。そして下りにさしかかったところで最後にもう一度ふり返った時、水色の空を背景に漂っているカミキリムシと眼が合った。彼はこちらに向かって飛んでいるのか、それとも飛び去ろうとしているのか、距離の目安になるものが背景にないからわからない。

その時、初めてベンヤミンの本を手にした時の記憶が一気によみがえった。

二〇〇一年三月、大学の合格発表を見に行った翌日のことだった。浪人中も受験勉強に直接関係のない本を渉猟《しょうりょう》していた僕は、なにかの機会にヴァルター・ベンヤミンという名を強く意識するようになっていた。そして、真面目に受験生をせねばという意識と、幼く、無知なゆえにかえって鋭敏になっていた嗅覚とが結託して、「この人の本には合格するまで手を出さない」と決めていたのだった。だから首尾よく合格を確認すると、そのすぐ次の日に、同じく合格した友人のシン君と予備校へ報告に行くついでに池袋のジュンク堂に寄り、とりあえずは『ベンヤミン・コレクション』の第一巻を買い求めた。

表紙にはパウル・クレー風にデフォルメされたベンヤミンの肖像画があった。なぜそれがベンヤミンの肖像画とわかったかと言うと、表紙をめくって袖の部分に、お決まりの著者の写真があったからだ。天然パーマと思《おぼ》しき縮れ髪、長い鼻柱、少し距離を置いて気だるげに開かれた二つの目、なるほど、特徴をとらえているな。しかし画のほうはだいぶカミキリムシっぽくしてあるな、とその時思ったのである。

ひょうきんな第一印象のおかげで、難解をもって鳴るベンヤミンの作品に抵抗なく入れた、などということはない。そもそも、中身を読み始める前から、誤解は始まっていたのだ。彼の作品と生涯を知ってゆくにつれて気づいたのだが、表紙の〝カミキリムシっぽいベンヤミン〟の正体は、パウル・クレーの『新しい天使』という作品だったのだ！　ではなぜその画が表紙に使われたのか。ベンヤミンがこの画を気に入って所有し、そこから彼の最後の仕事の着想を得ているからだろう。有名な『歴史の概念について』の第九章にはこう書かれている。

この天使はじっと見詰めている何かから、いままさに遠ざかろうとしているかに見える。その眼は大きく見開かれ、口はあき、そして翼は拡げられている。歴史の天使はこのような姿をしているにちがいない。彼は顔を過去の方に向けている。（中略）きっと彼は、なろうことならそこにとどまり、死者たちを目覚めさせ、破壊されたものを寄せ集めて繋ぎ合わせたいのだろう。ところが楽園から嵐が吹きつけていて、それが彼の翼にはらまれ、あまりの激しさに天使はもはや翼を閉じることができない。この嵐が彼を、背を向けている未来の方へ引き留めがたく押し流してゆき、その間にも彼の眼前では、瓦礫の山が積み上がって天にも届かんばかりである。私たちが進歩と呼んでいるもの、それがこの嵐なのだ。

（『ベンヤミン・コレクション1』浅井健二郎他訳）

いま、ここに風はほとんど吹いていない。いや、そうだろうか。僕は山を下って未来に帰らなければならない。だから嵐は吹いている。歴史の天使にそっくりなカミキリムシと見合った一瞬、僕もそれになりかけていた。カミキリムシはやがて斜めに飛び去っていった。このまま見ていればどうせまた戻って来るだろう。彼はとどまりたがっている。しかし一度として土や草の上にとまって翅を休めないのは、やはり猛烈な風を感じているからではないか。

十五年ごしの伏線が解答に行き着いた瞬間だった。一つの、本当にどうでもよい過去、ベンヤミンの顔をカミキリムシに似させた僕の過去が救われた。だからなんだというわけでもない。ただしこれは、一人の散漫な本読みにとってすばらしいご褒美だ。僕はこの亡命者の道の頂上で、ベンヤミンに会えた。彼を見送って、つまり彼に見送られて、帰途につく。

帰り道は間違えなかった。最後の茂みを抜けて、薄暗くなったアスファルト路に自転車を認めた時の心強さと言ったらない。宿に戻って着替えると、すっかり日が暮れた海辺の飲食店街に繰り出した。貝殻をあしらった屋根をもつ野外ステージで吹奏楽団が演奏し、その前の広場では人々が輪をつくってサルダーナを踊っていた。砂浜に面したウッドデッキのテラス席について、カタルーニャの定番、トマトを塗ったパンと、豚肉料理の夕食をとる。

夜の砂浜がやたらと人を集めている。隣の店が設置したテレビで、サッカー欧州選手権大会の準決勝、フランス対ドイツの中継が流れているのだ。僕の席から画面は見えないが、フランスがゴールを決めると即座にわかる。地鳴りのような歓声が、砂浜からも道路側のバーからも湧き起こり、ビーチで観ていた人が待ってましたとばかりロケット花火を打ち上げる。火薬のにおいがこっちにまで漂ってきた。音を聞いて、遠くで遊んでいた男の子三人組が、一人は自転車で、あとの二人は駆け足で、大人たちがいるテレビの前まで砂浜を懸命にダッシュする。

ギャルソンを呼んで、ワインのリストを持って来てもらった。バニュル・ワインを試飲したかったが、手頃なものがない。近場の赤ワインで妥協した。ところがひとくち口に含むと舌の上で燃え上がるような刺激があった。甘くてめっぽう美味しいのだが、こんな爆発性のワインは初めてだ。飲んでいるうちに、自分の口内がおかしいのだと気づいた。軽い熱中症にでもなっていたのかもしれない。

ちなみにこの時僕が飲んでいたワインの銘柄は「J'ai Rendez-Vous Avec Vous」。直訳すると「あなたとランデヴーします」となる。もちろん、名前で選んだのだ。

Der Engel der Geschichte（歴史の天使）
……みたいなカミキリ虫

# 第三章　花ざかりの島——難民審査のあとさき

## 一、再び済州島へ

済州島から戻ってふた月が経った二〇一八年の十月中旬、韓国政府は済州島で難民申請中だったイエメン人三三九人に人道的滞在許可を出した。半数以上が韓国に合法的にとどまれる立場を得たことになり、ひとまず胸をなでおろす。その後の済州を見ておきたいが、なかなか時間が作れず、十二月になってようやく二泊三日の日程を決めた。難民支援の場になっていたオルレ観光ホテルを予約する。その時点で、人道的滞在許可者が三六二人、難民認定者はゼロで、八十五人がなお審査中、そして単純不認定となった者が三十四人。

出発の日の朝、ふだんなら素通りしがちな成田空港の土産物店で足がとまった。「空港限定ドラえもんグッズ」が売られていたのだ。前回訪れた時に、キム・サンフン氏から「子ども五人の家族が二組ある」と聞いたのを思い出した。空港限定だけあって、ドラえもんを飛行機にしたデザインのボールペンが売られていた。かわいかったし、そのデザインは飛行機もドラえもんもともに大好きな僕の眼を通過するや、靄《もや》のかかった祈りになった。ドラえもんの顔をしたこの飛行機は、絶対に空爆などしない。しないに決まっているのだ。飛行機は子どもたちが空や遠い国への憧れをもって見上げるものであって欲しい。このボールペンは、お守りだ。五人と五人で十人いるという難民の子らにプレゼントしよう。

プレゼントを買って飛行機に乗り込むと、壁にMerry Christmasの飾りがあった。

済州市の大通り、西光路に面するオルレ観光ホテルのフロントでは、社長夫人が例によってにこやかに迎えてくれた。「お久しぶりです」とあいさつすると、顔をまじまじと見つめ、「ああ、あなたでしたか」と思い出してくれた。

「髪型が変わってるから、気がつきませんでしたよ」

そう言って僕の、寒くなるにつれて伸ばしたままになりがちな爆発ヘアーを身ぶりで示し、笑った。そして開口二番目には、「大勢、陸地（韓国本土）に行きましたよ!」と、イエメン難民の近況を話題にする。人道的滞在許可を得た人々は、移動制限がなくなり韓国国内を自由に行き来できるようになった。それで多くの難民が、よりよい受け入れ環境を求めて本土へ移ったのだ。

「このホテルに残ってる人はいますか？　韓国語教室は続けてますか？」

「いまはもう一人も泊まってません。イエメンの人たちも韓国語が少しわかるようになったし、教室もやってません。でもいまでもよく集まりますよ」と社長夫人はフロントの向かいにある、はなれのサンルームを指した。そこは喫煙所兼、団《だん》欒《らん》スペースになっている。

あとで社長も来ますから、と言う奥さんにあいさつし、部屋で荷を解くと、すぐに曇り空の下の旧済州市内にくりだした。

今回の訪問の目的は大きく分けて二つある。一つは移住司牧センターのキム・サンフン氏と会って、この四ヶ月で生じた受け入れ側の変化や、三十四人に不認定を出した行政の判断について聞くこと。そしてもう一つはイエメン難民のコミュニティが物理的にどう成長したか、見届けておきたい。

前に来た時はこのホテル周辺が集いの場となりつつある見通しを持ったものだが、そうした場所が増えていないか、さらにはれっきとした施設として済州の一画に根を下ろしていないか、期待していた。モスクは無理でも、簡易礼拝所くらいはできているかもしれない、と。

そう考えているそばから、新たな目的が、いや目標が生じる。交通量の多い西光路を市庁方面に歩き始めた僕は、映画館がある大きなビルの壁に書かれたハングル文字を見て、興奮とともに足を速めた。バッティングする選手のシルエットの横に「リアル野球」「スクリーン野球」と書かれて

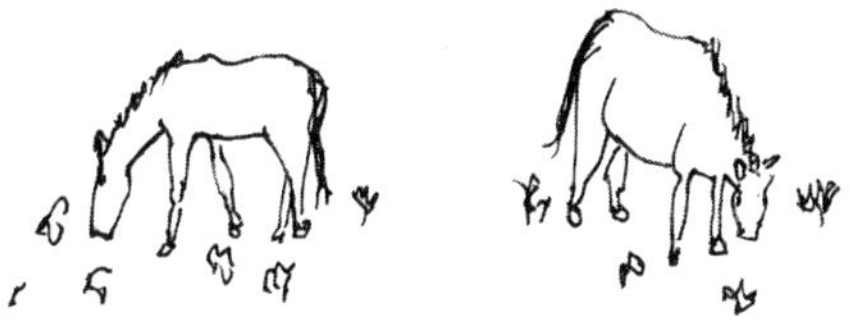

済州島には牧場もある

いるのだ。バッティングセンターか、それに似たゲームに違いない！

二年前の五月頃から、趣味と実益をかねてバッティングセンターに通っていた。実益とは運動不足解消と、あとはバッティングを鍛えれば文章が少しは上手くなると思っていたのだ。この発想は伝わりづらいかもしれないが、簡単に言うと、若い頃、文章を書く際に感じることのあった〝瞬間の花〟を取り戻すには、バッティングで勘を磨く必要があると考えたのだ。

文章のほうはともかく、バッティングは少しは上達した。そして国内で取材や旅行に行く時は、なるべく現地周辺のバッティングセンターに寄る楽しみができた。そんなわけだから「リアル野球」も、見つけてしまったからには行くしかない。

娯楽施設だけあってたくさんいるカップルとすれちがい、エレベーターで三階へ、ここはがらんとしていた。受付の、少々こわもての男性に五千ウォン（約五百円）支払い、一人でも遊べるらしきホームラン競争を選ぶ。案内された個室には、金網を隔ててバッターボックスがあり、正面の大きなスクリーン上で投手がスタンバイしている。ヴァーチャルピッチャーが投げてくるバッティングセンターは国内で経験があるが（苦手だ）、スクリーン野球は若干違った。打席に置かれたペダルを踏むと、投手がモーションに入る。そして飛んできたのは硬球だ。球速はさほどでもなく、せいぜい九十キロ程度だが、コチンと打つと、球は重々しいゴロとなり、とたんに画面が球場の俯瞰に切り替わって架空の打球の行方を映す。ファウル。硬球を打つのは初めてで、手が痛む。これは本腰入れてやらないと、と気をひきしめるが腰は引け、空振りや凡打を重ね、やっとのことでライナー性の打球をフェアゾーンに返すと、画面上ではぐんぐんと外野まで伸び、絶対そんな飛んでねえだろとツッコみたくなるような飛距離を表示してプレイヤーをよいしょしてくれる。そんなこんなで最高到達点は百二メートル。

うーん、これはおもしろい。おもしろすぎる。しびれの残る手をさすりながら、店員に「今度は友だち連れてきたいです」と告げて出た。そう、これが新たな目標。


霧雨《きりさめ》が降ったりやんだりの悪天候で、ハンラ山の姿は見えない。移住司牧センターに行くとキム局長は不在だったので、アシスタントのシリア人男性に連絡してもらい、明日の朝いちばんに会ってくれることになった。その足で海岸通りに行くと、広場に人だかりができて太極旗がさかんにふられている。大韓愛国党、とのぼりに記されている。この党の代表者が済州に来たばかりだとかで、決起集会に気炎を上げている。

韓国の政治運動では歌が使われるのが珍しくなく、この時も、スピーチの後に軽快な音楽が流され、雨合羽を羽織った参加者たちがステップを踏み始めた。踊りが終わり、ヤクルトのような飲み物が人々に配られ、なぜか僕ももらい、ついでに、簡易テントで署名の受付をしていた女性に「イエメンから来た難民申請者をどう思いますか」と水を向けてみた。

「さあ、よく知らないのでなんとも言えないのですが、イスラム原理主義者がいないかどうか、少し心配です。でもよく知りませんので」

場違いな話はやめてくださらない？　という感じの反応だった。冷めていた。

夕方ホテルに戻ると、キム社長がフロントに来ていた。前回の礼を述べ、最近の済州島民とイエメン人との関係について訊ねる。

「いまは静かなものですよ。反対運動があるという話も聞かないし。この国の人びとはなにごとにもカーっとなりやすいんです。最初の熱が過ぎたら、あとはこんなものじゃないかな」

「なにか大きな事件はありましたか?」

「韓国人とイエメン人が、酒を飲んで殴り合った、ってことはありましたよ。その時は友だち同士で、酔ってケンカしたみたいで、大した事件ではありません」

「イエメン人が、お酒を飲むんですか?」

もちろん、ムスリムは酒を飲まないという前提に立っての確認だ。

「ええ、飲んでますよ」とキム社長は大きな体をゆすって笑った。

その後、サンルームにイエメン人の男性が一人入ってきたので、そっちに移動した。再訪一人目だ、アラビア語で元気にあいさつすると、髪の生え際がやや後退したその男性は驚きを顔に出し、早口でまくし立てた。よくわからないが、ハーリムという単語をしきりに強調する。

「ハーリム? なんのことですか」

「君と僕はハーリムで、君には友だちがいて、なんたらかんたら」

「韓国語では、なんというのですか?」

「ハーリムだ。韓国語の名前だよ。そうだ、バナナを食べたじゃないか」

その瞬間、座っていた木のベンチがアスファルトの感触になり、頰に夏の港町の強烈な西日が射した。イエメン人の船員がケンカしたと聞いて訪ねた、あの港町のことを言ってるのだ。

「そうか、翰林！　すると君は」

「カマルだ」

気づかなかったことを詫び、右手をさしだした。握手した。あの時話した三人組の一人、ファダイダ出身のカマルだったのだ。ハンリムという地名は、彼の口を経るとあまりにアラビア語的に聞こえた。それで見当違いの解釈をしてしまったわけだが、見た目の印象から、初対面だと思い込んでいたせいもある。二十四歳の彼の髪は、薄くなっているようだった。

「そうだ、君たちの写真があるよ」と僕のルポが載った雑誌を見せる。記事の最後のページに、柏原氏が撮った、海辺で話をする僕たちの写真があり、会話調のキャプションがついている。

「なんて書いてあるんだい？」

「〝イエメンは好きですか？〟〝大好きだ〟」

カマルはスマートフォンのレンズを記事の写真に向け、シャッターボタンを押した。感情は読めなかった。「友だちに送るの？」と訊くとうなずき、どうやらSNSを操作してるようだ。

ホテルの奥さんが、段ボールに入った済州みかんを持ってきてくれた。済州島特産のみかんは、小ぶりでうまい。食べながら、アラビア語と英語で話をした。彼の審査結果はまだだという。八十五人のうちの一人だ。翰林での船の仕事を終え、いまは近所の店で働いている。

「給料はどのくらい？」

「月に百万ウォン（約十万円）くらい」

「それは高いほうなんじゃない？」

努めて明るく言った。かつて都内で月十三万円とか月八万円ほどで暮らしていた時期がある僕の基準では、よっぽどひどいという額でもない。

「うん、そこは問題ないんだ。それより、政府の決定次第で自分がどうなるかわからないのがつらい。韓国は、あまり居心地よくないよ。だけどいまはイエメンに帰れないから……」

行政の決定次第で自分の自由に制限が加えられるストレスは、後のコロナ禍で僕もさんざん味わうことになるが、この時はまだ知らない。

「イエメンにいる家族は元気かい？」

「父と兄は亡くなった」

戦争で？　と訊こうとして、その単語が出てこなかった。語彙の一部が抗議のストライキをしているようで、終始浮かない様子のカマル相手に、話題も、間《ま》も、もたなくなった。

「僕はこれから夕食に行くけど、いっしょにどうだい？」

「いいよ、自分で作るから。ありがとう」

カマルは力なく微笑んだ。隙間の空いた前歯がのぞいた。


ホテルのすぐ隣にコンビニが一軒あり、前回来た時はそこのテラス席で、韓国語教室を終えたあとの仲間たちが談笑していたものだ。今回も、やはりいた。木のベンチに四人が座り、さらに一人が店のガラス窓にもたれかかって談笑している。カマルと違ってこちらのグループは明るい。みなダウンジャケットを着こみ、ニット帽やフードをかぶって寒さをしのいでいる。

霧雨でしめったテーブルにはチャミスルの小瓶が並んでいる。お酒だ。

自己紹介をして話に入れてもらうと、席をつめて座らせようとしてくれる。僕は立ったままで失礼したが、こうした小さなおもてなしの気づかいは、しばしばイエメンの仲間たちから感じたものだ。それこそバナナをごちそうしてくれたカマルたちもそうだし。

難民審査の結果を訊ねると、短い顎髭をたくわえた男が自信満々に言った。

「俺たちの中にはフーシ派がいるんだ！」

フーシ派は、内戦をひきおこした親イランの武装勢力を指す、念のため。

「え、本当?」耳を疑って訊くと、

「それで政府は俺たちを難民と認めたがらないのさ」

破顔一笑、一笑かける五人分、どうやら済州イエメン・ジョークらしい。それから島での暮らしについて、モスクができて欲しいとか、ハラルフードの店がないから米ばかり食べ続けている人もいるとか、まじめな話を聞き出し、裏の本題に入る。

「ところでそれなんですか？　お酒？　ムスリムはお酒を飲んじゃいけないのでは？」

飲んでいた者たちは悪びれた。店のガラスにもたれていた青年は、うつむいて忍び笑いをする。彼は酒を口にしていない一人だ。やがて彼がこらえきれないという様子で声を立てて笑い出し、飲酒派の気持ちを代弁した。

「この人たちは、つらくて大変だから飲んでいいと思ってるんです」

「そのとおりだ」と、飲酒派の一人、髭の男が口を開く。

「ポジティブになりたいのさ。自分たちが明日どうなるかわからない。ここにいられるのか、追い出されるのか、不安でしかたない。だからせめて、ポジティブにならないと」

彼らの状況は僕たちの日常からすればふつうじゃないが、飲む理由は煎じつめるとふつうだ。

「おいしいですか？」

「うん」

口にあったならよかった。

「僕もお酒は好きだし、気持ちはわかります。だけど、気をつけてくださいね。飲むとポジティブになれるかもしれないけど、飲みすぎると、こうなりますから」と激しく身を折って苦悶の表情をつくり、筆舌に尽くしがたい悪酔いを表現してみせた。

「ははは、君の言うとおりだ、わかってる」

「これから食事に行くけど、いっしょにどうですか？」

「ありがとう、でも俺たちはいいよ」

あまり大きな声では言えないが、彼らが飲酒を覚えたのは、酒好きの僕にとって、一面、歓迎すべき変化だった。飯に誘いやすくなるからだ。

もっとも、済州到着の第一食は、飲もうが飲むまいがムスリムを誘いづらい。名物、黒豚のオギョプサルを食べたいから。豚肉食は、ムスリムにとってタブーの一つだ。

## 二、難民審査の実情

翌朝は七時に起き、地下の食堂に行った。朝食は、大皿にご飯からおかずまで好きなだけ盛りつけて何度でもおかわりしてよいバイキング形式。半年前にはこの食堂がイエメン人の自炊用に開放され、夜には熱気のほとばしる韓国語教室が行われていたのだった。

たらふく食べて、地下の食堂を出た。つわものどもが夢のあと、という句が頭に浮かんだ。昨日会ったイエメン人たちは、四ヶ月という期間からこちらが予想していたほど、言葉が上達していなかったのだ。「韓国語わかる?」と訊くと恥ずかしそうに「少し」と言う。

天気を見に朝の路上に立つと、風が冷たい。頭の上は青空だが、低い雲がはいまわっている。ニット帽をかぶったイエメン人が歩いてきた。昨日会ったうちの一人だ。「サバーフルハイル(おはようございます)」とあいさつを交わし、バス停に向かう彼の背中を見送った。

今日は移住司牧センターのキム・サンフン局長に会いにゆく。朝十時の約束で、デートのように待ち遠しい。時間が近づくまで、部屋で名刺を作ってすごした。普段から、名刺は手書きする。済州用の名刺は、韓国語、英語、アラビア語の三言語併記にした。とりあえず四枚。余裕をもってホテルを出る。鞄には、お土産のドラえもんグッズを入れて。

朝の街路に点々と、小さな真紅の実をつけた木が立っている。クロガネモチだ。海方面に向かって大通りを下ってゆくと、時折ビル群の間からカトリック中央聖堂の塔が姿をのぞかせ、中空に浮かぶ赤い実の塊と視野の中で並ぶ。冷たい空気に身がひきしまり、いい気分で歩く。

幹線道路の交差点に来て、あとはここを渡って斜めに細い路地を入ってゆけば到着というところで横断歩道の前に立ち止まった時、風におされた冬の空気が鼻孔をなでていった。その瞬間、切なさに包まれた幸福感が訪れ、すぐに去っていった。その感覚は、二十歳前後の頃に僕が探求していたもので、思い出すよりも思い出されるよりも強く、思い出が訪れると呼んでいた変化だった。例えるなら、ど忘れというものと正反対の、ど思い出しとでもいったもので、それが訪れる時、回想される内容がなんであれ、えもいわれぬ快感をともなう。

この時訪れた回想は、二〇〇九年の十二月に、スペイン北部の古都レオンで過ごしていた時のそれだった。すぐに思い当たった。初めてのスペイン滞在、四ヶ月間の留学が終わりに近づき、ホストファミリーと仲良くなった僕は、残り少ない日々を泣きそうになりながら数えていたものだ。レオンの街はカトリックの三大聖地サンティアゴ・デ・コンポステーラへ向かう巡礼路に位置し、街のシンボルである大聖堂はスペインゴシックの傑作の一つだ。愛する人々との別れが迫る十二月に、その大聖堂に向かって歩いていた時の感情が、冬の空気の香りと、狭い路地に入って中央聖堂に向かおうとする移動——北上するという点でも一致していた——の感覚と、あとはひょっとして難民たちの境遇を通じて思考の余白に徘徊していた〝別れ〟の観念、それらに呼応してよみがえったに違いなかった。

その先、路地に入って百メートルほど歩くと右手に砂地をさらした空き地が開け、考古学の発掘調査が行われていた。レオンの街でも、中世の城壁が掘り起こされたりしていたものだ。

現場監督と「いつの時代のものですか？」「三国時代です」「おもしろいものが見つかるといいですね」などと会話を交わし、そのために、路地の反対側に生じていたこの半年間最大の変化にまったく気づかず通り過ぎ、移住司牧センターのビルに到着したのだった。

キム・サンフン氏はオフィスの別室に僕を招き、インタビューに応じてくれた。今回は通訳がいないので、韓国語と英語を併用して話をする。

「さっそくですが、難民申請をして単純不認定になった三十四人のケースについて、なぜそう判断されたのか教えていただければと思います」

キム局長は数多いイエメン難民の一人一人と向き合っている人物で、信頼している。

「三種類のケースがあります。一つは、こっちに来て法を犯したケースです。例えば、拾ったクレジットカードを届けずに、買い物してしまった者がいました。それから、外国人の妻がいるケース。サウジアラビアやカタールの女性と結婚し、妻は現地に住んでいるという人々がいまして、それならその国に行っていっしょに住めばよい、という判断です。そして、イエメンで内戦が始まる前に、すでに外国で何年か暮らしていたというケース。これらを合わせて三十四人が却下されました。けれども……」

サンフン氏が言葉を継ごうとした時、入口から幼い子どもの声が届いた。「誰が来たんだい？」とサンフン氏は中座し、オフィスへ迎えにゆく。なにか話しているのが聞こえた。僕は鞄をたぐり寄せる。ほどなくしてサンフン氏は部屋に戻ってきた。

「難民の子どもが来ているのですか？」

「そうです。気にせず続けましょう」

「あのう、以前来た時、五人の子がいる家族が二組あるとおっしゃってましたよね」

「ええ。一家族は人道的滞在許可を得て、もう一組はまだ審査待ちです」

鞄を開けて、空港限定ドラえもんグッズの入った袋を取り出した。

「子どもたちに、お土産を持ってきたんです。五人分二組あるから、渡しておいてください」

中を見せると、サンフン氏は嬉しそうに目を細めた。

「そういうことなら、いま一家族の子どもたちが来ているから、さっそく渡しましょう」

こうして会わせてもらった女の子三人と男の子二人の小さなイエメン人たちは、生きた宝石のようで、まぶしいくらい愛くるしかった。子宝とはよくいったものだ。一番上のお姉さんは中学生くらいか、すでにムスリム女性の習慣でヒジャブを頭に巻いている。あとの四人はぐっと幼い。みな黒い目が輝いている。アッサラーム・アライクムとあいさつすると、不ぞろいな声が返ってきた。いくらか警戒しているようだ。

「日本から君たちにプレゼントを持ってきたよ。君たち、ドラえもんは知ってる？」

一つずつ渡しながら訊ねると、小さい子たち、はにかんだ笑顔をたがいに見合わせたり、プレゼントに向けたり。サンフン氏もその様子をにこやかに見ている。

やがて背丈が真ん中の男の子が「うん知ってる」と答えた。

「好き？」

「ううん、でも、ありがとう！」

素直でしっかりした対応がうれしかった。この子たちとの交流はこれだけ、すぐにキム氏と別室に戻って会話を続けたが、その間にも時々、翼が動くようになっているドラえもんのボールペンをノックする音や、びゅーんびゅーんと、これはもしかして飛行機の真似でもしているのか、子どもたちの遊ぶ声が聞こえてきた。僕たち二人の大人の話は、願わしい世界そのもののようなこのかわいい音楽を伴奏に続けられたのだった。

「不認定になった人々の話をしていたのでしたね」

サンフン氏は正確に話を戻した。あいかわらず、よく整理された話し方をする人だ。

「弁護士が手助けして再審査を求めています。例えば違法行為をしてしまったケースについては、決して重大な犯罪ではないのだから、と」

続いて、多くのイエメン人が取得した人道的滞在許可について教えてもらおう。

「難民認定と人道的滞在許可の最大の違いは、やはり社会保障の有無ですか？」

「そのとおりです。難民認定されれば、国民と同等の保障が受けられますが、人道的滞在許可はなにもなし。暮らしてよい、働いてよい、それだけです。あと待遇面では、今年の三月に法が変わり、教育を受けられるようになっています」

教育を受けられるようになったのは、キム氏の目指す「増進」のためにも重要な変化だ。なお、人道的滞在許可は半年や一年の期間が定められているが、これは期間中の簡単な手続きで延長されるそうだ。ただしひとたびイエメンの情勢が落ち着いたら、その時は残り期間を問わず帰国を求められる。

社会保障をともなわない滞在許可だと、ニセ難民反対派の人が言うところの韓国社会への〝無賃乗車〟が発生しない。難民認定より安上がりだ。そこを考慮しての審査結果だろうか、と僕は思ったが、キム氏の考えは違った。

「申請者が母国で個人的な理由があって危害を加えられ、なおかつその証拠がすべて出せる場合のみ、難民と認定されるのです」

「だけど、個人的に狙われていなくても危険にさらされるのが戦争じゃないですか」

「韓国ではそうした基準で難民法を整備している、ということです。通る見込みが大きいのは一人しか思い浮かびません。元新聞記者の男性です。記者ですから、過去の活動や移住までの経緯が追いやすいのです。これこれの記事を書き、迫害されたといった証拠が出しやすい。だから有望だと私たちは考えています。週末にも結果が出るでしょう」

世論を気にしての判断ではない。サンフン氏らは、そこは信頼しているのだ。

けれども、サンフン氏が教えてくれたもの以外の審査基準もやはりあったようだ。

フェイスブックで友だちになっていたイエメン人男性が、後に教えてくれたことである。

彼は五月に済州島に来て、十二月にイエメンに帰国させられた。単純不認定か、もしくはそれ以上に強制力のある措置を受けたのだろう。彼と交換したメッセージから整理して訳出する。

「僕は済州にいたんだが、政府に追い出された。悲しくてたまらない。済州にいる七ヶ月間、悪いことはなに一つしなかった。喧嘩もしていない。韓国の人たちにそれを証言する手紙を書いてもらって、奴らにわたした。奴ら、つまり政府、外国人庁の連中だ。だけど奴らは僕を死に追いやろうとするんだ。米国の対外政策について訊かれ、正直に答えたばっかりに。奴らはなんでそんなこと訊いたんだ？　米国政府は他の国々を破壊してばかりいる。当然嫌いだと答えたよ。イラクについても、あれはアラブの国だ、好きだと答えた。サダム・フセインはアラブの英雄だと。僕らの国の大統領がサダム・フセインを尊敬していたから。今度は奴らは、イスラエルとパレスチナのどちらに味方するかと訊いてきた。もちろんパレスチナだ。そしたら『君はＩＳＩＳだ』と決めつけやがった。それでこのザマだ。送り返されて、いま、ここイエメンのタイズ県に家族と離れて暮らしている。家族のもとにいても食べ物がないんだ。仕事はないし、まったく不健康きわまりない生活だ。いまでも、済州で受けた苦しみは忘れられないし、絶対に奴らを許さない」

この男性は支援を求めて連絡してきたのだと思う。日本はイエメン人を入れてくれるかと問われ、正規のビザが得られそうにない限り無理だと答えた。その前後のやりとりだ。それを考えあわせると、危険思想あつかいされかねない内容をでっちあげるとは思えない。

彼の話を素直に信じると、思想信条のチェックが行われ、その結果を理由に退去させられたことになる。これはキム・サンフン氏が挙げた三ケースのいずれにもあてはまらない。韓国には国家保安法という、思想・信条、それから表現の自由を一部規制するような法があり、それに違反したという判断なら最初の「違法行為をしたケース」に入るが。

いずれにしても彼が恨む外国人庁の担当者らの判断基準は、イエメン難民反対派の、そしてイスラム教徒に漠然とした不安を抱く人々のそれに近い。

なお、この男性のフェイスブックのアカウントはその後失われた。

## 三、難民の自己実現

子どもたちの遊ぶ声が聞こえる移住司牧センターの部屋に戻る。人道的滞在許可を得た人々はどのような生活を送っているのか。キム・サンフン氏は手元の資料を見て言った。

「二五四人がソウルを中心とする陸地へ行きました」

「ソウルはより、環境がよいのですか?」

サンフン氏はためいきをついた。

「そう思っていたのですが、いま陸地にはイエメン人以外の難民申請者が約三万人います。その人たちを手助けする施設はありますが、済州から来たイエメン難民の居場所は少ない。また、冬のソウルは寒いでしょう。寒すぎて死んじゃう、と言って戻ってきた人もいます。あとは期待していたほど仕事がないようです。そういった理由で一割の人がすでに戻ってきました」

ここからいよいよ、難民たちの自己実現について訊ねる。

「以前、教皇の教えにしたがって、難民支援の四つの段階を教えてくださいました。『歓迎』と『保護』そして『増進』、最後が『統合』でしたね。このうち保護までは、すでに達成されているように思います。いちばん難しいのは『増進』、自己実現の手助けだと思います」

「そうですね。十人の子どもたちには、初等教育を行う小さな学校を作りました。他には……」

サンフン氏は言葉を切った。誰の話をしようか迷っているようだ。

「青少年が六人来ているという話はしましたよね。人道的滞在許可を得ると、彼らの多くは陸地へ行ってしまいました。正直な話、少しがっかりしましたよ。彼らはもっと勉強したいのだろうと思っていたからです。だからこそ、ここで行われる教室に通いやすくなるよう、隣のビルに住まわせていたのです。だけど、勉強よりお金に興味があったのかな？」

理知的な語りの中に時折、人間くさい心情をのぞかせるのもキム・サンフン氏の魅力だ。

「その中で、済州に残った少年の話をしましょう」

「韓国人の家族と暮らしているという、彼ですか？」

母親の判断でたった独り、イエメンから逃がされてきたハムサ君（仮名）だ。

「そうです。いまはその家族とは暮らしていませんが。

彼の志望はエンジニアです。しかし高校二年生で国を出てきたので、その先の教育を受けていません。そこで私は、ここと同じくカトリック教会が運営している済州青少年相談福祉センターを訪ねました。なんらかの理由で学校教育からドロップアウトした青少年を手助けする施設です。その子たちも、教育面に限ってみれば、ハムサと似たような境遇ですよね。

事情を話したら、快く受け入れてくれました。そのセンターで、韓国人の少年たちとともに、検定考試合格を目指して勉強することになります。そうだ、今日からです」

これはホットな話題だ。検定考試とはこの場合、日本の高卒認定試験（旧・大検）に当たる。

「それはすばらしい。だけど韓国語はできるのですか？」

「少しだけです。ハムサは授業とは別に、韓国語の勉強も続けねばなりません」

いったいどうなってしまうのだろうか？　と『ガチンコ！　大検ハイスクール』調のナレーションが脳裏に響く。

「私は特に数学の試験が心配でした。韓国の数学教育のレベルは高いので」

「はりあえるのは日本だけじゃないでしょうか」と合いの手を入れると、キム氏は大笑いした。

「いかにも。だから彼のレベルを知るために、検定考試の過去問を取り寄せ、二十の問題を印刷し、挑戦させました。問題文は韓国語のままです。翌日彼が持ってきた答案を見て驚きましたよ。二十問中、九問が正解！　問題文もろくに読めない彼がですよ？　信じられませんでした。途中計算の紙を見て、ちゃんと自力で解いてることはわかりました」

後日僕もインターネットで韓国の高卒学力認定試験、数学の問題を探してみた。すべて四択で、ざっと見たところひねった問題はないが、図形から集合までまんべんなく出題されている。そして思っていた以上に言葉の占める割合が多かった。約数、因数、点、直線といった用語は日本人ならハングルさえ読めれば初見でも推測できるが、それができないハムサ君はほとんど、数や式や図を見て考えるしかなかっただろう。

「彼は頭がよい。私は納得し、言いました。君ならできる。時間をかけて学べば、検定考試にも受かるだろう。そう背中を押して、青少年福祉センターに連れていったのです」

キム局長の面倒見のよさには頭が下がる。そしてハムサ君もえらいが、その学力は、内戦が始まるまでのイエメンで培われたものだ。イエメンの学校教育は、イエメンという国は、彼のような有為の人材が育つくらいしっかりしていたのではないか。そう思うとまた悔しくなる。

「ああ、それから、大事な人間を忘れるところでした。一人、ソウルの大学院に行ったイエメン人がいます。前にお話ししたでしょう。英語力を活かして、私たちの最初の通訳になってくれた男です。

彼、ガンダンは難民になる前にマーケティングを専攻し、大学院を出ていました。しかしもっと勉強を続けたがっていたのです。ソウルには、聖公会が運営する有名な大学院があります。NGOの人材を育成する大学院です。さいわいなことにガンダンはそこで二年間無料で勉強させてもらえることになりました。宿舎つきです。彼はいまソウルで、入学に備え韓国語を一生懸命勉強してますよ。これはしかし、特別なケースですね」

韓国社会もなかなか懐が深い。

## 四、意外な過去

「あとはプログラマーのイエメン人がいました。陸地に仕事が見つかったのでそっちに行っています。イエメン人以外ですと、電気技師のバングラデシュ人がいて、彼は二月から就労が許可されます。済州に風力発電のプラントがあるのでそこを紹介できればと考えています」

理工系の知識や技術は、文化間の壁が薄い。課題が何かさえわかれば、作ったり、直したり、計算したり、その成果物を納品するのは、自国と大差ない要領でこなせるだろう。

逆に人文系の専門性、技能、腕は、受け入れる側、キム・サンフン氏のように「増進」の手助けをする側にとっても見出しづらいものと想像される。

「いまだに個々人の可能性を十分に見出し切れていないのが正直なところです」

キム・サンフン氏は悩ましそうに言った。

「韓国語は上達してると思われますか？」

「非常に遅いです」

即断した。僕はその尻馬に乗る。

「私も同じ印象を持ちました。少し残念です。時とともにやる気が薄れたのか、あきらめたのか。やはり仲間同士で集まって母語で話せてしまうから、というのもあると思いますが」

「いずれにしてもよくない傾向です。彼らの多くは滞在許可を得て、ひとまず大きな心配はなくなったはずで、これからの生活のためになおさら努力しなければいけない時なのに。しかも、多くの人が、いいえ、私が見る限り多くの人が……」

慎重に言葉を直し、キム局長が続ける。

「お酒を飲むようになってしまったのです」

「昨日、見ました。どうして飲むのか訊ねたら、不安が大きいからだと言っていましたよ」

キム局長は眉根を寄せて首を横にふった。

「よろしくない、私には理解できません。ここに住んで、仕事もできる。不認定になっても、申し上げたとおり私たちは助けるために努力します。前向きに考えられる要素はたくさんあるのに、飲酒を選んだというわけですね」

語り口が熱を帯びてきた。

「飲酒する、というのはただそれだけのことではありません。ですから最近、私たちが提供する住まいにはルールを作りました。屋内での飲酒、喫煙は厳禁。特に飲酒は信仰を捨てるようなもので、彼ら本来の生が失われるのに等しいのですからやめて欲しい」

「つまり局長は、イスラム教の信仰を尊重しているというわけですね？」

「当然ですよ！　できるかぎり守ってやりたい」

郷に入れば郷に従え、式の正論とは対極的なその熱意にうたれる。この後僕が「カトリックでは、お酒飲みますよね。特に赤ワインは大事じゃないですか」とグラスを掲げる仕草をすると、キム氏は真剣な表情から一変、大笑いした。ワインは「キリストの血」とされる。

この七ヶ月間のイエメン難民対応は移住司牧センター全体にとっても大きな経験で、他の国からの移住者への対応も含め、見直されるべき点は少なくないようだ。キム局長の話には、彼のような人格者にして、大勢の異邦人の手助けをし続けることで生じる苦労がにじんでいた。その甲斐あってのことだろう。反対運動は鳴りをひそめ、外国人庁から感謝の言葉をもらったり、警察からパンの寄付が届いたり、支援活動への理解は広がっている、と満足そうに語った。

「これからますます忙しくなりそうですね。今日は本当にありがとうございました」

インタビューを終え、僕はせっかくだからイエメン人を野球に誘おうと思います、などと雑談して席を立つ。その時、なんの気なしにこんな質問が口をついて、出た。

「キム・サンフンさんは、本をお書きにならないのですか？　小説五本くらい軽くできそうな、豊かな経験をお持ちだと思うので」

くつろいだ笑いが返ってきた。その直後だ。

「私は書く気ありませんが、妻は一冊本を出しています。〝カミノ〟といって、カトリックの古い巡礼路があり……」

「カミーノ・デ・サンティアゴ（聖ヤコブの道）！　行かれたんですか？」

「妻といっしょにフランスから巡礼路を歩きましたよ。妻が書いたのはその旅行記です」

地上の人びとが知らず知らずのうちにあざなう無数の糸の一本が不意にほぐれて、キム局長と僕との間に張り渡された。

「マジですか！　アブラス・エスパニョール（スペイン語話しますか）？　レオンって街覚えてますか？　あそこに住んでたことがあるんです。自転車でですが、巡礼もしました！」

興奮してまくしたててしまったが、興奮せずにいられようか。東京ディズニーランド（千葉県）に行ったことあるとか、ロッテワールド（ソウル）に行ったことあるとかいう話ではないのだ。しかもここに来る道中、レオンの街に住んでいた頃の感情が束の間よみがえっていた。そこにもってきてこの展開なのだから、白状しよう、神がかっていると感じた。座りなおして、カミーノ・デ・サンティアゴの、そしてスペインの思い出を語り合う。こうなるともはやアミーゴ（友だち）という感じで、たぶん僕は満面の笑み、急になれなれしくなっていただろう。サンフン氏夫妻がその巡礼をしたのは僕がスペインにゆく一年前の春で、さすがにすれ違いや同宿はなかったけど、あの大事な大事なレオンの家族の生活するそばを、この人たちが旅していったのだと知るだけで、誰にか、なににかわからない感謝の気持ちに胸が熱くなる。そうしてサンフン氏がこう打ち明けるのを聞いて、対象不明なその感謝の気持ちがきわまった。

「その巡礼が転機になり、私はエンジニアをやめていまの仕事についたのです」

それから十年後、彼はカトリックの教えに従いつつ、イスラム教徒たちの生活と信仰を守ろうと日々努力している。実はこの千年に及ぶ歴史のある巡礼路は、もとをたどればキリスト教国がイスラム教勢力におされているという危機意識に踏み固められてきた歴史的経緯がある。そうした知識があればこそ余計に、改めて、人類はすてたもんじゃないと痛感させてくれるめぐりあわせだった。

奥さんの著書がぜひとも欲しかったので、書名とあつかってる店を聞いて、今度こそ部屋を辞した。玄関まで見送りに来てくれたキム・サンフン氏に、韓国語のあいさつに加え、場違いだけど言わずにはいられない。

「ブエン・カミーノ！」

直訳すると、良い道を！　巡礼者たちにかける決まり文句だ。

## 五、バラの名と梅花

昼時だ。腹ごしらえしようと朝来た路地を歩いていると、毛皮の耳当て付き帽子をかぶったイエメン人に出会った。あいさつして食事に誘うと、よし行こう、目的地を決めた足取りで歩き出した。彼、ラムズィに連れられて着いたところは、来る時に注意をひかれた発掘調査が行われている空き地の向かいの店だった。え、こんな店があったのか！

二階の窓枠を目いっぱい造花で飾ったグレーの外壁のなかなかおしゃれな建物だが、驚いたのはそこではない。壁にまるい銅の皿が架かり、そこにはアラビア語と英語で「ハラル」と書いてあるのだ。店名はワルダ。アラビア語でバラや、花一般を指す。

「アラビア料理の店？」

「そう。イエメン料理の店だよ。ここでよくお茶するんだ」

細長い店内は照明が控えめで、木の調度品とあいまってぬくもりある空間になっている。いらっしゃいませ、と迎えてくれたのはすっきりした顔立ちの韓国人女性だ。奥の席では中年の韓国人夫婦が、鮮やかに色のついたライスを食べている。ラムズィはここで一人のイエメン人青年と合流し、席についた。太く整った眉が印象的な彼の名はサーミイで、ここの従業員だそうだ。彼に言われて、前に会っていたことを想い出した。ダジャレめくが、イエメン人にはイケメンが多い。厨房で腕をふるうモハメド・アミーンも、目鼻立ちのくっきりした好男子だ。

「ここはイエメン人が作るイエメン料理のお店なのか」

独りごとのように言うと、ラムズィがあいづちを打った。

「僕らはコーヒーだけ飲むけど、あなたは？」

ラムズィがメニューを開く。チキンライスとコーヒーを頼んだ。まずコーヒーが運ばれてきて、三人でお茶をする。視線を上げると、高いところに棚板《たないた》が吊るされ、ガラスケースに入った短剣が飾られていた。Jの字型にカーブした鞘《さや》。ジャンビヤだ。アラブ人の男性にとって、わが国の侍が腰にさした大小のようなもの、というと用法や技術の面でだいぶずれてしまいそうだが、名誉のしるしという点では近いと思う。

「ああ、あれはジャンビヤだよ」

ラムズィが僕の視線をたどって言った。

「ジャンビーヤ・ヤマニーヤ・フィ・ジャズィーラ・ジイジュウ（済州島のイエメン・ジャンビヤ）だね」

僕はアラビア語で唱えた。自然発生的にできたその韻と子音の調和を、大切にしたかった。舌に心地よい一節だ。コーヒーをする。これもおいしい。

「あなたはイエメンのことが知りたいの？」ラムズィが訊ねる。

「うん。例えば……イエメンの音楽とか」

いまは戦争には黙っておいてもらいたかった。

「ぜんぜん知らないんだ。教えて欲しいな」

「いいとも。YouTubeでいいかな?」

「うたって聞かせてよ」

「僕はちょっと……」

　耳当て付きの帽子をかぶったままのラムズィが恥ずかしそうに首をひねる。その様子をにやにや見ていたサーミイが、なにか思い立って席をはなれる。やがて音楽が流れ始めた。

「これがイエメンの音楽さ」ラムズィが心持ち、胸を張る。サーミイが笑顔で戻ってくる。音楽をかけに行っていたのだ。その音楽は、簡素な打楽器の使い方がアラブよりむしろアフリカを連想させる、陽気な曲調だった。いわゆるアラビア音階で切々と歌いかけるようなものを想像していた僕には少々意外で、同時に無知の強みで新鮮な感興を覚えた。

「おもしろい、おもしろいなあ。イエメンの、どこの曲?」と訊けばラムズィが、なにか僕の耳には難しいアラビア語で答える。一語ずつ書きとって確認すると、なんのことはない、それは質問への答えではなく「あなたには好奇心と知識が備わっている」との感想だった。

　そうだ、こういう空間が欲しかったんだ!　再訪時に漠然と期待していたものの姿を、現実が見せてくれていた。食事を終えた韓国人の先客が、店員女性になにか言っているのが後ろの席から聞こえる。満足気に、イエメン料理の好印象を伝えているものらしい。やがて僕にも料理が運ばれてきて、野菜と鶏肉をふんだんに入れたサフランライスが香りをのせた湯気でさかんに手招きしている横に、別の器が二つ。それぞれスープとドレッシングだが、スープがドレッシングで、ドレッシングがスープでも、どっちにしたって口の中でまぜて食してうますぎることに変わりはない、と、これではほめてるのかなんなのか、作り手に失礼かもしれないが、つまりはそれくらいの美味でありごちそうだった。

二人は午後いちばんに外国人庁の面談があるとのことで、僕が平らげるとすぐに席を立った。自分のコーヒー代を払おうとするのを止め、おごらせてもらった。サーミイは明日もこの店で働いてると言うから、昼また食べにくるよと約束した。雑談の中で二人を〝ビスボル〟つまり野球に誘ったが、残念ながら断られた。

腹はふくれたし、この店ができた経緯を聞いておきたい。女性店員のイ・エスさんは語る。

「店は先月オープンしたばかりです。今日は来てませんが、もう一人女性がいて、彼女、ワルダが始めたんです。ワルダは音楽家で、五月にイエメン難民が大勢済州島に来たと知って、スタジオを開けて彼らを住まわせました。お付き合いをするうちに、イエメン人が働けて、アットホームになれるところを作りたいと考えるようになって、そうしてできたのがこの店です」

「いい話ですね。そのワルダさんは、どこの方ですか？」

「韓国人ですよ、済州の人です」

「でも名前が、花って意味のアラビア語ですよね」

「ああそれは、イエメンの友だちがそう呼んでるんです。本名はハ・ミンギョンさん」

イさんは卵形にととのった顔をほころばせた。イエメン人たちもなかなかやるなあ。自分らを助けてくれた女性に、言葉の花でお返しをしたのか。彼らは日常の詩人である。

腹ごなしをかねて、史跡の三姓穴《サムソンヒョル》に向かった。済州の神話で三神人が誕生したとされる穴が残されている。この三神人は島での住まいを分けるにあたって一人一本弓矢を射て、刺さったところを自分の領地としたそうだ。史跡が残る広大な植物園には資料館があり、アニメ映画でその伝説が再現されていた。こういうダイナミックな神業は、どこの国でも気持ちがよい。

そこに向かう途中、「三姓穴文化の道」というゆるやかな上り坂を歩いていた時のことだ。街路に展示の要素を持たせるのは韓国ではめずらしくなく、この道では、片側の塀いっぱいに「済州五賢」の肖像と簡単な紹介、それに彼らの詩文が刻まれていた。五賢とは、李氏朝鮮時代になんらかの理由で本土から済州に来て、この地の文化発展に寄与した五人を指す。前にも触れたように済州は流刑地だったので、五賢の中にも刑として来島した者がいる。

そのうちの一人、桐溪鄭蘊《トンゲチョンオン》(桐溪は号)の七言絶句の前で立ち止まらずにいられなかった。日本でいえば安土桃山時代から江戸時代初期にかけての人物で、王の後継者をめぐる政争を受けて一六一四年に済州に配流されたそうだ。初めて知る人物だが、彼が済州島で詠んだ漢詩は初見で心に訴えかけてきたのである。

寒梅莫恨短枝摧
我亦飄飄越海来
皎潔従前多見折

寒梅《かんばい》恨むなかれ短枝《たんし》摧《くじか》ると
我また飄飄《ひょうひょう》と海を越えて来たり
皎潔《こうけつ》、前より多く折らる

只収香艶隠蒼苔

ただ香艶《こうえん》を収め蒼苔《そうたい》に隠せ

ひともとの梅花の枝よ、折られたと恨みなさんな。私だって郷里から切り離され、海を渡って来たのだ。清くけがれのないものがよく折られるのは世のならい。ただその艶と香を大切に、育ち始めた蒼い苔とともにかくまっておきなさい。

文脈をおぎなって訳すとこんなところだ。作者は流刑になって来たのだが、本人は悪政のもとでの罪は罪ではないと確信している。むしろ正しいからこそこうなったのだ、と、美しさゆえに手折られて壺に活けられた梅の花に語りかけつつ、自らに言い聞かせているのだ。

彼らのためにあるような詩ではないか。アラビア語に訳してイエメン難民に聞かせたい、と大それたことを思いついた。しかし三姓穴の公園をゆっくり見てまわってホテルに戻る頃にはとうてい無理だと気づき、その代わり部屋で机に向かうこと十五分、一枚の紙にレストラン・ワルダまでの略地図と、アラビア語で一文したためた。

「アラビア料理が食べたいのなら、ここでおいしいハラルフードが食べられますよ！」と。

その紙をロビーに持ってゆき、キム社長夫妻に見せ、サンルームに貼っていいか訊ねる。

「ああ、『ワルダ』ね。イエメン人はもうみんな知ってますよ」

そりゃあそうか。

後で調べたところでは、鄭蘊は済州で暮らすこと十年、新たな王の即位とともに、名誉回復成って本国へ帰還を果たした。その史実も含めてあの梅の花の絶句は忘れられないものとなった。イエメンの仲間たちは支援者のミンギョンさんに花の名前で報いた。そんな彼らにもまた、済州の歴史は一篇の詩を通じて、花の名前を用意していたのだ。あなたたちも手折られた梅の花だ。ぐれるなよ、荒れるなよ、自棄《やけ》になるなよ、自分の最良の部分を大事にしてゆこう、と。

## 六、切りとられたサナア

いささか文芸づいたあとはスポーツだ。夕方、ホテルのサンルームにイエメン人がいたら連れてゆこうと思って出かけたが、今日はまだ、誰も来ていない。しかたないから独りで例の「スクリーン野球」をやりにいき、一本、飛距離一二二・五メートルのホームランを打った。

受付の男性が「野球好きなんだねえ」とホームラン賞の缶ジュースをくれた。これはもうなんとしても誰かと楽しみを分かち合いたい。再び仲間を求めてホテルに向かうと、一人のイエメン人が歩いてきた。やや下がり眉で、愁いを含んだ理知的な顔立ちの青年だ。冬のイエメン人に多いダウンジャケットや厚手のジャンパーではなく、スタンドカラーのコートを細い身体にまとっている。この界隈のイエメン人は、もはや一度どこかで会った前提で話しかける。

「やあ、調子はどうだい。いっしょに野球を、ビスボルをやらないか？　おもしろいぜ」

なんだか弱小野球サークルの勧誘みたいだ。あるいは『ＭＡＪＯＲ』聖秀学院編。彼、マジードは表情を変えず少しだけ考え、「レッツゴー」と乗ってきた。

西の島とはいえ冬の日脚は早く、すっかり暮れたクリスマスシーズンの大通りを並んで歩く。

「野球はやったことある？」

「ないよ。よく知らないし」

「スポーツはなにが好き？」

「イエメンでは、サッカーをよくやったなあ」

「なら大丈夫だ、きっと楽しめる」

適当なことを言って、わずかに不安がめばえた。日本でも韓国でも、野球は人気のスポーツだ。けれども、客観的に見れば相当に複雑で奇妙なこの球技は、知られていない国々ではとことん知られていないようだ。スペインがそうだった。イエメンも、そうなのでは？

目的の映画館に着く直前、マジードの携帯電話が鳴った。ちょっと待って、と足を止め、英語で話し始める。一分ほどで通話は終わった。

「マレーシアの知り合いからさ。仕事を紹介したいって言うけど、いま済州に住んでるから無理だよね。代わりに友人を紹介しといた」

ビザなし渡航が制限された結果、マレーシアにとどまらざるをえない者も大勢いるのだろう。

「君は、仕事はなにしてるの？」

「探しているところ」

マジードは遠い目をした。だめだめ、その目じゃボールは打てない！　肩を落とすのはバットを構えてからだ。その場合は「がっかりする」ではなく「リラックスする」なのだ。

「さあ着いたよ」

カップルでにぎわう映画館のビルに入り、その中で一種独特の閑古鳥が鳴く三階へ上がった。

「また来ましたよ！　今度は友人を連れてきました」

こわもての受付男性が、笑い出しそうな顔をした。さっき出て行ったばかりの外国人客が、新たな外国人を連れて戻ってきたのだから、どんだけ好きなんだって話だ。

「ホームラン競争でいいね。一回サービスしとくよ」

ありがたい。なにも知らなそうなマジードを連れて個室に入る。個室は待機場所とバッティングケージとが金網で仕切られている。

「それじゃまず僕がやるから、そこで見ててね」

僕がケージに入ると、なぜかマジードもついてきた。そしてスクリーンに映る、片手に巨大な手袋をはめた人物と、足元に置かれた白い五角形を物珍しそうに見比べている。野球を知らない者の眼を想像すると、投手がゴールキーパーのような存在に見えてこないこともない。

さいわい、足元のペダルを踏まない限り投球が始まらない仕組みになっている。

「なにが始まるんだい？」

「あの人がボールを投げてくるから、それを打つんだ」

白状すると僕はこの状況を楽しみ始めていた。『ニンゲン観察バラエティ　モニタリング』のような番組が長きにわたって人気を博す国から来た男の道徳なんてたかが知れている。と言うと卑下がすぎるが、マジードがどんな反応をするのか見たくてたまらないのだ。

左のバッターボックスに立ち構えると、マジードは右のバッターボックスそばに移動する。

「危ないから、ネットの裏にいたほうがいいよ」

バックネットを指さしたが、マジードはなお警戒心ゼロで、数歩はなれただけ。百聞は一見にしかずだ。ペダルを踏んだ。長く待たされていた投手がふりかぶる。白球が飛んでくる。

「うわあ！」

僕が始球式の流儀さながらに空振りし、ボールがクッションで鈍い音を立てるのとほぼ同時に悲鳴が聞こえた。マジードは背中をまるめ、ケージのすみっこまで飛びのいていた。

「なんだこりゃ？」

一瞬、戦争の記憶に触れてしまったかと心配しかけたが、彼の場合はただただ未知の体験に驚いている様子。かわいらしくさえあり、意地の悪い日本人はなぜか得意げに諭《さと》す。

「だから危ないって言っただろ？」

「ほんとだ、危ないな」

「危ないよ！」とこれは第三者の声、受付の男性が血相を変えて飛びこんできた。

「二人で入っちゃだめだ。君は出てなさい！　デンジャラス！」

モニター画面で観ていたものらしい。まさにモニタリング。マジードはおとなしくケージを出た。仕切り直しだ。残りの九球を、説明しながら打ったり空振りしたり。打つと画面が切り替わり、飛距離が表示される。「なるほどなるほど」とマジードは熱心に見ている。

「これは使わないの？」

壁にかかるヘルメットを指して訊ねる。その存在を僕は忘れていた。

「僕は要らないけど、君は使うといい」

マジードはさっそく一つ取り、頭にかぶった。

そしてマジードの番になった。これはすごい。彼は右打ちだ。最初の素振《すぶ》りは、まったく腰を使わない、完全なる初めて振りだった。成人男性が、ここまであからさまに初めて感をあらわにした運動ができるとは。カルチャーショックの自打球を胸にくらった感じだ。今度は僕もケージ内に残って、ごく簡単に、振り方を教える。それからさっき打ち損じて転がってる球を拾い「練習しよう！」と横からトスしてやる。するとまた一驚。うまく当てるではないか。

「うまいぞ！」

「もう一球！　もう一球！」

またトスすると、これもコツンと当てる。初めてでこの精度は、それなりにたいしたものだ。集められるだけの球をトスすると、いよいよ本番。僕はケージを出る。一球目、空振り。正面から向かってくる速い球に、また身体が縮こまってしまった。空振りを繰り返す彼は、しかし真剣そのものだ。やがて振り遅れ気味に当てた。よし、と思わず大声が出る。

「いいぞ、ボールが見えてるね。だけどこっちに飛ばすんだ」と、両腕でフェアゾーンを示す。

「オッケー」と答えたものの、またファウルだ。それでもバットの位置は着実に合ってきている。ついに前に飛ばした時は大喝采だ。ゴロだったが、マジードも満足気だ。

残り球が少なくなった頃、マジードがタイミングよく打ち返した球は、念願のフライとなってフェアゾーンに飛んだ。スクリーン上では白球が右中間に、ぐんぐんぐんぐん伸びてゆく。八十二メートル！

これがマジードの初野球・初打席最高の当たりになった。

「一気にうまくなったね。手、痛くない？」

「だいじょうぶ」

次はまた僕の番。この時は調子がよく、ホームランを三本飛ばした。よしよし、慣れてきたマジードがどこまで追いすがるか。彼が再びバッターボックスに立つ。ところが、そこでゲームは終わってしまった。あちゃー、大失敗。一回サービスと言っていたから二人に二打席ずつと思っていたら、三人一打席ずつに設定されていたようだ。

「ごめん、勘違いしてた」

打ち気満々だったマジードは、ヘルメットを脱いだ。

「いや、いいよ。ナイスゲームだ！」

「よかった。もう覚えたんだから、他の友だちにも薦めてやれるよ」

「うんうん、教えてくれてありがとう」

スポーツの余韻をにじませるマジードの顔を見て、なぜか泣けてきそうになった。

「君たちは毎日忙しかったり不安だったりするかもしれないけど、時々はこうやって遊ぶと、発散できるんじゃないかな」

「うん。いまは仕事を探しているところだけど、お金があって時間もあるときはぜひまた来ようと思う。こんなの、知らなかったらまず行かないからね。本当によかった」

「これで一回五千ウォン」

「えっ、そんなに安いの？」

クールな印象のマジードが、表情を変えた。チャミスルの小瓶一本半くらいの値段だ。

受付でホームラン賞の缶ジュースをもらった。マジードに渡そうとすると「勝ったのは君だろう」と遠慮する。「さっき飲んだから」と押し返すと、礼を言ってさっそく飲み始めた。

いっしょに遊んで、友情の流路が太くなったのを感じていた。マジードが用事に行くまでの間、雑談を交わした。彼は情報系を専攻していたそうで、プログラマーをやりたいと言う。

「だったらさっきみたいなゲームは、よけい面白いんじゃない？」

「そうだね、ああいう技術もいいな。けど僕はウェブサイトを作る仕事がしたいんだ。君はどうしてアラビア語を勉強してるの？」

「アラビア語圏の世界が知りたくて。ほんとはもっと旅行したい。でもイエメンもシリアも行けるような状態じゃなくてかなしい。イエメンは、美しい国なんだろうね」

「だった﹅よ。いまはめちゃくちゃだ」

故国の美しさを過去形で縛るこの返事は、他のイエメン人の口からも聞いていた。

「いつか行きたいな」

「僕もだ、いつか必ず帰りたい」

「君がイエメンに帰れる時は、僕が旅行できる時でもあるのかな」

「だね。しかも君はここでイエメン人の友だちがたくさんできたろ？　歓迎するよ。済州にはいつまでいるんだい？」

「明日日本に帰る」

「さびしいな。また会えるのを願ってる」

握手を交わし、別れた。雑踏に消えてゆくマジードの細い後ろ姿を見送る。名残り惜しく、「スクリーン野球」のある階に視線をやった。

よく見ると「実際よりさらにおもしろい野球」とうたい文句が記されている。

なるほど、その通りかもしれないな。


翌日は帰国の日だ。市場をまわり、土産物を買い漁ると、あとは出発までの一時間あまり、ワルダレストランで過ごす。残念なことに、社長のハ・ミンギョンさんはこの日も来ていなかった。四時に来る予定とのことで、その頃はもう機上の人だ。

モハメド・アミーンが作るおいしい料理を、今日はがっつきすぎずにゆっくり食べる。韓国人の若い女性グループが来ており、ウェイターのサーミイと韓国語で談笑している。

「イエメンのことが知りたいのでしたら、サーミイが教えてくれますよ」

仕事が落ち着いた頃、イ・エスさんが言った。首都サナア出身のサーミイは照れ笑いを浮かべ、僕の席のそばに立つ。店内にジャンビヤが飾られていることは前に述べたが、その隣には、ガラスケースに入った風変わりな置物がある。岩山と一体化した、砦のような建物の模型だ。

「これはダール・アル・ハジャル（岩の宮殿）。サナアの近くにある、昔の王の宮殿だよ」

食事の済んだテーブルの上に置いてくれた。岩山の上にほとんど足場を設けずそのまま垂直に建てられている。スペインにもカサ・カルサーダ（吊り家）といって断崖と壁面がつながるように建てる民俗建築の様式があるが、それに似ている。ただしこちらは、模型でもレンガ造りを強調しているのがわかる。そして各階に連続する窓のアーチは例外なく白く、太めに縁どられている。サナア近郊の観光名所だそうだが、この建物自体は、どこかで見た記憶がある。

「見事なものだなあ。あっちにも、たくさんあるね」

入口付近の棚には、同じダール・アル・ハジャルの、だいぶデフォルメされた置物が大小さまざまに並んでいた。タッチが絵本めいて、かわいらしい。

「うん、でもこれ、この門は違うよ」サーミイは嬉しそうに、真ん中の置物を指さした。精巧に作られた模型で、石材とレンガで作られた城門らしいことが見てとれる。

「これはどこの門？」

「サナアだよ。僕たちの首都は百年前には小さな町だったんだ。その頃のメインゲートがこれさ。それからどんどん周りが発展していったけど、この門はいまでも保存されているよ」

「ああ、サナアの旧市街！　世界遺産の」

世界最古の街と呼び声の高い、あの街だ。それでわかった。以前に写真で見ていたサナア旧市街の建物とダール・アル・ハジャルとは作りがよく似ているのだ。当地の伝統建築の様式を、かつての王が宮殿に応用したのだろう。その土産物を門のまわりに配置して、今度はサーミイたちが旧市街を、故郷の誇りを、幅二十センチにも満たない棚板の上に建て直したのだ。なんという望郷の表現か。さっきまで、取り寄せられたイエメングッズを雑然と並べただけに見えたその置物たちが、一つの、あふれんばかりに情のこもったコンポジションのもとに立ち上がる。そして僕はサナアっ子のサーミイに案内され、空爆がないこの街を訪れる。

昨日はひかえめだったが、今日のサーミイはよくしゃべる。イエメンの話をする時など、ノリノリだ。さらにはスマホを手に、伝統服を着た自分の写真も見せてくれた。

「想像の中でイエメン旅行してるみたいだ。君もこうやって故郷を思うことがあるんだろう?」

「うん。時々……いや、よく考えちゃうけど」

サーミイは不意に黙り、大きなガラス窓の外に視線を投げた。路地の向こうには、なにもかも根こそぎ破壊された後のようにも見える発掘調査地が横たわっている。

世界遺産・サナア旧市街の城門

「なんでこんなことになっているのか、本当にわからないんだ。戦争ってどういうものか、本やテレビや歴史の授業で知ってはいた」

サーミイがこちらを向き直った時、彼の目はうるんでいた。

「知ってたはずだったけど、なにも知っちゃいなかった。本当に、なんにも！　実際に始まって初めて、戦争ってやつを思い知らされたんだ。いつになったら終わるのか、どうしたら終わるのか、なにもわからない」

泣き声になるのを懸命にこらえているようだった。厨房で、アミーンとイさんが洗い物をする水音が聞こえる。

「終わるよ。きっと終わる」

それしか言えない。

「戦争が終わったとしても、それからが大変で……」

「その時こそ君たちが頑張るんだし、頑張れるんだ」

ここぞとばかりに、僕の考えを説いた。つとめて明るく、前向きに、戦争とはどういうものか知っているつもりでおそらく本当はなにもわかっちゃいない僕が、強がって、元気づけようと、けしかけるように。サーミイは真剣に、そして不安げな面持ちで聞いていた。不安上等だ。プレッシャーに感じるくらい、リアルに、戦後復興を考えられれば。

ほどなくして笑顔が戻った。大の大人が人前で泣くか泣きそうになるかして、そのつかの間の過去をぬりかえるように作る笑顔というものを、日本でもまれに見かけるし、僕自身見せたことがあると思う。それと同じ表情の変化が、あった。いま泣いたカラスがもう笑う、という諺《ことわざ》は、相手への気づかいを表現するのにも使えるのではないだろうか。

別れの時間が迫っていた。国際線に乗りにゆくには遅刻気味になっている。

「帰っちゃうなんてさびしいよ」サーミイは英語でアイル・ミス・ユーと言い、続けて韓国語でなにかつぶやいたが、僕には聞き取れなかった。彼の実用韓国語はもう、僕より上級だ。

「僕もだ。でもまた会えるよ。それに、平和になったらイエメンに行くんだし」

「その時はすぐ電話するよ！『モシモシ〜、レッツ・ゴー・トゥ・イエメン！』て」

サーミイは電話を耳にあてる仕草をしておどける。

「あれ？　日本語知ってるの？」

二人のやりとりをモハメド・アミーンとイさんが微笑ましげに見ている。

「韓国語の授業をスタジオで受けてた時、先生が『電話に出る時はヨボセヨーと言います。日本語の場合はモシモシです』と言ってて、それで覚えたんだ」

ミンギョンさんが難民のために宿舎として開放したスタジオのことだろう。イさんが言った。

「今度来る時は夕食にも来てくださいね。きっとミンギョンさんに会えますよ」

「はい、済州に来る時は必ず寄ります」

三人に重ねて礼を述べ、入口にある愛おしいサナアの街に目礼して店を出た。

二日後、二人のイエメン人が初めての難民認定を受けた。一人は元新聞記者の男性だった。

## 七、済州の春

年が明けて間もない頃、モハメド・アミーンからSNSを通じて結婚式の招待が届いた。ワルダことミンギョンさんと、レストランでコックをしている彼、アミーンが結ばれるのだ。

ミンギョンさんとはまだ電話でしか話したことがなかったが、ワルダレストランのくつろいだ雰囲気といい、韓国人の男性スタッフがいない環境といい、ぼんやりとだがロマンスが芽生えそうな予感はあった。それにしてもこんなに早く、すんなりと結婚までこぎつけるとは。

未婚の僕には、友人知己の結婚はだいたいどれも偉業に思える。しかもアミーンの場合、国際結婚なだけではなく、人道的滞在許可取得者という弱い立場の男性と済州市民の女性との、境遇を超えた結婚だ。

おまけに式の会場には、済州の郷校《ヒャンギョ》をとっていると言うではないか。郷校とは李氏朝鮮時代に置かれた儒学の教育機関だ。韓国を自転車旅行した時、各地でなるべく郷校を探し、訪れるようにしていた。日本で寺社めぐりを好む方には、まずお勧めできるスポットだ。

その郷校で挙式するということは、韓国の伝統に則って行うのだろう。めでたいし、興味深い。行くしかない。お祝いの品を用意して済州島へ飛んだ。

夏、冬と経験して、三度目のこの時は春の済州。桜が満開で、空港から、すっかり馴染みになったオルレ観光ホテルまで花見がてらのんびり歩いた。それでも一時間足らずで着く。

受付にはちょうど社長夫妻がそろっていた。あいさつもそこそこに、明日の結婚式の話題になった。それから僕の来訪を知って、マジードが友人とともに寄ってくれた。春を迎え、みんな元気そうだ。無事仕事を見つけ、いまはオレンジ農園で働いていると言う。

「野球は、やってる？」

「いやあ、あれ以来やってないよ」

マジードはすまなそうに苦笑いを浮かべた。

それからワルダレストランで食事をし、閉店後に新郎のアミーンたちと屋上でだべった。

アミーンといっしょにレストランで働いていたサーミイは、少し前にソウルへ移ったそうだ。会えなくて残念、と思っていたら「明日結婚式で会おうぜ」と連絡があった。

いったいどうやって来るというのか。

そりゃもちろん、ふつうに飛行機で来るに違いないが、彼らはほんの半年前まで出島制限という超法規的措置を受けていたのだ。その身軽さは心地よい不意打ちをくらわせた。

あくる日は春の晴天で、なまあたたかい風が表へ誘う、乗り物を使うのが惜しい気候だった。

桜並木のある街路を選んで式場まで歩いた。済州郷校は大通りに沿って黒ずんだ石塀を長々と這わせていた。瓦屋根の大成門をくぐると、広大な芝地に、紫のテーブルクロスをかけた円卓がならんでいた。式はここで行われるのだ、青空の下で！

一時間も早く着いたが、すでに三々五々と人が集まっていた。まだ髪が生え途中の、くっきりした顔だちの赤ん坊が僕のほうへ歩いてくる。見た目の幼さのわりに、足取りは堂々としている。前の晩に紹介された、モハメド・アルガーディーの長男坊だ。この子のかわいさと人懐っこさは度を越していた。受付の長机に手をのばし、キャンディーを一つつまむと、僕にさしだしてくる。すでにアラブのもてなし文化を身につけているみたいだ。あっちへこっちへと好奇心と体力まかせに移動する姿を見ていると、自然と顔がほころんでくる。

父親のモハメド・アルガーディーは仲間と立ち話をしていた。彼はスーツを着こなし、他のイエメン人たちも心なしかおしゃれをしてきているようだ。

「アミーンは？　まだ来てないの？」

「向こうで準備してるみたいだよ」

「明倫堂」の額を掲げた韓屋が建っている。朱塗りの柱に、今日の気分ならターコイズブルーと呼んだほうがしっくりくる垂木や栈戸を配した美しい伝統建築だ。北側の部屋をのぞいてみると、あざやかな紫の韓服で正装したアミーンが膳の前に座っていた。聖徳太子のような冠をかぶり、彫りの深い顔に緊張をにじませる彼の姿は、時代劇から飛び出してきたみたいにさまになっていた。なにか重大な決意を迫られている若き太守といったところ。顔なじみのイエメン人二人が、こちらは白い従者用の服を着て、写真を撮りに来た人々に愛想をふりまいている。

いつしか僕は緊張し始めていた。アミーンの身になってではなく、期待度マックスの映画やコンサートがまさに始まろうとしている時のような緊張感。

間もなくリハーサルを経て始まった「婚礼之儀」は事実、なかなかお目にかかれないすばらしいライブとなった。

芝地に用意された円卓はイエメン人、韓国人、その他多国籍の客ですぐに埋まった。百人以上集まったのではないか。僕はマジードの隣の席についた。

礼服を来た司会者が読み上げる手順に従い、新郎のアミーンが部屋を出る。両手で胸の高さに布をひろげている。表が赤、裏が青の布で、それをぴんと張った姿勢を保って歩かねばならない。赤と青の色は式場のあちこちに使われていたし、新郎の一行を先導する男女一組の花童《ファドン》と呼ばれる子どもらが掲げる提灯もこの二色だ。青が男を、赤が女を表すものらしい。

「新郎が新婦の家に到着いたします」

一行が明倫堂の南の部屋に近づくと、司会が言った。それを聞いて、この儀式のなんたるかを理解した。昔は新郎が新婦の家まで迎えにゆき、式を挙げたそうだが、その道行きを郷校の敷地内で再現しているのだ。新婦の家の前に着くと、仲人に当たる男性がおじぎをし、キロギ（雁）の置物を〝新郎の父〟に手渡す。これは仲のよい夫婦の象徴だ。

それから家に上がり、新婦の両親と対面する。キロギが相手の父親に渡され、アミーンは祭壇の前に膝を折ってぬかずく。その後、二人の侍女に両脇を支えられ、奥の部屋から新婦のミンギョンさんが姿を現した。古式に結った髪に金の冠をつけ、赤い晴れ着を着た彼女は、両手で大きな白い布をかかげている。布には花柄の刺繡が躍り「二姓之合」と記されている。

二つの家族の結合を意味するこの文字が、ちくりと胸を刺す。アミーンの両親はイエメンにいて来られないので、ミンギョンさんの知人が代役をつとめているのだ。

礼をかわした新郎新婦とその一行は家を出て、客席の真ん中に敷物で渡された花道を、ふだんの半分くらいの速さで歩き、天幕の下に作られた祭壇へ向かう。拍手がわき起こる。バックにはのどかなアリラン音階の曲が生演奏で続く。

司会の言葉はすべて韓国語で、通訳はつかない。そのため、我らがイエメン人の友たちは反応が遅れたり、そもそも反応できないことが時々あった。最初に笑いが上がったのは、アミーンが二人の執事とともに祭壇の前に到着した時だった。

「ストップ！」

昔の士大夫《したいふ》がかぶる冠を頭にのせた司会の男性、アドリブで言っちゃった。

特におもしろかったのは新郎新婦が祭壇をはさんで対坐し、お神酒《みき》をささげる時だ。それぞれの執事が箸でおつまみをとって新郎新婦の顔の前にかかげる。手順ではあくまでかかげるだけらしいのだが、アミーンのコンビは、はいアーンして、パクリ、の要領でホントに食べてしまった。「あら、食べちゃったわ！」とミンギョンさんの親戚も大笑いだ。

あらゆる粗相《そそう》は笑いになる、大らかな空気のもとで進んだこの婚礼之儀は、やがて古式からフリースタイルに移っていった。二人を祝福するのにかけらほどの邪心もなさそうな難民仲間たちは、なにがきっかけとなったのか、口々にはやし立て始めた。キスしてみせろ、と。二人がリクエストに応えると、ひときわ大きな歓声が巻き起こる。口の前で手をパタパタさせてホロホロホロと、鳥と猿が混じったような声ではやし立てる者もいる。

新郎新婦がお色直しに出かけしばらくすると、スピーカーからイエメン音楽が流れはじめた。

飲み食いを楽しんでいた仲間たちは一人、また一人と前に出てゆき、踊りを披露する。イエメン文化の華、フォークダンスだ！　初めて生で目にするそれは、花いちもんめとかごめかごめを合わせて、足さばきをはるかに繊細にしたような、楽しく、粋で、愛嬌《あいきょう》あふれる踊りだった。幼い坊やが連れてこられ、踊りだすと、みんな大喜びでその愛らしい姿を見守る。

季節風が吹いていた。

彼らのはるか遠い先祖が親しんでいたに違いない、富と幸をもたらす交易の風が。二千年以上前から、Arabia Felix――幸福なアラビア――と呼ばれていた人々の、本気の、本来の、本然の姿を目の当たりにしていた。ここはどこ？　済州島の、郷校内に、イエメンの大地が横わっていた。その大地に、彼らのステップは愛情たっぷり呼びかける。

「久しぶり！」

いきなり後ろから両肩をつかまれ、ふりかえると笑み満面のサーミイがいた。

「久しぶり！　どうやって来たの？」

「空港から、タクシーで直接」

「よく来たなあ。今日は泊まってくんだろ？」

「いや、今日の飛行機でソウルに戻るんだよ！」

トンボ返りなのだ。ソウル市民のごときその忙しさを、いくらか得意に感じているようだった。サーミイ以外にも、式に出るため本土から来ていた人は少なからずいたようだ。

その中に素敵なゲスト、という表現がぴったりの青年がいた。紺のスーツをまとった長身の彼の姿を遠目に見た時、肌の色からも髪の色からも韓国人の若者、それもちょっとしたイケメンだな、とだけ思い、特に気にとめなかった。ところが宴が盛り上がるにつれて、彼は自然と注目の的になっていった。ダンスが得意で、色んな踊りが飛び交う中、アイソレーションを利かせたヒップホップを披露して喝采を呼んだかと思えば、イエメン人さながらに声をふるわせてはやし立てたり、とにかくノリがよく、華があるのだ。

多幸感のるつぼと化した宴にかきまぜられるうち、この青年と話をする機会を得た。彼は九〇年代に祖国の混乱から逃げてきたスーダン人男性と韓国人女性との間に産まれたハーフだった。にこやかに出自を教えてくれた彼に、礼を述べずにはいられなかった。

「会えてうれしいです。だってあなたは、あの二人の将来を約束してくれるような人だから」

聡明な彼は僕の言いたいことをすぐに理解してくれた。彼の故郷は父にとっては異郷だ。しかしそれもすでに、新たな故郷になりつつあるのではないか。そして人生は続く。

イエメンの伝統衣装に着替えた新郎新婦が戻ってくると、盛り上がりは最高潮に達した。アミーンは頭にマシャッダを巻き、ベルトには例のジャンビヤを吊るしている。幾何学模様の刺繍が入ったドレス姿のミンギョンさんの手を握り、仲間たちの歓声をゆうゆうと浴びる。もうとっくから、イエメン・ダンスには僕ら多国籍客も見よう見まねで参加している。

サーミイが煙草を吸いに敷地の外へ行くので、グラス片手に付き合った。通行人の中年男性が門からしきりにのぞいている。そりゃあ音楽も歓声もだだ洩れだから、気になるだろう。

「結婚式やってるんですよ。済州の女性と、イエメン難民の男性が結婚したんです！」

客引きのように愛想よく宣伝すると、男性は「それはよかったですねえ」と破顔した。済州難民事態、などと騒がれていた頃から、およそ十ヶ月。この事態の落ち着くところ、というものがあるとすれば、通行人男性の笑顔がそれを象徴しているようではないか。

式は締めらしい締めもなく自由に続き、残るも自由、帰るも自由、参加者がだいぶ少なくなった頃、大雨になった。僕らは明倫堂の軒下に身を寄せた。刺す勢いの雨が郷校の芝を濡らしてゆく。四角い眼鏡がよく似合う、インテリ肌のアルガーディーがミンギョンさんに言った。

「結婚式に雨が降るのは、イエメンでは縁起がいいことなんだよ」

アラブの短刀。抜いた時の姿は映画『アラビアのロレンス』を参照のこと

# 間奏曲・転位のための覚書き

## I　個人的な体験より

兄はチェロを弾く。数年前に大きな病気をやり、その後のリハビリを兼ねて始めたようだが、もともと音楽の素養があるため上達は早い。正月などでさいたま市内の実家に帰る時は楽器を背負ってきて、なんらかの楽器をたしなむ家族と重奏するのが恒例になった。

二〇一九年十二月のとある土曜日のこと、兄が泊まりに来るから暇だったら顔を出すよう、母から連絡があった。夕方着いてみると、兄はいつものように居間でチェロの練習をしていた。教室で学ぶ曲とは別に、バッハの『無伴奏チェロ組曲』にも手を出していた。これこそパウ・カザルスが史上初めて弾きこなし、独奏チェロのレパートリーに導いた不滅の傑作だ。

さらにはどこかの市民オーケストラに入り、ベートーヴェンの『第五』を練習していると言う。『第五』なら、僕はざっと六割程度は覚えているので、チェロパートを聴くだけでも記憶の総譜が反響し、〝ロオケ〟で加勢する。実家に来れば、なにかしら音を出す兄弟なのだ。

「そうだ、演奏する曲あとで伝えとかなきゃね。決まってるの、教えて」

母が兄に訊ねた。なんの話題か前置きもなくいきなり切り出すのは母にはよくあることだ。

「うん、まず『愛のあいさつ』なんかお正月っぽくていいかな。あとはバッハの『アリオーソ』と。発表会のリハもかねて、ドヴォルザークの『ユモレスク』も入れようか」

そこまで聞いて事情を察した。

「どっかでリサイタルやることになったの？」

「そうなのよ。ばあさんのホームで」

母はうれしそうに顔をしかめる、得意の表情を見せていきさつを教えてくれた。

この日の昼、兄は母とともに老人ホームへ寄り、入居して二ヶ月ほどになる祖母と会っていた。祖父母の中でただひとり健在なのがこの母方の祖母、〝与野のおばあちゃん〟だ。兄はチェロを弾いて聴かせた。祖母は以前から、兄の奏でるチェロの音色が好きだった。ただ好きなだけではなく、最初の孫である兄が大病から還って間もなく弾くようになったこのずんぐりした楽器に、お守りのような力を感じていたのかもしれない。

老人ホームの一室で朗々と奏でたものだから、職員の方が聞きつけて、すばらしい、正月にチャリティーコンサートをやるからぜひそこで弾いていただきたい、と話が進んだのだった。

「だったら僕がギターで伴奏するよ。編曲して、練習しとく」

僕はいちおうクラシックギターを学んでいる。楽譜も書く。これはつまり、がんばればクラシック曲の凝った伴奏に近づけられるということだ。兄にもすぐに意図が伝わった。

「私にもウクレレ弾かせてよ」

老後の楽しみでウクレレに励んでいる母までその気になっている。こうなると、ちょっとしたトラップ合唱団だ。この手の出し物は、バランスが大事。僕たちはクラシック曲の他、お年寄りもよろこんでくれそうな、なんなら歌ってもよいような曲を決めていった。

明けて元旦。ギターを持って実家に行った。外出許可を得た祖母も来て、みんなでお節を食べる。九十二歳になる祖母は前年のレコード大賞が『パプリカ』に決まったことをしきりに怒っていた。一世紀近くも日本の芸能を見守ってきた彼女には子どもだましに思えたようだ。それから兄と僕は軽く練習した。懸念していた音量の差はデメリットにはならない。やはり伴奏が入ったほうが気持ちよく弾ける、と兄は満足気だった。

二〇二〇年はこうして始まった。あの二〇二〇年は。


正月は忙しかった。二週間後には、週刊誌の取材で韓国・ソウルへ飛び、帰国の翌々日はもう、新春慰問コンサートだ。午前中に何度か合わせ、家族で昼食をとってから、三人の楽団員は車で老人ホームに行った。

会場にはすでに大勢の入居者が集まっていた。半分近くは車椅子で、止まるとそのまま座席になる。おかげで椅子の方々よりも間隔がつめられるようだ。お年寄りの聯合艦隊、といった印象だ。郷土史のフィールドワーク的なことを少しでも経験している者にとって、この光景は宝の山。これは僕の造語だが、〝オトシヨリエンタリズム〟を刺激させられるのだ。この人たちはみな、とほうもない時間を生きている。絶対になにか、貴重な体験を蔵している、と。

職員のはからいで、祖母はステージの脇に用意された特等席に座らせてもらった。

満員になった。五十人はいるだろうか。ふだん着のままの兄が中央に座り、チェロを構えてあいさつと曲紹介をする。一曲目はエルガーの『愛のあいさつ』。チェロとギターの二重奏。

おっと！　出だしが走りすぎた。でもまあなんとか、ごまかして続行。

観客に恵まれ、演奏は好評だった。しめは母のウクレレも加わって『ふるさと』を演奏する。もちろん、みなさんごいっしょに。ぽつりぽつりと、歌声があがる。

終演後、対バンの人たちと別室でお茶をいただいていると、「セキヤさん」つまり祖母がごね始めたと職員が伝えにきた。兄のチェロをもっと聴かせろと、ステージにいすわっているのだ。なだめにゆくと、「そりゃもっと聴きたいわよ」と当然の権利を要求する口ぶりだ。

「また弾きにくるから、今日はもう部屋に戻ろ？」

とりつくろうつもりなど少しもなかった。この時は兄も僕も、再訪を当然のこととして考えていたのだから。次のリサイタルの可能性も加えて。じゃあまたね、元気でね、と、感情を湿らせやすい祖母にもいつもどおりに淡白なあいさつをして老人ホームを後にした。

それからひと月と一週間後、老人ホームが告知を出した。似た内容のものはその頃さかんに目にするようになっていた。みなさんの身のまわりでも、きっと。

「現在、新型コロナウイルス感染症が国内にて拡大しております。このため、入居者様の安全を確保するため、当面の間施設への入館および入居者様の面会を『一時中止』と致します」やがて蔓延してゆく価値観にあっては、ここに書いてきた経験など、一言で片づけられる。あの会場、密だったね、と。

## II　進歩に対する抵抗その一・移動礼賛

やれやれ、また進歩させられてしまうのだろうなあ、我々は。

コロナ禍が始まった頃、僕が抱いた危機感をやんわりとまとめると、こうなる。ちょっと、なに言ってるのかわからない、かもしれない。中継地点を設けよう。

二〇一一年三月十一日に発生した東日本大震災からの復興の過程で、岩手県や宮城県の沿岸部には、高さがベルリンの壁の二倍以上は軽くある防潮堤が建設された。もちろん、震災の教訓を活かして、大津波に備えて、だ。行けばわかるが、こうした補強工事がなされた海岸では、ほとんどの場所で海が見えなくなっている。

将来起こりうる大津波の被害をなるべくおさえることを最優先課題とするなら、沿岸部の防御力はこの目標に向かって確実に進歩したと言えるだろう。ところで、あの震災の直後から僕が抱いていた、何層にも積み重なった心配や懸念や恐怖や危機感やアイディアやらの中の比較的分厚い部分を占めていたのは「よりによって美しいところばかりがやられてしまったな。どのような復興が望まれ、目指されるのだろうか」という問題意識だった。

祖母のふるさとが松島の北、鹿島台《かしまだい》ということもあり、宮城県とは縁が深い。高校生の頃に自転車旅行の快楽を最初に、追い風の南風とともに吹きこんでくれたのは、仙台にいたる国道6号線だった。山元町を走っている時に、一つの美の典型がむき出しになって横たわり、金の稲穂を毛並よく風になぶらせている景色に酔い、旅のなんたるかを啓示的につかまされた気がしたものである。震災後は沿岸部にヘドロかき等の手伝いに行き、美しいところばかりがやられてしまったという思いをいよいよ強くしたのだった。この情緒までを引き受けて復興するとなると、よほど繊細な手つきを要する。

これは決して行きずりの、旅行者の、住人を無視した想いの押しつけというわけでもない。濱口竜介・酒井耕監督の東北ドキュメンタリー三部作には、〝復興〟前の住人の希望もしかと記録されている。例えば福島県新地町に住んでいた若い姉妹の間ではこんなやりとりが交わされる。妹が「できればあれ（巨大防潮堤）にして欲しくはないんだよね。できれば海を感じられるようにして欲しいなと思って」と言えば姉が「やっぱり、海と山があっての新地町だから」と応じるのだ（映画『なみのおと』二〇一一年より）。

結局、海が見えないどころか感じられないほどの壁を築いて、復興した。

復興？　いや、復スルの語はそぐわない。進歩させられたのだ。目的合理的に。東北地方の太平洋沿岸部はそれ以来、常時マスク着用を義務づけられている。危険な海に対する、マスク。

中継はここまで。

新型コロナウイルスの世界的な流行が始まった頃、僕は自分の生活や家族の心配と並行して、このパンデミックから芋づる式に、あるいは火事場泥棒的に、あるいはいやおうなく、ひきおこされるであろう進歩に対する危機感を募らせていた。

人間社会のさらなる情報化。そしてそれと二人三脚で、人間存在の予測可能性と管理しやすさへの信仰が、より端的に言えば情報技術信奉がますます育ってしまうのではないか、と。

けっこうなことではないか、と思う人はおおぜいいると思う。しかし僕はそうした変化を歓迎しない。第一回の緊急事態宣言の時は僕にとって（他の多くの人にとっても、おそらく）未知の感染症への警戒心がいちばん強かった時期だったが、それでも、本当に怖れていたのはこのパンデミックを契機に人間社会が大きく変えられてしまうことだった。

人々はネットでつながれる、物質から自由になれる、VRを使えば移動せずに別の場所を体験できる、サイバースペースに移住しよう。情報技術の急速な発展にともなって耳目を集めるようになったこの手の笛を吹き鳴らして人を連れ出そうとする現代のハーメルンの笛吹き男は、信じてやっているにしろ戦略的にやっているにせよ、今後ますます説得力を持つことだろう。

だが騙されないで欲しい。自然科学をよく知らず、技術の進歩に受け身となった人々は特に。

かく言う僕は、原発事故が起きた時の総理大臣じゃないが「俺はもともと理系だ！」なのである。それも、漠然とてっぺんを狙って東京大学の理科に入ったわけではなく、中学生の時にはすでに惑星間航行の実現を目標に定め、しかし重力に抗して物質を動かす技術の発展が頭打ちになっているから、ロケットに変わるまったく新しい技術のきっかけとなる理論を究明するつもりで物理学者を志していたのだった。

その一方、物理学者の庄野直美が編纂した『ヒロシマは昔話か』などの本を読み、自分の夢である物理学が応用の果てに加担させられた人類史上の大罪にショックを受け、「僕が立派な科学者になって大発見をしても、こんなふうに恐ろしい兵器に応用されてしまうのではないか」と、とらぬ狸の皮算用の壮大な心配ごとを、無邪気な孫悟空の頭をしめる輪のように折にふれて意識するようになっていた。中学生でもこの程度の葛藤は抱いていたのだ。

ひるがえって現代の、情報技術の啓蒙家たちは、無邪気すぎやしないか。

情報技術が万能に感じられるとすれば、それは得意な土俵が用意されているからそう感じさせられているだけである。パンデミックで勢いづく社会のデジタル化推進論者は、

「デジタル技術によってユーザーの手もとにお届けできるのはせいぜい視聴覚的な刺激にとどまり、触覚や嗅覚への刺激をつくることさえ、手軽なデバイスではいまだに困難です。ましてや食べ物を運ぶことなどできません」

とか、

「CPUの処理速度は過去三十年でいちじるしく上がりましたが、新幹線の最高速度はほとんど変わっていません。手もとのデバイスの進歩や変化がいちじるしいからと言って、人間生活のあらゆる場面において科学技術が急速に進歩しているわけではないのです」

とかいったふうに、謙虚なメッセージを発してはくれない。それどころか、「これからはリアルとデジタルの境がなくなる」式にあおる者のなんと多いことか。

VRがさらに進化すれば、ここにいない人と会えるようになる。なるほど、では相手がどん

な香水をつけているか、嗅いでわかりますか？

ＡＩが人間を超えそうだ。なるほど、ではＡＩにはど忘れの能力もあるのですね？

Google先生に訊けばなんでもわかる。はいはい。じゃあ訊きますが、僕の母の中三の時の担任の先生のあだ名は？

ふざけているわけではない。この質問一つで、例えばGoogle先生とやらがいかに無知か、あるいはいかに恣意的に、強権的に、有益な情報とそうでない情報を分けているかを考えるきっかけにはなる。いずれの発展も、それがたいそうなものに見えるとしたら、目的を設定してその物差しの上で進歩させているからにすぎない。

ところが物質世界の現実は、無目的なのだ。先に僕は中学時代の夢を略述したが、当時はプログラミングも独習しており、簡単なアクションゲームや弾道計算のシミュレーションを作って楽しんでいた。画面の中でキャラクターがちゃんと落下運動をしているように見せるためには、プログラムのループの中に加速度の要素を書き加えなくてはならない。うまく書くと、ジャンプや落下のリアリティが増す。この時僕は地球上の動きに近づけるという目標に向けてプログラムを進歩させている。それは単純に、楽しい作業だ。知的達成感も味わえる。

しかし現実に火星旅行の実現という夢を抱いていた僕は、白々しさも感じていた。画面内ではもっと自由に動かせるのに、なぜわざわざ、僕らを束縛する重力の真似をするのだ、と。

地球上では常に重力が作用している。それには目標も目的もない。結果的に十分な大気がひきとめられ、生物を育んだかもしれない。我らが地球の、公転面に対する地軸の傾きにも目的はない。それが結果的に、日本も含めた広範な地域に季節の変化をもたらしたのだ。ＩＴ信奉の啓蒙家は言うだろう。高度な物理エンジンを搭載した、現実とそっくりのミラーワールドを作ると。それは建築など多種多様なシミュレーションにはまちがいなく有効だろうが、現実世界と等しい価値を持つなどと喧伝されても、信じてはいけない。目的の集積から再現された世界と、無目的な世界とではそもそも等価になるわけがないのだ。

しかもその手の過大な情報技術信奉は、物質を動かすことへの畏怖も敬意も持てない物質音痴、移動音痴を育ててしまうおそれがある。お守り用に、質問二つと注文一つを置いておくから、ＩＴを誇大評価する現代の宣教師が来たらぶつけてやるといい。

質問一、あなたはデジタルの水で渇きを癒やしたことがありますか？

質問二、あなたはデジタル米で飢えを満たしたことがありますか？

注文一、ミラーワールドで作物が実ったら、まっさきに味見させてください。

最初の緊急事態宣言が出されて間もない頃には、物流に献身するトラックドライバーの方々が「コロナを運ぶな、国が自粛って言ってるだろ」などと罵声を浴びるなど、嫌がらせを受ける事件が報じられた。県外ナンバー狩りも、各地で報じられた。一億何千万人かいるうちのごく一部の者による狼藉《ろうぜき》だと思いたいが、この人たちの正義は異端でもオリジナルでもなんでもない。在宅勤務やデジタルシフトを推奨する大合唱に呼応して生じた、ごく〝ふつう〟の正義感だ。ここで言う〝ふつう〟とは、四月の中頃に東京都が、自粛生活の心得を伝える名目で発表した『コロナ対策　東京かるた』の「さ」の札に見られる意味において、である。

在宅の勤務がふつう　令和の時代

パンデミックを追い風にした情報技術信奉の陰で、人や物の移動は、過小に評価され、さらには忌避されるであろう。日々の移動から、たまの旅行、そして亡命者や難民たちの逃避行まで、すべての移動が。だがしかし、仮に仕事も会話も、水と食料の受け取りもすべて在宅でまかなえるまでに情報技術とそれにひもづけされた物流インフラが整備されたとして、移動はほんとうに不要なのか？

原体験からふり返ってみたい。

移動の魅力を味わうのに、幼い頃暮らしていた大阪府茨木《いばらき》市高田町二十一の八、のわが家は特典つきの立地にあったと言える。ここは町のちょうど隅っこにあった。そして家の裏側は、かなりの落差をおいて、通称〝どぶ川〟が流れ、その向こうには畑地帯が広がっている。裏の畑、と呼んでいたそこは格好の遊び場で、特に犬を飼い始めてからは散歩でよく行くようになった。ところがそこへ行くにはどこかで川を渡らなければならない。正規の橋までは距離があるので、僕たちは途中の、二枚の板を重ねて架け渡した即席の橋を渡っていた。五つ上の兄はその細い板を、立ったままトントントンッと渡ってしまう。しかし僕は怖いので、またがってうんしょうんしょと渡る。ところがそのうち、板を二枚にはがせることに気づいた。はがして横に並べると、幅広い立派な橋になる。その上をべコべコと歩いて渡ると楽ちんだ。

そうして橋を渡って広大な畑地帯をしばらく歩くと、川を隔てて自分たちの家の裏側と再会するのである。そういう位置関係なんだから当然だが、後にさまざまな家で暮らしてみると、こうした散歩体験ができる住まいは稀だった。出かけた先で自分の家を眺めるには、坂の多い町とか湾曲する海岸線に沿った町とか、お洒落な地形のアシストを必要とする。高田町のこの家は、どぶ川一つでそれを実現していた。

ある日曜日の朝、子どもたちで裏の畑に散歩に行くと、怪我をして飛べない鳩がいた。助けてあげたいけどどうしたらよいかわからない。ちょっと歩くとわが家が見える地点だったので、そこまで運んで、大声で親を呼び、餌になるものを投げてもらった、なんてこともあった。

この町で暮らしたのは小学校の一年までで、その後は埼玉県に引っ越してしまった。だからこそ、六歳までの空間移動の、開拓の記憶がかなり純粋に保存されているのだと思う。ハレー彗星の大接近を迎えたのも、父の初の海外出張があったのも、昭和天皇の崩御を聞いたのも、積もるほどの雪を初めて経験したのも、この町でだった。


引っ越してきた埼玉県の浦和市（当時）は、幼女連続誘拐殺人事件の渦中にあった。新天地は、最寄のディスカウントストアで容疑者がビデオテープを購入したとかなにか、そういういわくつきの地域だ。集団下校を命じられるようなことはなかったが、「知らない人についていっちゃダメ」の類の注意は口を酸っぱくして言い聞かされた。誘拐という犯罪への恐怖は当時の子どもたちの心にかなりなまなましくすりこまれていたと思う。

知らない人についていっちゃダメ。思えばこれこそが、わが人生に現れた、予防思想の先兵だった。もちろん僕たちはだいたいにおいて、時には過剰なくらい、この言いつけを守った。

やがて犯人がつかまった。この事件をきっかけに地域社会が予防信仰を奉じて進歩する、といった事態にはならず、登下校の形も、児童の持ち物も、制度面やテクノロジーによる変化は一つもなかった。大人たちは着実に警戒を解いていったし、子どもたちはその後も、あやしむ時はあやしみつつ、知らない大人とコミュニケーションする術を学んでいった。

その頃住んでいたのは浦和市のはずれで、荒川に近い代わりに本屋、おもちゃ屋といった商業施設へは遠く、子どもたちの間では自転車が必需品だった。土手には「海まで38・0㎞」と書かれた柱が立っており、冒険心のある子どもを遠出の楽しみに誘っていた。こうした環境で育ち、地図を読むのがどんどん好きになり、近所で遊ばない時は自転車であてもなくさまよっていた。時には知らない人に道を訊ねることもある。

ある日のこと、家から二キロ以上はなれた本屋に行こうとしていつもと違った道を走り、転んでひざを擦りむいてしまった。日常茶飯事の擦り傷よりも出血が多めで、その時点で家から一キロ以上離れていたこともあり、なんとかしたほうがよさそうだった。超がつくほど泣き虫だった僕は(ちなみにこの〝超〟という表現は埼玉に来て覚えた)、しかしその時は泣かず、自転車を押してよその町をうろついた。とある家の生垣をすかして、水道と、庭いじりをするおじいさんの姿が見えた。ランニングを着て、細い腕に血管が浮きあがっているのが祖父に似ていて親しみを持ったのかもしれない。引き返してその家の門前から声をかけた。

「転んで血が出たので水で洗わせてください」

おじいさんは僕を庭に招じ入れ、濡れ縁に上げてくれた。僕は言った通り、水道さえ貸してもらえればそれでいいと思っていた。ところがおじいさんは傷口を洗い、マキロンをふきつけ、大きめのガーゼをはるという、保健室さながらの手当てをしてくれたのだった。まだ愛想笑いを覚えていなかったし、おじいさんはおじいさんで子どもを過度に子どもあつかいするタイプではなく職人的に処するといった様子で、違う状況だったら怖い人と受けとったかもしれない。手当てを終えると「これでよし、気をつけて行きなさい」と送り出してくれた。ありがとうございました、と頭を下げ、少しかさばる膝を伸ばしてペダルを踏みだした。

「人を見たら誘拐犯と思え」に近い警戒態勢から始まった浦和での生活は、「渡る世間に鬼はなし」へと大きく傾いていった。

その後中学、高校と大きくなるにつれて遠出趣味は旅行好きへと高じてゆく。そして旅行の、ひいては移動の楽しみの大事な部分は、偶然の出会いや発見にあるという確信を、毎回毎回新たにしてゆくのだった。


二〇二〇年春。

うちにいると一日に二度、役所のアナウンスが聞こえてくる。風に転げて頼りないその声は不要不急の外出をひかえるよう呼びかけているようだ。知らない人どころか、知ってる人ともうかつに会ってはいけない世の中にさせられつつあった。

直接会わなくてもよい、会うために移動することもない世の中をつくるのに、情報技術はもちろん貢献している。僕の生業においても、リモート取材がめっきり増えた。ところがオンライン化によってなくなるのはウイルスを授受する可能性だけではない。一人の人間が、とある対人コミュニケーション（仕事でも学習でも遊びでもなんでもよい）をとるために行っていた移動の過程がオンライン化によって削除されると、その移動に付随して起きていたかもしれない出来事が生じる可能性もいっさいがっさいなくなる。

靴擦れを起こしていた可能性、交通事故にあっていた可能性、満員電車の中で圧迫されていた可能性、長時間の移動で疲労していた可能性などなど、いっさいがっさい。どれもこれも歓迎すべき出来事ではないから、感染リスクとともにその可能性を絶たれてめでたしめでたし。けれども一方では、好ましい出来事が生じる可能性も絶たれてしまう。

小学生の頃、下校中に四万円ひろった経験がある。それはまったくの幸運だったが、他の子どもや大人ではなく、同じニュータウンに住む僕たち五人の仲間が見つけたのにはそれなりの理由があった。二月二十四日のことである。知的に少々ませていた僕らは、二・二六事件のもじりで二・二四事件と呼んでいたからいまでも正確に覚えているのだ。

冬が終わりに近づいていたので、よくザリガニとりをしていたドブの様子を見ながら歩いていて、むき出しに水面に散らばっていた四枚の福沢諭吉に出会ったのだった。そのドブは通学路の歩道の反対側にあり、わざわざのぞいて歩く人は稀だ。春の先ぶれをドブ川に探すつもりだったのが、四万円見つけてしまった。多少風がある日だったのでどこからか飛ばされてきてドブに落ちたのだろう。

結局、僕ともう一人が代表して交番に届けにゆき、手続きして半年経っても持ち主が現れなかったのでめでたく山分けとなった。一人八千円だ。お小遣いが五百円ほどだった頃の八千円。とかくに実益を求めがちな世相に配慮して、あえて現金収入のあった出来事を例に挙げたわけだが、これが〝好ましい出来事〟の典型例というわけではもちろんない。移動すると、こうした偶然を招き入れる余白が広がる。偶然である以上、狙っては得られないが、趣味と経験によって多少は左右できる。勝負師がつきの配分や流れを読むことで使いやすくできるように。

新型コロナウイルスに感染させたり感染したりする可能性は、出歩くことで生じるこれら多種多様な可能性の一つにすぎないのだ。

## Ⅲ　進歩に対する抵抗その二・諦めと偶然愛

この時期、つまり最初の緊急事態宣言の前後にかけては、奇妙な注意喚起がテレビでよく見られた。例えばある晩ニュースを観ていたら、どこかのクリニックの先生がＳＮＳで発したコロナ対策がわかりやすいと紹介されていた。

「人の体にはペンキがついているとイメージしてください。電車内で、人が座ったシート、人が握ったつり革にはペンキがべったりとついています。すると触る気にはなりませんよね」

正確には忘れたが、イラスト入りでそんなアドバイスをしていた。うっせえわ、と言いたくなった。試しにやってごらんなさい。人を見たらペンキ。自分の身体もペンキ。触れた箇所にはすべてペンキ。イコールウイルス。「バリア！」とか「えんぴ（えんがちょ、の埼玉県浦和方言）！」とか唱えてる小学生じゃあるまいし、そんな想像を続けて生活して、何日もちますか？ それよりは人それぞれの肌感覚において、あんまりベタベタされたところはちょっと怖いな、とか、さっきまで人が座ってた席だけど、今日は疲れてるしこの先けっこう揺れるし座っちゃおう、とかアドリブで判断するだろう。世間ではデマばかり糾弾されるが、この手の有益ぶったアドバイスが人々の気を滅入らせる（少なくとも僕はげんなりした）貢献度というものも少しは考えてもらいたいものだ。

ここまで綴ってきたことは、イエメンから戦火を逃れてやってきたあの難民たちの境遇と無関係ではない。それどころか、パンデミックと難民騒動（より広く、移民、外国人問題まで含め）、二つの事象は互いが互いのヒントになる。済州島で難民反対運動を展開する人々にとって、「イスラム教徒の彼らを入れると犯罪が増える」はコロナ禍で僕たちが聞かされた、これこれを許可すると感染者が増える、と同じくらいシビアな予測だった。マジードやアルガーディーが働くオレンジ農園の経営者にとって、彼らの来訪は予期せぬよろこびをもたらしたかもしれない。アミーンたちのおかげで済州の人々はおいしいイエメン料理を味わえた。彼らに救いの手をさしのべたミンギョンさんは、当初そんなつもりはなかったろうが、新たな家庭を築けた。こうした人生の果実が、コロナ禍中の、不要不急とそしられる移動からも大粒小粒さまざまに育っていてもおかしくはないのだ。

また、これはある春の日の気象情報で。

「これから夏になるとマスクをしていて息苦しい、つらいと感じることがあるかもしれませんが、そういう時は、人の少ない所へ行って、マスクをはずし（ここで身ぶりを入れる）、一休みするようにしてください」

そんなことを、お天気キャスターらしい華やぎのある口調で言っていた。まだ二〇二〇年の四月かそこらの話である。いやだね、とつぶやいた。マスクの苦痛を認識していながら、感染リスクを抑えることを絶対の優先事項として「つけて当然」とする圧力に恐怖を感じた。

この頃僕が詠んだ本歌取りの一首。

マスクとる　つかのま夏に口づけし　夢捨つるほどの病なりしや

本歌は寺山修司の「マッチ擦るつかのま海に霧ふかし　身捨つるほどの祖国はありや」だ。地球を愛することにかけて、僕はグレタ・トゥンベリを上回る自信がある。経験と知識と実感を総動員して愛する。そして経験と実感のほうの窓口には、日々の呼吸も当然あるのだ。

わが人生に少なからぬ影響を及ぼした仏詩人ランボー。彼のごく初期の作品を拙訳で。

夏の青い夕暮れ時、僕はこみちをゆこう

麦にちくちくつつかれて、短い草をふんで
夢見心地で、足にさわやかさを感じながら
はだかの頭を風がなぶるに任せて。

ことばはなく、考えもなく、けれども
終わりない愛が魂をのぼってくるだろう
そして遠くへ行くんだ、ずっと遠くへ、ボヘミアンみたく
自然の中を——　女と連れ立つようにしあわせに。

問一：この詩の「僕」はマスクやフェイスシールドをつけているでしょうか？
つけていないだろう。

ひるがえって、コロナ禍の夏は？　本当にあの気象情報が推奨するように、基本的にはマスクをして、四十六億年の生を持つ地球が惜しみなく与えてくれる大気との隔てない逢瀬を楽しむ際にはいちいち人目をはばかって、最近十数年の喫煙者の方々とおなじくらい肩身の狭い思いをしながらすーはーすーはーしなければならないのか？

近代のあらゆる戦争がその前後にイデオロギーの形成と伝播をともなうように、コロナとの〝戦い〟も明らかに、ある種のイデオロギーにかりたてられている。その全容を究明すること

はできないが、核となる、そして僕が最も警戒し、抵抗する思考の様式は抽出できる。

人生における因果関係の単純化。これだ。

毎日毎日、新規感染者数の発表に続けて「そのうち何名は感染経路がわかっていません」と報じられていた。正しげな方々には悪いが、僕は感染経路が不明な割合が高まりゆくのを、さもありなんと歓迎して見ていた。接触感染、飛沫感染、それに空気感染の可能性も疑われていた新型コロナウイルスの場合、いつ、どこで、だれから、あるいはなにから、感染したかなど、累積陽性者数が増えれば増えるほど追えなくなって当然なのだ。

ところが「特定できるものだ」という頭が切り替えられなかったらどうだろう。勝手に感染経路を特定する人も出てくるだろう。感染の、原因を。それはそんなに難しいことではない。「どうせ飲んで歩いてたんだろう」「マスクしてなかったんじゃないのか」「変な店行ったんじゃないの？」などなど。なんとでも解釈できる。

ここに、因果関係の単純化が誘発される。すべては「後から思うとあの時だったのか？」でしかないがために。歴史と同様に。

そして歴史上の、複数の事象が絡まり合って起こるとある事件について、因果関係を正確に特定することはこれまた困難どころか厳密には不可能なのだ。

アメリカの社会学者で応用力学の博士号も持つダンカン・ワッツは、彼流の物語批判に満ちた『偶然の科学』（青木創訳）の中で歴史の性質を次のように説明している。コロナ前の著作だ。

……歴史の説明は、よくできた物語と同じように、興味深い事柄に集中し、多種多様な原因を軽んじ、起こったかもしれないが実際は起こらなかったことはすべてなおざりにする。やはりよくできた物語と同じく、一部の事件とその関係者をめぐる動きに注目してドラマ性を強調し、それらに特別な意義や意味を植えつける。そしてやはりよくできた物語と同じように、よくできた歴史の説明も筋が通っていて、複雑、偶然、曖昧よりも単純明快な決定論を重視しやすい。

少し先では「心理学者はさまざまな実験をおこない、単純な説明のほうが複雑な説明よりも正しいと判断されることを明らかにしている」と述べている。新規感染の原因づけにあたって人々は日ましに「単純な説明」や「よくできた物語」、「複雑、偶然、曖昧よりも単純明快な決定論」にすがるようになってはいないか。

むろん原因の特定は、(歴史の物語が未来を考える際には教訓となるように)予防の手段として応用される。感染症でも交通事故でも誘拐でも、予防は大切だ。だがその手段と度合いによって犠牲にするものが大きい場合は、さじ加減を考えねばならない。マスクの着用は、飛沫感染の予防にいくらかは有効だろう。かと言って、夏のうだるような気候の中、我慢大会さながら着用し続けるほどのものでもない、と、これは僕の肌感覚から言える。

なによりも恐ろしいのは、因果関係の単純化と、それと対になる、予防行為への信頼の強化がいきすぎて、「人間の能動的な対策によって、あらゆる災難は回避しうる」という驕《おご》り高ぶった思想が広まり、強まり、定着してしまうことなのだ。情報技術信奉もこの思想と軌を一にしている。この考えが現実社会の説明として正しいとされる社会は、そのように設計された社会でしかない。いくつかの目立つ目的を優先して管理される社会、タグづけされていない事象、「偶然」を、なるべく排したがる社会であろう。

煎じつめれば、そこには他者がいなくなる。他なる者は、ウイルスを運んでくるかもしれない。危険思想を運んでくるかもしれない。悪意を持ってあなたに近づいてきたのかもしれない。だが僕たちはそもそも、心の底におおらかな諦めを宿して生きているのではなかったか。

東西両世界の哲学的な蓄積を吸収し、「偶然」の研究に取り組んだ戦前の哲学者・九鬼周造《くきしゅうぞう》は、『「いき」の構造』の中で僕たちが漠然ととらえている「いき」なるものを三つの要素に分けて説明している。第一に、異性に対する「媚態《びたい》」。第二には「意気」つまり「意気地」。これはいま風に俗っぽく言えば、勇気が近かろうと思う。いずれもコロナ禍の生活様式とは反りが合わなそうだ。だが決定的に重要で、なおかつ「いき」をはなれて広く人間性一般にも当てはまりそうなのは三番目の要素である。

「いき」の第三の徴表は「諦め」である。運命に対する知見に基づいて執着《しゅうじゃく》を離脱した無関心である。(中略) そうして「いき」のうちの「諦め」したがって「無関心」は、世知辛《せちがら》い、つれない浮世の洗練を経てすっきりと垢抜した心、現実に対する独断的な執着を離れた瀟洒として未練のない恬淡無碍《てんたんむげ》の心である。「野暮は揉まれて粋となる」というのはこの謂《いい》にほ

かならない。（傍点原文）

西洋文学が好きな方はダンディズムを想起するかもしれない。実際、九鬼はこの論文の後半でボードレールを引いてその近しさを指摘しつつ、「いき」が女性にも及ぶのに対し、ダンディズムはあくまで男性向けにとどまると両者を分けている。その通りであろう。

なにも人みな「いき」を目指すべしなどと主張するつもりはないが、感染予防至上主義という形で「現実に対する独断的な執着」が蔓延させられている時、九鬼の思想は反抗のよりどころとして、いかなるウィズコロナ論者、ニューノーマル論者の言葉よりも僕を勇気づけてくれる。さらに。引用した部分に「運命に対する知見」という言葉があるが、九鬼の考える運命とは、主著『偶然性の問題』によると「偶然が人間の実存性にとって核心的全人格的意味を有《も》つとき、偶然は運命と呼ばれるのである」とのことだ。彼がラジオ放送を通じて行った講演「偶然と運命」（『九鬼周造随筆集』にある）でも、言葉をやさしくしてほぼ同様の定義がなされている。そしてその講演では、ニーチェを紹介した上で「人間は自己の運命を愛して運命と一体にならなければいけない」と語っている。すくなくとも「諦め」については、「いき」を目指す目指さないにかかわらず、広く人間が備えるべき態度としてすすめているのだ。そうして偶然性とは何かというと、「一者と他者の二元性のあるところに初めて存するのである」。

おそるべき感染症が流行している。その流行はいつまで続くのかわからない。だが、いつまで続くにしろ、そしてそれによって社会がどう変えられてゆくにしろ、諦めと、好運への意志を持って、偶然の前にひらけた岸辺であり続けたい。この島国がそうだったように。

新しい生活様式など、慣れるのをボイコットする。

ああ、それにしても！

世間では消毒液やPCR検査やワクチン開発やデジタルシフトやらと、なにかにつけて〝理系〟の活躍ばかりが期待され、もてはやされ、許されて、人文学的想像力は標語やプロパガンダや演出についやされるばかりで、畏縮し、窒息の危機にあえいでいるかのごとしだ。好ましいことと言えば、アマビエやクタベなどの民間信仰が脚光を浴びたくらいか。

だがこのうんざりするような期間、僕を救ってくれたのは、いかなる新技術の展望でもなく、古今東西の文芸の言葉たちだった。若者よ、どうか富も旅も経験した大人たちにだまされないでおくれ。コロナ禍が僕らの社会になにか実りをもたらすとしたら、それはデジタルシフトや規制緩和の加速などではない。それ自体では米粒ひとつ動かせない情報技術を信奉する、前の世代にかどわかされることなく、力をも入れずして天地《あめつち》を動かす歌を、ことばを鍛えていって欲しい。そして偶然との遊び方を学んでゆくことだ。

コロナ禍が、真になにかのチャンスになるとしたら、僕は自信をもってこの分野を推薦する。けれどもなんと心細いことか！

などと嘆いているうちにも、大いなる逆転劇が進んでいたのである。

## Ⅳ ようこそ、アクリル板の向こうへ

最初の緊急事態宣言が解除されて間もなく、文字通り間もなく、間髪いれず、飲みに出かけた。北浦和にある行きつけの飲み屋の店内は、二辺のカウンターとテーブル席が三つ。そのいずれにも、高さ四十センチほどの透明な板が置かれていた。

約束していた友人が到着した。都内に職場がある彼は、コロナ禍でも基本的には「都道府県をまたぐ移動」を朝晩に繰り返す日々だ。透明なアクリル板の向こうに座った彼が、宣言明けのよろこびを笑顔ににじませて、なにか言った。友人の笑顔の手前には、うっすらと自分の顔がうつり、声の届き方が見た目よりもわずかに遠く聞こえた。その感覚に記憶が刺激された。

「これ、あれだ。あれ思い出しました。収容所の面会室！　まあ向こうのはこんな小さいものじゃなくて、壁から壁までアクリル板で隔てられてるんですけどね、こっちと、あっちと」

この友人にはしばしば自分の仕事や旅の話を聞いてもらっている。虚を突かれたように額にしわをつくって聞いていた彼はすぐに話題をつかみ、まだ少し遠い声量で言った。

「あ、収容所と言うと、外国人の方の収容所？」

「そうですそうです！　牛久《うしく》の。いますごいんですよ。僕が行った時は三百人以上閉じこめられていたんですが、もう百人未満に減ってるそうです。仮放免がどんどん出されて」

「え、それはどうして？」彼の声量も上がってきた。

「コロナですよ！　一部屋に四人も五人も閉じこめていたら〝密〟になるでしょ？　それで。あんだけかたくなで、許可基準が意味不明だった入管が、コロナであっさり方針転換！　ざまあ見ろって感じですね。あ、生ビール二杯お願いします！」

僕たち日本人が自粛という名目で自由を制限されてゆく中、収容所に入れられていた外国人は相対的な自由を増していた。これこそコロナ禍がもたらした貴重な朗報だった。

茨城県牛久市にあるその収容所を初めて訪れたのは、コロナ禍が始まる一年前の一月のことだった。柏原氏が最初にその施設を話題にした時の言葉はいまでも正確に記憶している。

「あそこ、やたら人が死んでるんですよね」

牛久にゆく、牛久に連れてゆかれる、それは在留資格のない外国人にとっては絶望を意味する。東日本入国管理センター、通称牛久入管、もしくは牛久入管収容所。ここには超過滞留や難民申請の棄却などの理由で在留資格を持たない外国人約三三〇人（二〇一八年十一月時点）が収容されている。収容者は一日のうち十八時間半を、五人や六人の部屋に閉じこめられて過ごす。わずかでも外の空気に触れられる運動場の使用は、四十分間に限られている。病気や怪我でも、まともな診療は受けられない。外の世界に出る手段は二つ。母国への送還に応じ帰国するか、仮放免の許可を得て、束縛だらけの自由を手にするか、だ。難民申請者をはじめ、母国に帰れない理由がある者は送還を拒む。すると粘り強く仮放免申請を出し続ける他、外に出る手段はないが、認可基準も不透明なままここ数年厳しくなり、長期収容者が増えていた。

二〇一八年の四月には、インド人の難民申請者ディパク・クマル氏が仮放免の不許可を知らされた翌日に、シャワー室でタオルで首を吊って自殺した。三十二歳だった。

その一年前の三月には、ベトナム人男性のグエン・ザ・フン氏が居室で亡くなった。死因はくも膜下出血だった。以前から兆候はあり、苦痛を訴えていたにもかかわらず、職員は適切な医療処置を施さなかった。医療崩壊を待たずとも、命の選別は行われているらしい。

その他にも収容者の自殺や、診療が受けられなかったための病死が多発している。収容者たちはしばしばハンストという非暴力的な手段で抗議を行うが、改善は見られない。クマル氏の死後わずか二ヶ月足らずのうちに、クルド人一人、カメルーン人二人、日系ブラジル人一人が自殺未遂をしている。この収容所は、悪質な民間業者や反社会集団が運営しているのではなく、れっきとした日本国法務省管轄の施設だ。

被収容者たちと外の世界との数少ない接点の一つが、面会だ。支援者たちはなるべく面会の足を絶やさないように努めている。申請書に記入して、受付に提出する。この施設の職員は、名前の代わりに数字と記号が記されたバッジをつけている。彼らが身分証をチェックし、記入内容に不備がなければ番号札を渡される。

しばらく待つと受付番号が呼ばれるので、ロッカーに荷物を預け、金属探知機をくぐる。面会にはカメラやレコーダー、それらを兼ねたスマートフォン等の持ち込みは禁じられているのだ。ここでも名なしの、いや名札なしの職員がチェックをし、面会室の番号を教えてくれる。狭く殺風景な廊下にドアが五つ並んでいる。五つの面会室のうち二つは弁護士用だ。

面会はアクリル板に真っ二つに区切られた部屋で行われ、一度に二人まで、持ち時間は三十分間。面会希望者が先に席につき、しばらくすると向こう側の扉がノックされ、職員に連れられて被収容者が入ってくる。

僕が面会を持った被収容者の中から、四人だけ紹介する。いずれも二〇一九年一月現在の状況で、会話はすべて日本語でなされた。

まずサルカさんとアントニーさん。二人は五十代のスリランカ人だ。アントニーさんはスリランカ内戦が続く一九九九年に、サルカさんはその三年後に、観光ビザで来日した。間もなく六十になるサルカさんは心臓疾患を抱えている。が、病院の診察を希望しても、中々許可してもらえないのがここのならわし。仮放免申請はつい最近九回目が却下されたところだ。収容期間は品川入管も含めてまる二年。一方のアントニーさんは二年三ヶ月だ。

この二人は「難民申請ができるよ」とロヒンギャの知人に教わり入管に出頭したところ捕まってしまった。重要なのは彼らがそれまで、資格がどうあれ、十年以上も日本で現に働いていた事実だ。サルカさんは溶接と工事現場の仕事。そしてアントニーさんは配管工だった。

「十年間は働いたな。十五人の研修生を教えていたこともある。だけどみんなちゃんと働かないんだ。私ばっかり頼られすぎていやになって、やめちゃったよ」

アントニーさんはたくましい顎と幅の広い鼻、台形型の額を持ち、その大ぶりな褐色の顔にやさしい眼を灯した偉丈夫《いじょうふ》だ。そんな彼が軽く笑いながら「頼られすぎ」た話をすると説得力がこもる。二人とも、自分の職能に自信を持っているようだ。サルカさんが言った。

「今度日本に新しく外国人を労働者でたくさん入れるって言ってるけど（入管法の〝改正〟を指す）、ここに入れられてる人たちを、どうして使わないの？　よっぽど仕事できるよ」


続いてまだ二十九歳のスリランカ人、ガヤシャンさん。前髪を額に斜めになでつけ、眉毛がきりっと上がったなかなかの男前だ。耳にはひし形のピアスが光る。子どもの頃から日本のゲームやアニメが好きで、長じて日本語の勉強を始めた。二十歳を過ぎた頃、日本への留学を決意する。背景には政治的な理由もあった。

「叔父が政治家で、僕も選挙などの手伝いをしてたんです。それで、このままだと危ないかなという気持ちがありました」

当時は長く続いたスリランカ内戦が終結した直後で、政情が不安定だったのだろう。留学生ビザを取って来日し、栃木県の日本語学校で学び始めた。日本語検定試験には一発で合格したと言う。ところがこの日本語学校が曲者だった。

「パキスタン人の上級生二人が、学費を払わずにいなくなっちゃって、そしたら学校側が、僕たちにすぐ四十万円払いなさいと言ってきたんです。頭金の四十万円は払ってるのに、話が違う、払えるわけがありません。ミャンマー人の友人とかはそのまま国に帰った人もいました。

僕はまず難民申請を出して、少し安心して、電話で『お金の信用がなくなったので学校やめます』と伝えました。そしたら翌日に入管の人が十七人くらい、部屋に来たんです。その時はパスポートにビザが残ってたから助かったけど……」

ガヤシャンさんはその後特定活動の半年ビザを取得して再出発した。日本人女性との結婚も果たした。だがある時、ビザの更新期限を十日間過ぎてしまう。

「なんとかならないか相談に行っても『オーバーステイだ、帰って帰って！』と追い払われました。だけどそこで帰っちゃいけなかったらしいです。友人は十五日過ぎて手続きに行ったけど、弁護士のアドバイスを聞いていたから、帰らずにねばってたそうです。そしたら五時前になって、職員が『お金持ってる？』て訊くから『はい、三千円あります』。それで、はい！スタンプ押してリノベーション（更新）」

その友人の話が事実なら入管の沙汰も金次第ということになるが、裏はとっていない。仮に事実だとしてもそんな裏技を使えなかったガヤシャンさんはあえなくつかまり、ここに入れられてもう二年。入管行政は、妻との愛もひきさいた。

「一年前に離婚しました。仮放免ですぐ出られたら別れなくてもよかったのかもしれませんが……。希望しても許可されないし、最後は二人で相談して決めました」

ガヤシャンさんは、結婚した日や離婚した日、収容された日などを、思い出そうとするそぶりもなく即座に口にできる。それらの年月日には、情念の手垢や指紋がべたべたについている。自由のきかない日々の中で、何度も何度もここ数年の自分の人生にふりかかった転機をふり返らずにはいられないのだろう。

収容所での日常を訊ねておこう。四十分の運動時間にはサッカーをするのが彼の日課になっている。運動以外では、一日二十分間の瞑想、読書。あとは「渋谷に住んでる女性と交換日記をしてます」。若さのおかげもあるだろうが、彼は明るい。こちらもつられてリラックスしてくる。その談笑じみた空気が一瞬凍りついたのは、僕がこんな軽口をたたいた時だった。

「君は男前だし、モテるんじゃないの？」

「いやそんなことないです。それに、こう見えても禿げてますよ」

真顔で言うと、額に流した前髪を上にかきあげた。頭部の丸みがはっきりとわかる。

「いろいろ悩み続けて、ある日シャワー浴びたら、胸にバサバサっと毛が落ちてきたんです」

彼は髪を戻した。それから読書の話題に移る。

「最近は『坊ちゃん』を、さしいれてもらったCDで聴いてます。声がきれいですね。聴いてると違う世界にいるみたいです。あとは漫画。漫画をなめちゃいけません。勉強になります。けっこう、この環境を有効に使ってますよ。あきらめたくないので」


最後に、この人のことを書かないわけにはいかない。

その男性、インド人のバルプールさんとの面会はそれまでとはまったく異なる展開になった。面会室に現れたバルプールさんは、黙って席についてこっちを見すえた。唇の上から顎の下まで見事な髭をたくわえ、頭にはオレンジ色のターバンを巻いている。鼻は高く、長く尾をひいた眉の下に見開かれた大きな目で、こちらをにらんでいる。

この時は柏原氏も同席している。つとめて和やかに自己紹介した。こっちは編集者で、こっちは書く人です、といった具合に。バルプールさんは大きく息を吐いた。

「メディアの人ってことね。メディアに出ても、なんも変わらないよ。それがびっくりなんだよ。メディアが伝えて、それで変わるなら話すよ？　だけどもう、何回も、色んな人が来て調べていったけど、ここから出られる人が増えたか？　僕たちの扱いがよくなったか？」

「あまり効果はなかったかもしれません」

静謐《せいひつ》な気迫におされて、素直に答えた。

「そうだろう」

「しかし自分たちが書くことで、少しでもみなさんの力になれればと思っています。ここで起きていることを多くの人々に伝えて世論が動けば」

目を見て話していると、彼は目を伏せた。この後もしばしばそうやって目を伏せ、ほとんど閉じているような表情になった。悲しい夢を見ている寝顔のようだ。

「日本では子どもが殺される事件があると、毎日毎日メディアが報じるだろう？　僕にも子どもたちがいる。日本で生まれて、上の子は大学生だ。だから子どもが死ぬ事件はよけいに悲しい。それはよくわかるんだ。だけど、ここに入れられてもうすぐ二年……」

バルプールさんは再び目を見開いた。

「こう思ってしまうんだ。事件で殺される子どもは、一回死んだらおしまいだろ？　じゃあ僕たちは？　僕たちはここで、毎日死んでるんだよ！」

部屋の中央は壁とアクリル板で仕切られているが、沈痛な空気はどちらの側にもおおいかぶさっていた。

それからようやく、基本的な質問を許してくれた。バルプールさんはインド・パンジャーブ州出身のシク教徒だった。「シク教のことは書くのもだめ」なほどの迫害を受けており、投獄され、出所後の一九九二年に日本へ来て難民申請した。しかし認定されず、その後はお定まりのコースだ。日本にはつてがあったわけではなく、ただいい国だろうと思って選んだそうだ。

「日本を選んだ理由は〝bad luck〟、運が悪かったとしかいいようがない。いっしょに投獄された友だちは、ベルギーやその他の国へ行って、いま国籍もらってるよ」

家族の生計は、シク教徒の国際的な団体からの寄付でまかなっている。奥さんは仮放免の身で、就業が許可されていないのだ。

「ここにきて八キロやせた。一年半前にインドで母が亡くなったけど、なにもできなかった。考えてみてよ？　高校生になる娘がいちばんの心配だよ。毎日子どもたちのこと考えて、毎日なにもできない。去年ここでインド人が自殺したのは知っている？」

「はい。お知り合いでしたか？」

「こっちでは別々だけど、品川の入管で会ったことがある。まだ彼の魂は怒ってるよ。僕だって、やりたい（自殺したい）。家族もいるし、死んだらだめだとはわかってる。だけど人間だから、どのくらい我慢が続くかわからない。毎日、死んでる」

シク教徒は剣を大事なシンボルとして腰にさすのだが、むろん収容所には持ちこめない。はじめ威厳と誇り高さを彼の風貌に添えているように見えたターバンや口髭は、ぎりぎりのところで生への意思を保つために、自身のアイデンティティと、あり得たかもしれない共同体の形見にすがりつく努力の結晶なのだろう。

それから一年半も経たないうちに、牛久の収容者数がおよそ五十人にまで激減したのだ。直接には支援団体の力によるものではなく、むろん我々「メディア」の手柄でもなく、もっぱら新型コロナウイルスのおかげで。収容者の数が五分の一から六分の一に減ったというのは、あの施設の内部を知るものにはたいへん合理的に納得できる。一部屋一人にしたのだろう。

もちろん僕たちは、たとえ最も自粛圧力が強かった頃でも、収容所に入れられた人々よりは自由だったろう。だが「あんな気の毒な人々になぞらえてはいけない」とするのは欺瞞《ぎまん》である。収容所に入れられている人々の内面のリアリティは、パンデミックによる規制が長引けば長引くほど、特に学生や若い人たちにとって、共感されうるものになるだろう。この半年は、なんだったのだろう？　この一年は、この二年は、この三年は……と。

僕の手もとに一枚の紙がある。「一時旅行許可申請書」と銘打たれたその内容を見てみよう。「下記のとおり一時旅行を許可していただきたいので身元保証人連署により申請します」と書かれているが、併記の英文を忠実に訳すと「居住地外への旅行を許可していただきたいので」となる。居住地の外への、移動。外出。その許可を求める申請書らしい。

その先には「旅行先及び経路」「旅行目的」「旅行期間」などを記入する欄がある。なにも知らずにこれを見ると、二〇二〇年の春からこっちの経験を共有している人々、マジョリティーに属する日本人なら、わずかであれ連想してしまうのではないだろうか。

コロナ関係？　と。

そうではないのだ。この紙は、仮放免という身の上で収容所から出してもらえた人々が、自分が住む都道府県の外へ出かける時に提出を求められるアプリケーション（申請書）だ。僕たちが「都道府県をまたぐ移動は自粛するよう」求められるはるか前から、仮放免の外国人にとっては自粛どころか、原則禁止が当たり前だったのだ。

ステイホームの極限モデルのような収容所生活といい、こうした移動の不自由といい、コロナ禍を経験して初めて、僕たちにも身近に感じられる。他人ごとではない自分ごととして、その不条理が身にしみる。さらには。親の死に目にあえない別れ。親族不在の結婚式。どれもこれも、閉じこめられたあの人たちにはもともと身近だったことばかりではないか。

コロナ禍とその対策には、僕たちを外国人にする性質があるのだ。

パンデミック以前の日本人は、自分の移動が他人の脅威になりうるという発想とは疎遠だったであろう。特に、抜群の信頼度を誇るパスポートと、たいていの訪問先においては相対的に裕福とされる経済力を身につけて行く国外旅行では、なおさら。

しかしその特権意識はこれまでだ。これまでに、しよう。コロナに学べ。僕たちはみな互いに潜在的な脅威である。脅威を強調すれば、自由を奪い合う結果となる。その弊害を一方的に受けてきた人たちが、いる。ベンヤミンの『歴史の概念について』の第八テーゼ、その冒頭に記された真実が、いまにしてついに、ほとんど実況のような正確さをもって響き渡る。彼の翻訳論に敬意を表して、日本語としては不自然ながら逐語訳を試みる。

抑圧された人々の伝統は私たちに教えてくれる、「非常事態」という、私たちが過ごしているそれは、ふつうのことなのだと。

コロナ禍という非常事態、例外状況は、僕たちを、彼らの〝ふつう〟に近づけてくれたのではないか？　このパンデミックから我々の社会がなにかを学ぶとしたら、デジタル化の必要でもトリアージの基準でもなく、これだ。コロナ禍で、僕たちはみなが弱いガイジンの立場に近づけたのである。この記憶だけはコロナ後の社会にも持ちこしたいものだ。

## V　わたくしという島国

ＧｏＴｏトラベルキャンペーンがかなりお得だという知人の話に感化され、秋にはついに、旅に出た。久々の自転車旅行だ。さいたま市から群馬県の妙義《みょうぎ》、下仁田《しもにた》を経ていわゆる姫街道で長野に入る。小諸《こもろ》から佐久平《さくだいら》まで足を延ばし、浅間山の雄大な眺めをたっぷり味わい、ことあるごとに旧中山道をたどる旅で、八ヶ月間たまりにたまったうっぷんを晴らした。最終日には軽井沢から自宅まで走る。途中高崎の老舗《しにせ》だるま店・大門屋で、アマビエだるまという、少女漫画みたいな目をしたかわいいだるまを買った。祖母への土産だ。

その旅から帰って二週間後に、母から連絡があった。祖母が大宮の総合病院に検査にゆく。その時なら会えるから、時間があったら来て、と。これより前、九月頃に祖母は膝の手術をしたのだが、その時にはお見舞いの許可はなかった。母は手術後の祖母をはげます手紙を書くよう、従兄弟も含めた孫に呼びかけていた。それからまた状況が変わり、施設では依然として面会が禁じられているが、大きな病院では一時的に警戒をゆるめてくれたようだ。その隙をついて会いにゆく。子どもの頃から世話になっている祖母が相手なだけに語彙も幼児化し、「さくせん」と呼びたくなる。祖母に会いに行くのにも作戦が必要な世の中になってしまった。

当日、広大な待合室の一画で、祖母に再会した。十ヶ月ぶり、というのはもともと遠くに暮らしている方々の間ではたいした時間でもないかもしれないが、同じさいたま市内に住み、季節に一度くらいは会っていた僕らにとっては相当久しぶりだ。

祖母の車椅子を押す母が言った。

「ちょうどよかった。トイレ行ってくるからばあさん見ててよ」

「はい。じゃあ荷物も貸して」

僕らの会話を頭上に聞いていた祖母が、母を見上げてよそゆきの声を作った。

「どなたか、知り合いの方?」

「なに言ってんの。僕だよ、さねゆきだよ。マスクしてるからわからなかったか」

「ええ? さねゆき?」予期せぬ状況で会ったせいもあり、認知が追いつかないようだった。

こんなことは初めてだ。祖母は大きな目で感心したように僕を見上げている。

トイレから戻ると、母はビデオ通話で兄を呼び出した。これも作戦の一環で、この日仕事があった兄にはせめてリモートで面会を、と母が頼んだのだ。

大宮屈指の総合病院の待合室にはそれなりに多くの人がいた。距離をおいているとはいえ、声の大きい女系の元祖である祖母と、その有力な継承者である長女、つまり僕の母が、スマートフォンの画面ごしに兄と話していると、いきおい余って中々にぎやかになる。ふつうなら良識の番人ぶって恥ずかしがり、「母さんちょっと声が大きいよ」とたしなめるところかもしれない。だが僕はうれしかった。オーケストラが奏でるフォルテを指揮台の上で陶酔した表情で浴びるレナード・バーンスタインのように、声の可能性にゆだねきっていた。

もともと母には、自分の両親、つまり僕らの祖父母に対し、つとめて見下すようなところがあった。いま風に言うと、ディスり癖があった。加えて、通俗的な意味での知性（例えばクイズ王とか、難関校一発合格とか）と財力に憧れを抱き、おそらくはそれらを獲得するための必須原理として、合理主義をあがめている節があった。そのような母の価値観からいくと今度のコロナ禍に対しても「面会できなくなってよかったわ。あとは亡くなるの待つだけだね」などと言いかねないのだった。

コロナに対し、以前のような未知のウイルスとしての恐怖感はだいぶ減じていたとはいえ、世間的な合理性を易々と受け入れがちな母にとって、さまざまな病状の人が集まる場所にわざわざ息子を呼ぶのはイレギュラーな判断だろう。過去にうんざりするほど聞かされた「やめときなあ？」「危ないよお？」「わざわざそんなことしなくていいから」がまた繰り返されて当然の場面に思えた。

ところが現実には、わざわざ、としか言いようがない面会作戦に僕らを巻きこんでくれている。人目もはばからず、小さな画面ごしに兄と祖母を会わせたりしている。おそらくそれは、想いの領分にまで歩み寄って初めて理解できる行為だった。これこそが自前の知恵であり、行動様式の標準語に均《なら》されない、家族の方言、母娘の民俗《フォルクローレ》なのだと教えられる。

この時、素直に、母をえらいと思った。

兄とのビデオ通話が終わった。

「ばあちゃんこれあげる。お土産だよ」

僕は高崎で買ったアマビエだるまを袋から出して、すっかり細くなった祖母の膝の上でにぎらせた。アマビエ、と言ってもわかるまいが、かわいらしい姿は人形好きの祖母の気に入るだろう。孫のお土産を目にした瞬間、なつかしい表情がよみがえった。

「まぁた、さねゆきは……」

少しあきれたような、泣き顔にもなりそうな笑顔。喉にもぐってしまった言葉の先を推測するなら「いっつもそうやっておどろかせてくれるんだから……」といったところだ。

それからレントゲン検査に向かうまでのわずかな間、おしゃべりをした。まだまだしっかりしている。正月のコンサートのことも覚えていた。また聴きたいなあ。今度行くから。途中、祖母は一度は涙したと思うが、これも以前のままだ。

「じゃあ僕はそろそろ行くよ。ばあちゃんも母さんも、元気でね」

病院を出ると、草木が少ないのが変に気になった。旅の話をしていたからだろうか。

その夜、母から連絡があった。

「いまホームの施設長から電話あったんだけど、ばあさん、今日病院行ったことも私らと会ったことも忘れちゃってるって。短期記憶がなくなってるみたい」

コロナ憎しだね。母はそうしめくくった。一年近く続いている面会禁止が、社交好きの祖母の認知機能をいちじるしくむしばんでいるようだった。

年の瀬も迫った十二月二十七日。祖母が入居しているホームの職員がコロナに感染したと連絡があった。入居者、スタッフ計七十人のPCR検査を実施するとのこと。

三日後。他の入居者六人とともに、祖母の感染が確認された。三十八度を超える熱を出し、母は電話で万が一の時に延命措置を施すか確認を求められた。しない方針だ。

心臓に動脈瘤を抱えている九十三歳の祖母のことだ。僕たちはみな覚悟を決めたと思う。

しかし祖母は強かった。入院先で順調に回復し、翌年、二〇二一年正月の十日には退院できたのだ。看護師さんがおどろくほど食事もしっかりとり、ちゃんと車椅子でトイレに行っているとのこと。すごい生命力だ、と家族で感心していた。

だが結局、祖母に会えたのは土産を渡したあの時が最後になった。

四月七日。夜。旅先の長万部《おしゃまんべ》の旅館で祖母の訃報を受けとった。一週間前に呼吸器系の異常で入院したと聞いて悪い予感はしていたが、予定は動かせず、津軽から北海道にかけての取材旅行をしていた。翌日はそのクライマックスで、開館間もない国立アイヌ民族博物館を含む「ウポポイ」を訪れ、夕方は苫小牧《とまこまい》で宇宙船ソユーズの展示を見、フェリーで帰る予定になっていた。しかしその日の夕方、電車に揺られているとしきりに母からメッセージが届く。「面会が許された」と言っている。その意味するところに、理解が遅れた。容体が悪化したのだ。

予定をキャンセルし飛行機で帰ることも考えていた。が、父からの報せはその必要を消した。通夜などは行わず、十日に火葬する。それまではどのみちなにもできない。

火葬の日は晴れていた。祖母のもう一人の子である愛知県の叔母は旅行を自粛して来られないので、我々だけで行う。兄はチェロを持ってきていた。

「弾くの？」

「おやじが持ってけって言うから」

兄はひかえめな口調で、自分の意思をぼやかした。父の提案というのは本当だろう。火葬場に着くと父が係の人に、最後に息子のチェロを聴かせてやれないかと交渉を始めた。義母《かあ》さんが大好きだったものですから、と。結局、他の客も来ているので遠慮することになった。

祖母の死に顔はきれいだった。「あら」と母が声をあげた。臨終の時にはかなり苦しそうな表情だったという。時間が来た。僕らは各々、副葬品を入れた。姉が、会いに来られない従兄弟たちから届いていた手紙を入れた。僕はウポポイで買ってきた「ツキサップあんぱん」を一つ、封を切って入れた。小学生の頃から僕の旅行を応援してくれた祖母への、最後のお土産だ。

火葬が終わると、骨壺を抱いて、子どもの頃過ごしたニュータウンを経由して実家に帰った。納骨は叔母や、できれば従兄弟たちが来られるようになってから行うことにした。

「なにか弾いてくれよ」父が兄に求めた。

弓を握ってしばし天井を見つめていた兄は、僕たちが初めて耳にする曲を弾き始めた。いや、曲は知っていた。ただ兄がこの楽器で弾くのは初めてだった。ねんねんころりよおころりよ。子守り歌だ。シューベルトのでもブラームスのでもなく、日本の、あの子守り歌。

「これ、小さい時にばあちゃんが枕元で歌ってくれてたんだよ」

弾き終えると兄は、僕らには未知だった、ひとつの過去をすくいだして見せてくれた。

自転車で来ていた僕は、先に一人で帰る。途中、自転車を降りて歩いてみた。施設に入居する前、祖母は実家近くのアパートに住んでいた。正月やお盆など実家に集まる機会があると、僕が祖母の部屋に寄って連れてくるのがお定まりになっていた。その道を、歩く。

カートに両手を置いて、一歩一歩、確かめるように歩く祖母の少し前をゆく。じれったいなんて生やさしいもんじゃない。しかしその時間は世界の広さを感じさせてくれるので、僕は好きだったのだ。三百メートル足らずの、たいした危険のないはずの道が、体が衰えすっかり不自由になった祖母と歩くと、意外な起伏があり、交通量の多い道になる。なにしろ自動車が来るたびに道の脇に寄って立ち止まり、やりすごすのだ。昆虫や小さな生き物に夢中になっていた幼少期のまなざしが、成長のぶんだけ遠くなった地面に向けられることもある。そして実家の前の下り坂では、逆にカートにひきずられないよう、時には手をとってやらねばならない。めんどくさいなんてことがあるものか。迷惑だなんてそんなたやすいものではない。ひたすらありがたい。きっとあの感覚は、僕がまだ幼かった頃、いっしょに遊んでくれたり買い物に連れて行ってくれた、まだまだ健脚で、大きかった祖母も感じていたのだろう。いくつになっても無力で不自由な僕たちが、不自由な者同士、意図せずに、自覚もなしに、与え合ってしまっているかもしれないこうした気づき。しばしば発見が遅れるその性質はいじわるなウイルスに似ているが、計算機による予測と制御などあきらめ、そこに価値を見出して生きてゆこう。

自転車にまたがり、こぎだした。四月とはいえ、夜は肌寒い。

風が吹き始めた。海なし県埼玉に、アイの風が。

アイの風とは、早くも『万葉集』の時代にはいまの富山県あたりで使われていた「アユの風」が転訛した言葉で、海から岸に向かって吹く風を指す。ここ与野の本町通りを訪れ桜をべた褒めしてくれた柳田國男の説明によると、

「アユは後世のアイノカゼも同様に、海岸に向かってまともに吹いてくる風、すなわち数々の渡海の船を安らかに港入りさせ、又はくさぐさの珍らかなる物を、渚に向って吹き寄せる風のこと」であり、「とにかく海辺に住む者にとって、心のときめく風であった」(『海上の道』)。

出会いやあいの手やおあいこ、ついでに愛といった豊かな語の数々と音で通じる「アイの風」。僕らの肉体はどうせ不自由な島国だ。この風に身も心もひらき、「くさぐさの珍らかなる物」の漂着に賭けること。自由はそこから生じる。

# 第四章　帰郷――ウクライナから遠くはなれて

また戦争が始まった。二〇二二年の二月二十四日、かねて国境沿いに展開していたロシア軍は雪崩を打ってウクライナへ侵攻を開始した。初報の段階から、これは国境地帯の小競り合いのようなものではなく、大規模な侵攻となることが予感された。

侵攻開始後間もなく、ロシアのプーチン大統領は核兵器の使用をにおわせる発言で国際社会を脅した。ロシア政府が特別軍事作戦と呼ぶところの戦争が始まって二週間ほどの間は、起こりうる核使用、起こりうる原発攻撃、起こりうる捕虜や民間人虐殺、起こりうるウクライナ首都の早期陥落、起こりうる難民の大量発生、起こりうる台湾海峡への飛び火、そして起こりうる第三次世界大戦、など、など、我らが理性は狂気につつかれた蜂の巣のように、痛々しく騒々しい可能性の数々に打ち震えていた。他人ごとであるかもしれない一つの情報が、容易に腹痛をひきおこしうる。比喩ではなく、リアルに、腹痛を。情報、だけではない。意見もだ。

やがてウクライナ軍が頑強な抗戦を続けていることがわかり、キーウ（キエフ）の早期陥落も、核兵器の使用も、共産党の中国がいますぐ「力による現状変更」に便乗することも、とりあえずはなさそうな状況となり、非交戦国から見れば小康状態とでもいった時期を迎えた。

ひとまず保留となった幾多の、より悪しき可能性をさしおいて現実となったのは、難民の発生だ。開戦から約一週間で八十七万人以上の、そしてひと月で四百万人近いウクライナ難民が、主にポーランドを経由し世界各国に離散した。ヨーロッパでは第二次大戦以来最大規模となる難民危機。日本の首相もいち早く、受け入れに手を挙げた。

ウクライナ難民が日本にやってくるのだ。

## 一、引き裂かれよ、とわが四十年が命じていた

戦争勃発翌日の夜、近所の焼き鳥屋で酒を飲んだ。

その店では、年がら年中、雨の日も雪の日も晴れの日も、サザンオールスターズと桑田佳祐の曲が流れている。すでにプーチン・ロシア鬱の初期症状をきたしていた僕は、浮かない気持ちを少しでも浮かせようとここに来たのだった。

ウラジーミル・プーチンを敵視し、非難することについてはわが内なる閣議決定がなされていた。しかし僕の頭は野党がうるさい。ほんの少しだけロシア語が読めることもあり、プーチンのファンサイトを二つ偵察してみた。誰がどんな理由でこの独裁者を擁護しているのか。

プーチン司令官の写真につけられた「神があなたをお守りくださいますように」のような応

援コメントが多い。投稿言語はさまざまで、スペイン語の多くはラテンアメリカ地域からのものと推察された。あるいはイスラム圏の者が英語で「イスラエルのパレスチナ迫害、アメリカのイラク侵攻は許されて、なぜロシアだけが非難されるのだ」と書きこんでいたり。

あるユーザーは、攻撃を受けたウクライナの都市の写真を載せ、「本当は私たちの国ベラルーシがこのようにウクライナから攻撃を受けているのですが報じられません」といった内容を書き込んでいた。どこまで本気なのか測れず、ただただ不気味だった。

知らない人の言葉や画像と付き合うのはやめにし、出会ってきた人たちを、想い描いてみる。

イリーナ。僕の人生に初めて現れたウクライナ人は彼女だった。品のよい狐のような顔立ちの彼女とは、二〇〇九年に短期留学していたスペイン・レオンの語学学校で出会った。秋学期が始まってから少し遅れて入ってきた。歳は訊いていないが、当時三十前後だったと思う。

イリーナと僕はなかなか馬があった。ウクライナ出身の彼女と、ロシア文学やガガーリンやトロツキーやフルシチョフの話でもりあがった。僕らのクラスはすでにそこそこスペイン語ができているので、雑談は基本的にスペイン語で、時々僕がご愛敬にロシア語を入れる。

「プーシュキンでいちばん好きな小説はなんだかんだ言って『ベールキン物語』だ」と僕が言うと、イリーナは「私も！」と薄い色の瞳を輝かせた。プーシュキンと同様にくせ毛で肌が黒めの日本人が披露する文学談義を彼女はうれしそうに、そして誇らしげに聴いてくれた。

イリーナによると、ガガーリンの有人宇宙飛行第一声はウクライナでは「地球は青かった」と教えられた覚えはなく、「ここ（宇宙）から見る限り神はいない」だったそうだ。これは共産主義用に手を加えられたものだろう。つまり彼女はソ連時代も多少経験していたようだ。

彼女は学期の終わりに行われる終業式に顔を出さなかった。そのため連絡先を交換することもなくお別れすることになってしまった。いま頃どうしているだろうか。

二人目に、そしていまのところ最後に知り合ったウクライナ人は、ディミトリーという男性だ。二〇一一年の夏、卒業研究のフィールドワークのためにスペインのブルゴス県を自転車で旅していた時のことだ。メナ谷といって、バスク州とカスティーリャ州の境に位置する地に、民謡を調べに行ったところ、たまたま国際フォルクローレ週間の締めのイベントに行きあたり、僕もギターで『さくらさくら』を披露して楽しんだり楽しんでもらったり、すばらしい午後を過ごした。その時世話になった一人がウクライナ人の彼だった。メナ谷の役場に研修に来ていたのだった。その後ウクライナの地元にもどり、歌や踊りのイベントを運営している。


あの人たちはどうしているか。東部や北部なら危ないかもしれない。西部ならまだ安心か。イリーナにしてもディミトリーにしても、ウクライナのどのあたりの出身なのか知らなかった。おそらく、訊きもしなかったのだ。この態度が要するに、これまでの僕のウクライナ観を表している。キエフやオデッサといった有名どころは、どこも帝政ロシア、次いでソ連を主語としてしか認識していなかったのだろう。この〝物知りな日本人〟は。

袖触れ合うほどの縁も含めれば、ロシア人との交流ははるかに多い。まずヨーロッパに旅する時は安価で、自転車や楽器などの特殊な荷物を受け入れてもらいやすく、なおかつ機内食がおいしいアエロフロートロシアを使っていたので、キャビンアテンダントや隣に乗り合わせたロシア人とちょっとしたおしゃべりをすることがあった。

およそ十年前、初めて成田発モスクワ行きの機内に乗り込んだ時のことはいまでも覚えている。入口で新聞各紙を配っていたので「『プラウダ』はありますか？」とロシア語で訊ねたら、イケメンのキャビンアテンダントが「いえ、ありません」と笑っていた光景。それは生まれて初めてに等しい実践ロシア語会話であると同時に、僕なりのギャグだった。『プラウダ』は、ソ連時代の悪名高い共産党機関紙で、体制護持のための、いまで言うフェイクニュースがぎっしりつまっていた。公権力のお墨つきを得た『東スポ』のようなもの、とたとえたら『東スポ』に失礼なほど。御一新なったロシアの航空会社がそんなもの置いてるかよ、という話だ。

ごく小さな挿話だが、これだけで僕には、ロシアは明るくなりつつあるのだと予感されたものだ。ところがシェレメチエボ空港に着くと、荷物検査の係員はなんと、我々乗客のことなど無視して携帯ゲームに興じているではないか。さすがテトリス発祥の地だ。その職業意識の低さを、伝え聞くソ連邦の残り香として肺腑《はいふ》いっぱいに吸い込んだものである。

戦争となると特に思い出されるのは、モスクワ郊外でのビザなし一泊の経験だ。

第二章で少し紹介した旅の帰り、いつものようにモスクワを経由した。ところがこの時はトランジットの間隔が短すぎ、東京行きを逃してしまった。相談したところ、スケジュールに問題があったと非を認め、翌日の同じ便を確保してもらえた上に、空港付近のホテルで一泊できることになった。別便で同じ境遇になったアルジェリア人の兄ちゃんと二人、専用バスに乗せられ空港を出る。ロシアは日本のパスポートではビザがないと滞在できない決まりなので、僕らはロシアであってロシアでない、空港の延長のような空間に運ばれる。

ホテルに着くと、四階のいちばん奥の部屋に連れていかれた。荒れ果てた中に椅子が二つばかりある、運転手や警備員の待機所らしかった。こんなところで一晩過ごす、というわけではさすがになく、客室の準備ができるまで待たされるようだ。どうにも手際が悪い。ドアの外には、熊のように大きな坊主頭の男が長机に頬杖《ほおづえ》をついて見張りを続けている。

「もうだめだ！　煙草が吸いたい！　どこか吸えるところはないのか？」

部屋に着いてほどなくして、アルジェリア人の兄ちゃんがフランス語で訴え始めた。僕が代わりに、ロシア語で廊下の熊さんに訊ねると、だめだ、煙草は禁止だと首を横にふる。

二人で待機部屋内を探し回ったところ、バスルームに喫煙の痕跡が見つかった。ふむふむ、吸ってるじゃないか。

「よし、君はここでゆっくり吸ってろ」

彼にそう言うと、僕は手荷物にしていたギターをとりだし、廊下に出た。彼が一服してる時に踏みこまれて面倒が起きる展開を避けるべく、しばらくギターで気をひく作戦だ。

見張りの熊さんは横目で僕をにらんだ。ところが僕がにこにこと『愛の讃歌』を爪弾き始めると、再び横目で、今度はなにか楽しげな目配せを送り（主が女性なら秋波と書くところだ）、それから頬杖ついたまま眼を閉じたではないか。おお、俺は動物をも魅了したというオルフェウスなみの名手だったのか！　失礼、この男性は人間だ。

一曲終えると、熊さんは細く目を開き、また横目でなにごとか伝えてくれた。今度は口もとがほころんでいるのがわかった。リング外でのエメリヤーエンコ・ヒョードルのような愛嬌があった。時間的に、わがアルジェの相棒は吸い終えてる頃だ。一礼して待機室に戻った。

このロシア人の対応は、サービスや職務遂行とは異なるなにかだった。彼の職務は、状況から判断して、僕たち「不法滞在者」がなにか逸脱をしでかさないよう、見張ることだったろう。これが戦争になると、職務とは、否、任務とは、破壊したり殺したりということになる。ロシアの軍人たちよ、どうかサボってくれないだろうか。抗命。それに賭ける。それに賭けるしかないのだ。

なぜ？　なぜもっと力強く、ウクライナ軍の兵士たちを応援できないのか？

侵攻を始めたのが人間ではない魔物の軍隊だったら、ウクライナがんばれ、徹底的にやっちまえ、という気持ちになれたのかもしれない。だが相手は人間で、彼らをまとめるロシア人という枠組みは、僕にとってなんら抽象的なものではなくなってしまっている。僕が接してきたロシア人の中には、率直に言って関わり合いになりたくない相手もいたかもしれないが、ロシア人をひとまとめにして譲れぬ憎悪を抱かせるまでの悪漢はいなかった。それどころか全体としては、言語を超えて伝えようとする意思とノリを強く持った、憎めない人が多かった。中には立教大学でロシア語を教えておられたカーチャ先生や、先輩のギタリストが共演した機会に知遇を得たチェリスト、レオニード・ゴロコフ氏のように、尊敬する他ない方々もいる。

言語よりも嗅覚を発達させた犬だったら、あの人たち一人ひとりのにおいを自分の裁量で嗅ぎ分け、攻め入ってくるロシア兵どもには容赦なく噛みつけるだろう。けれども、僕は、人間は。純粋な侵略者《インベーダー》として憎みえたかもしれないロシア軍やロシア人、さらにロシアなる概念は、あの人たちのせいでそうではなくなっている。政権の意思と重ねて個人の記憶を消してしまえるほど、僕は国家というものを崇めてはいないのだ。

一方のウクライナに対しても、当然のことながら憎んだり殺戮《さつりく》を望んだりすることはできない。はっきり言えば、勝って欲しい。だが勝ちに向かうプロセスには、ロシア人との殺し合いをはじめとし、そう易々と希求できない行為が、細部が、多く含まれていよう。戦争は国家間の手続き、外交の延長、なんと言い換えようが、末端で、現場で傷を負うのは個人たちだ。

結局のところ、僕はこの戦争に対し、引き裂かれうる限り引き裂かれるしかないようだ。

絶対にスッキリしてはいけない。と言うかスッキリなどできなくなった時に、戦争の、非交戦国在住の非交戦国国民としてのリアリティがつかみとれる。

キーボードがリズミカルな上昇音型を三度繰り返し、三度目は山なりに、下降に転じる。そこにエレキギターの短くも印象的なフレーズが入る。いつ聞いても完璧で、シンプルで、わくわくさせられるイントロ。季節外れの『波乗りジョニー』が始まった時、こみあげてくるものがあった。戦争をめぐるうんざりするような思考とおいしい炭火焼き鳥とでちゃんぽんになっていた僕の体内に、この歌は平和の残響のように鳴り渡った。これが平和だ。ヤバイ。泣きそう。しかも戦争のセの字もないはずのこの歌で、記憶が先取りする歌詞は、ああ……。ウクライナの、前線でも銃後でも、愛する者がいる人の数だけ「君を守ってやるよと神に誓った夜」が、昼が、朝が、瞬間があったに違いない。僕に、いますぐ守れる相手はいない。祈ることはあっても、誓うに足る神を、知らない。

だが一つ、なんとなくの予感程度に約束できることは、ある。

誰とは言わず、ここに、日本に逃げてきて、縁があれば、お手伝いくらいします。

だが俺の心身はいつまでもつか。

## 二、ロシア難民を救えますか

世間では、ロシア料理屋などロシアに関連づけられそうなものが盛んに嫌がらせを受けるようになっていた。このままでは地上からロシア文化が根絶されるのではと危惧するほどの勢いで、と言うのは大げさだが、時には誇張をも企画作りのフックにする『週刊プレイボーイ』という雑誌から、ロシアン・カルチャーの広範な紹介記事を書いて欲しいと依頼があった。よしと引き受け構想を練ろうとするや、なにも調べずとも出てくる出てくる、ネタの多さに我ながら驚かされる。もちろん僕の知識などたかが知れているにしろ、ウクライナとの差は歴然。それくらいロシアは文化的に多産で、その多産さを見落とせないくらい身近な国だったのだ。改めてそう気づくと、内心に決めていた〝文化的な抵抗〟に力がこもる。

日々の戦争報道で、ウクライナ国内のさまざまな地名がわが国史上最高レベルに広く知られるようになった。とは言え人々はどのような形でそれらを記憶するだろう。もしもこの戦争を通じて、僕たち部外者の、非交戦国の人間が、ただ土地ごとの被害者の数や、新たに用いられた兵器の種類、その特徴など、戦争分野の知識しか増やせなかったら、仮にウクライナが勝利したとしても、僕たちは戦争の論理そのものに対し敗北することになる。マチャードが残した「人間的には勝った」という境地にはほど遠い。「力による現状変更の試み」はその後もあちこちでくすぶり続けるだろう。そうして、我々の想像力のうちで単なる戦勝国にさせられてしまったウクライナから、関心はあっという間に引いてゆくだろう。

逆に、戦争以外の関心を寄せていれば、究極、勝とうが負けようが、ウクライナは生きる。

こんなことは人に話してもあざ笑われるか、悪くするとケンカになるので、黙っている。ともかくも胸に一応の指針を抱き、週刊誌から依頼を受けたロシアン・カルチャー紹介の記事を書く際も、どうせならウクライナ文化にも触れられるアプローチを入れてみることにした。できるはず、と直感していた。それだけ、この二つの国は近く、縁が深いからだ。

例えばロシアの作曲家チャイコフスキーを紹介する場合。交響曲第二番は「小ロシア」と呼ばれるが、これはウクライナを指す。その名の通り、ところどころにウクライナの民謡が使われた楽しい曲だ。と、こういった紹介をすればウクライナも立つではないか。そう考えてさらに他の曲にもウクライナ民謡との関わりがないか調べていて、驚いた。弦楽四重奏曲第一番の第二楽章、あの有名な「アンダンテ・カンタービレ」のメロディーはチャイコフスキーがウクライナで聴いたメロディを元にしているそうだ。こういうことをウクライナ人はもっと自慢してもいい、なんならチャイコフスキーに恩を着せてもよいと思う。

だいたい僕らはウクライナを知らなすぎたのだ。少しでも知ろうとすると、好きな分野から入ることになる。文学、そして音楽だ。例えばタラス・シェフチェンコ（一八一四―一八六一）は帝政ロシア支配下のウクライナの詩人で、ウクライナ語による作品を数多く書き、コザック魂をうたいあげるとともに、農奴解放のために政治活動にも加わった。画才もあり、みずみずしい油彩画や水彩画を残している。ベネディクト・アンダーソンがナショナリズム論（『想像の共同体』）の中で触れていた詩人だが、作品を――英訳を通じて――読むのは初めてだった。ウクライナのプーシュキンのような存在と理解して、そう外れはなさそうだ。知ることで、戦争に対し一矢報いる。それがどれだけか弱く、はかない一矢であろうと、抵抗するのだ。

しかしウクライナを知ろうとする試みは、あの国の暗部に向かう岐路をも用意していた。


三月下旬のこと、『宗教問題』という季刊雑誌の小川寛大《かんだい》編集長から原稿依頼があった。この雑誌には以前からルポや映画評を書かせてもらっている。小川編集長は文武に秀でた人だ。

今回のお題は、プーチンの戦争でロシア正教会が悪評を募らせる中、在日ロシア人たちの信仰生活を探る、という内容だった。ソ連崩壊後のロシアでは、キリスト教の東方正教が再びアイデンティティのよりどころとして大事にされてきた。プーチン大統領も折にふれてその信仰をアピールしてきた。そして戦争が始まるとロシア正教会のトップに立つモスクワ総主教キリル一世は「ロシアとウクライナの一体性を破壊する邪悪な力に対する」行為として侵攻を正当化するメッセージを発した。しかも宗教の名のもとに祝福しさえするのである。当然、他国の宗教関係者、特にキリスト教関係者からは非難を浴びるのだが、いかにもエキゾチックな白髭を立体的にたくわえたこの司祭は、恬然《てんぜん》として改めない。

日本にいるロシア人はどう考えているのだろう。

と、取材を始めようとしたところ、正面からの、事前アポを得ての取材は非常に難しくなっていることがわかった。ロシア人につないでくれそうなところに連絡しても、「今度の紛争に関連するロシアの方々への取材はお断りいただいております」と軒並《のきなみ》断られてしまうのだ。

仕方ないから原始的かつ、僕好みの方法でやることにした。

街を歩いて探していたら、ロシア名のスナックが一軒見つかった。小ぢんまりした店内に客はなく、頭上に据えられたテレビ画面に流れる映像がカウンターを照らしている。ロシア語であいさつをすると、目のくりくりしたママさんが明るいノリで返してくれた。

ママさんはロシア人だった。出身はハバロフスクで、ぎりぎりソ連邦時代の記憶を持つ。日本に来て二十年になり子どもが二人いるが、夫は「いなくなっちゃった！」と笑う。たぶんそれなりに深刻な出来事なのだろうが冗談めかしてしまえるこの女性の明るさが、気の小さい僕にはありがたかった。

だから率直に訊けた。

「今度の戦争についてどうお考えか聞きたいのですが」

「うーん、むずかしいよ。だって、話してどうなるの？」彼女は顔をしかめた。まったく同感だった。どれだけ嘆き、怒ろうと、プーチン司令官が決めない限り当分戦争は続くという見通しに、僕もうんざりしているのだ。彼女はよりいっそうの苦しみを感じているのだろう。

「日本の人はなに知ってる？　アメリカ側の情報しか知らされてないでしょ？　ロシアがなぜ戦争始めたのか、それまでなにがあったのか、なにも知らないでしょ？」

誤解だった。彼女は母国を弁護しているようだ。

「情報がかたよっているとは思っています。だからこそお話を聞きたい」

すると彼女は、ふだん日本人客相手には隠してきたであろう本音を滔々《とうとう》と語り始めた。

「どこから話せばいいかな……。問題はずっと昔、一九四〇年頃から続いてるの」

一九四〇年と言えば、第二次大戦中ではないか。

「バンデラって知ってる？　ウクライナの、西のほうで、ナチスに協力してたくさん人殺したんだよ？　ユダヤ人も。そんな人を、ウクライナでは英雄にしてる。おかしいでしょ？」

それを聞いて、記憶の糸がつながった。

スペイン留学中に知り合った、イリーナというあの女性の思い出だ。ある時授業で、judio《フディオ》という単語が出てきた。僕はすでにその意味を知っていたが、年若いクラスメートたちはわからないようだ。そこで僕が、スペイン語でこんな説明をした。

「judioというのは、ドイツのヒトラーが大勢殺したあの人たちのことだよ」

そう、ユダヤ人を指す。この通俗的な説明でユタカ君はじめ、日本人やアメリカ人の生徒には伝わったようだ。その時イリーナが神経質に舌打ちし、口調に抗議の色をにじませた。

「ドイツだけじゃないわ。長い歴史の中で、他の地域でも、さんざん。ウクライナでだってたくさん殺されたんだから」

バンデラという、たまたまスペイン語で旗を意味する単語と同じ名を持つ〝英雄〟の話を聞いてこの時の記憶がよみがえり、同時に納得がいった。イリーナが言っていたのは、中世の迫害のことかと漠然と考えていたが、そうではなかったのだ。

「それでわかりました。プーチン氏がウクライナをナチとかネオナチとか言うのは、そのバンデラを英雄視する人々に向けられているのですね」

ママさんはうなずいた。ウクライナの非ナチ化とか、ネオナチから救うとか説明されると正直「言いがかりにしてももう少しうまくこしらえろよ」と突っ込みたくなる。だがバンデラなる英雄を媒介項にすると、火のないところに煙は立たずという時の〝火〟に当たるものがおぼろに見えてくる。実際、この後注意していると、例えば五月の戦勝記念パレードでのプーチンの演説では「ネオナチ・バンデラ主義者」とロシア語ではっきり名指ししていた。

ステパン・バンデラ（一九〇九―一九五九）はポーランドおよびソ連からのウクライナ独立を目指して戦った民族主義の運動家だ。独ソ戦が始まると、敵の敵は味方の論理でナチス・ドイツの力に期待したのは事実らしい。ウクライナでは二〇一五年に通称「脱共産主義法」が制定され、ソビエト時代の悪しき象徴の使用を忌避する動きが進んだ。その一環でキーウの目ぬき通り「モスクワ通り」が改称された際、後を襲ったのはこの人物の名だった。毎年その誕生日には大々的なたいまつパレードが行われ、一度はイスラエルからクレームがついたほどだ。プーチン・ロシアがおもしろくないのは当然である。彼らは大祖国戦争（第二次大戦）でナチス・ドイツを打ち破ったことを愛国神話の重要なパートにしているのだから。いやしくも、ナチスに協力した運動家を英雄視するなんてとんでもない、と。

幸運なことに、僕たち日本人も、かつて帝国を持っていた歴史上の経験がある。そうしてこの国のとある首相経験者は、官房長官時代に、大韓民国の英雄・安重根について「わが国の初代内閣総理大臣を暗殺したテロリストだ」という認識をわざわざ示していた。しかしそれが国民の総意であるわけではもちろんなく、かく言う僕は安重根の、東洋平和を志向する理想には感銘を受けるし、やや余談めくが、わが国の初代内閣総理大臣こそ幕末に英国公使館焼き討ちに加わったテロリストであると認識してやってもいいのだ。

おそらく戦争が始まる前だったら、映画や小説の感想を語り合うようにこの手の話題を楽しめたろう。「ウクライナも最近ちょっと変だよね」とか「韓国で安重根を英雄視するのをやめさせる権利なんか、日本にはないよ」とか「いやいや、さすがに二十一世紀には幼稚すぎるナショナリズムだ」とか、単純な感想、飛躍した意見、さまざまに出せただろう。問題は、事実戦争が起きてしまい、そのあまりの残虐さ、規模と、そこからかりたてられる危機感の大きさに、人々の思考が避難経路に殺到するようにして急速な善悪の判断に向かわされていることだ。

他ならぬ僕だって、やはり最初に攻め込んだプーチン政権の非は譲れず「だけど戦争をしかける理由になりますか？　プーチン大統領はなぜここまでしたのでしょう」と問う。

このママさんはプーチン信者ではなく、むしろ好きではないくらいだと言うが、この問いに対しさびしげな目をして「やりたくはなかったんだと思う」とつぶやいた。それはこなれた日本語にすれば、しかたなかったとか、やむをえなかったとなりそうなニュアンスを帯びていた。

彼女はスマートフォンで、ドネツクにある公園の動画を見せてくれた。二〇一四年に東部二州の独立宣言から始まったドンバス戦争で亡くなった子どもたちを追悼する公園だそうだ。

「こんなにたくさんの子どもたちがウクライナ軍の攻撃で殺されてるんだよ。この地域にはロシア語を話す人がたくさんいるのに禁止されて、ギャングを使ってロシア語を話す人を襲ったり殺したりする事件も起きてるの。日本の人はそれにも怒ってる?」

彼女の口調に怒気や狂気はなく、謎かけをするように時々おだやかな笑顔をつくる。この手の話に対しては「どうせロシアが入植者を送りこんで反乱をあおったんだろう」とか「ロシアの自作自演でしょう」といった解答が用意されている。それを信じていれば、楽だ。ロシアのやることはすべて悪く、その言い分はウソで、逆にウクライナはすべて正しいと決めつけて。

しかしそうすると倫理的に非常に深刻な問題が生じる。どうせ〝ロシアの言い分〟を信じないのなら、なぜ僕はこの人の話を聞こうとしているのか。話を聞き出そうとするからには、信じるための領分をちょこっとでも開放しておくのが人と人との付き合いではないか。あるいはやはり、引き裂かれるという、心情のあの淀みを受け入れるための領分。灰色のゆとり。

数日後に訪れたロシアレストランの店長は「毎日嫌がらせの電話が来ますよ」と平然と言っ

たものだ。彼女はさらに、おもしろい分析を聞かせてくれた。

「コロナの時に、文句言いたがる人が増えたでしょう？　その人たちが今度はロシアに文句言ってるんだと思います」と。

いわゆる自粛警察をご記憶だろうか。共同体を守るという素朴に信じられた大義名分のもとなにかを攻撃する。コロナ禍で繁殖したこうしたベクトルが、今度はロシア菌だかロシアウイルスだかの抑え込みにかかったと、その店長の見立てはそんなところだ。

じゃあ自粛警察のそのまた背景にはなにがあったろう。個人的には、早押しクイズまがいの軽薄さで正解に反応するようそそのかす、ポリティカル・コレクトネスの流行が、現在に続く亜・戦時中的な空気のこわばりを用意していたのではないかと思う。クイズやテストと相性のよいコレクトという語を用いているあたり、なんというか、お里が知れるようではないか。

この店の料理はボルシチ（その起原がロシアでもウクライナでもなく、遠く古代ギリシャにまでさかのぼれるらしいことを、店長は教えてくれた。フェアな人だ）をはじめ、どれも美味い。嫌がらせにめげず続けて欲しい、と言うか嫌がらせなど即刻やめて欲しい。そうして店長は母親がウクライナ人だとのことで、今度こそロシア政府に批判的な意見が聞けるかと思いきや、そうでもなかった。彼女もやはり、枕詞のように「むずかしいですよ」と添える。

「もちろん戦争は早く終わって欲しい。ただ……。私はソ連時代も経験していて、ロシア、ウクライナ、ベラルーシ、カザフスタン、そのあたりは友だちも多く、行き来したこともたくさんあり、いまでも一つにつながっていると感じています」

ただそれだけで、直接にはどちらの政府に肩入れするわけでもない。しかし旧ソ連の一体感を暗に認めている彼女の実感は、プーチン政権の奉じる世界観とそうずれてはいないようだ。日本暮らしの長いロシア人であれば、日本の、あるいは西側諸国の常識に沿った考えをしているというわけでもないようだった。

もしも在日ロシア人と本国のロシア人との間で、多少とも環境の違いが判断に影響する可能性があるとすれば、それは母国の現状とは物理的に切り離されていることから生じる、美化ではないかと思う。別に言えば、ノスタルジーだ。わが国の歴史では、終戦間もない頃のブラジル移民の間で、戦争に勝ったのは日本だとガチで信じ続ける「勝ち組」が台頭し、しまいには死者が出る暴力沙汰にまでなった。この場合はブラジルにいて情報がほとんどなかったから、あまつさえそこにつけこんだ詐欺師がフェイクニュースを吹きこんで躍らせたという背景があったのだが、一周まわって情報が豊富にあっても、そこから自分好みの選択ばかりしていたら、似たような結果を招きうるのではないか。そして自分好みとは、よほど母国に経験的ないし方法的な嫌悪感を育てていない限りは、母国好みになりがちなのが人情というものだろう。

むろん母国と、母国の体制、政権との間にはなお開きがあるにしろ。

すでにウクライナからの、制度上は避難民と呼ばれる難民が続々と入国していた。僕はまだ、一人も会っていない。その前に、在日ロシア人と話し始めていた。すると、開戦以来胸の奥にわだかまっていた不安がはっきりと、どす黒い雷雲のように形をあらわにした。

この人たちが、結果的にロシア難民になってしまったら、世間は救いの手をさしのべてやれるのか？

四年前、済州島にやってきたイエメン難民を待ち受けていたのは、イスラム教徒だから危ないとする偏見に動機づけられた、ニセ難民反対運動だった。もしも今後、ロシアに対する経済制裁やウクライナ軍の奮戦がきいて、あるいは政権交代にともなう混乱が生じたりと、過程のシナリオは略すが、大量のロシア難民が吐き出されたとしたら、世界の人々はどうもてなしうるのだろうか？「ロシア人は虐殺しそうだからお断り」と嫌悪を表明するのか？

ロシア難民を支援できるか。この問いは、僕たちがどこまで個人になれるか、に通じる。

済州のキム・サンフン氏はローマ教皇が難民支援の範として「善きサマリア人」の挿話を使ったと教えてくれた。この挿話は、神学者にして異質な思想家であったイヴァン・イリイチの読解を通すとよりはっきりと僕たちを救う力を持ちうる。イリイチは、イエスが「隣人とは誰のことか」と質問された際に答えとしてこの挿話を語った点に注意をうながす。追いはぎに襲われて死にかけて道端に横たわっていた人を、通りかかった祭司もレビ人も助けずに去ったのに対し、「イスラエルの北方の王国から来た、神殿で礼拝しない、軽蔑すべきよそ者」であるサマリア人は、抱き起こし、宿屋へ連れてゆき、治療と休養のためのお金を払ってあげた。イリイチは強調する。長年にわたって「隣人になにをすべきか」の説話として用いられてきたこの話の真の意味、イエスの意図は、「隣人とは誰か」を明らかにすることだったはずだ、と。

たぶん、わたしたちが今日それを再び理解できる唯一の方法は、このサマリア人を、傷ついたユダヤ人を介抱するパレスチナ人という風に想像してみることでしょう。彼は自分の同族の世話を優先する自文化中心主義を超え出ているばかりでなく、自分の敵を介護することで一種の国家反逆罪を犯している人間です。そうすることで、彼は選択の自由を実行しているのですが、このラディカルな新しさはこれまでしばしば見過ごされてきました。

（イリイチ『生きる希望　イバン・イリイチの遺言』臼井隆一郎訳）

この「ラディカルな新しさ」は、いまなら、傷ついたロシア人を助けるウクライナ人として想像してみるとさらにはっきりする。イリイチによると「わたしの隣人とはわたしが選ぶ人のことであり、選ばなければならない人のことではない、ということなのです。わたしの隣人とは誰であるべきかを決定するカテゴリーは存在しないのです」（前掲書）。

そう、選ぶのは僕たち一人一人でいいのだ。自国の政府がいち早く受け入れに手をあげたからウクライナ人を手助けする、というのではなく。仮に大勢に後ろ指をさされようと、「一種の国家反逆罪を犯して」でも、付き合う時は付き合う。助ける時は助ける。相手がロシア人であろうと。制度という制度の解体を志向するようなイリイチの特異な思想は時に〝無理ゲー〟に思えることもあるが、この教えは非常に実践的な、愛についての教えではないか。

## 三、開戦後、初の復活祭

開戦からふた月が経った頃、国連の事務総長とローマ教皇が相次いで、イースター休戦を提案した。クリスマスとともにキリスト教の最大の祝祭であるイースター（復活祭）の期間はせめて、両軍とも戦闘をやめよと。休戦は実現しなかった。が、僕はその前の受難週（カトリックで言えば聖週間）の始まりから、日本国内のロシア正教会とウクライナ正教会にともに足を運び、非交戦国ならではの自由を味わった。むろん取材のためもあるが、ひそかに夢見ていたのは、この身を架け橋の切れ端となすこと。

はじめに訪れたのは東京都目黒区の住宅街にある聖アレクサンドル・ネフスキー聖堂だ。お茶の水のニコライ堂はじめ、現在日本で正教会のイメージを持たれている教会はほとんどすべて、日本正教会が使用している。一方、こちらのネフスキー聖堂はロシア正教会が直轄する、出張所だ。前述の事情があるので、もちろん事前にアポはとっていない。

ふつうの住宅のようなドアを開けると、中は巨大な聖像画が壁をめぐり、金の装飾をふんだんに用いた祭壇の前に蠟燭《ろうそく》が何十本も灯る、別世界になっていた。マスクの下からグレーの髭が伸びる司祭に見学を申しこんだ。この人は日本語がほとんど話せないようだ。見るのはよい。だが写真の許可を求めると、君はなんだ、学生か、と問う。正直に物書きだと答えると「ウクライナ関係ある？　ならダメ。政治の話はダメ」と態度を硬化させた。いらだっている。が、ともかく見学だけは許可をもらった。

正教会の儀式に参加するのは初めてだった。この日は途中参加や聖歌隊も合わせて十人ほどが出席した。うち日本人は三人。女性はスカーフなどで髪を隠している。入った時からどこかオリエンタル（東方的）な印象が続いていると思ったら、西欧の教会には必ずあるであろう椅子がないのだった。信徒たちは並んで立ち、時にはひざまずき、祈りをささげる。司祭が振り香炉の煙で空間をいぶしながら堂内をまわる。

混声の聖歌はたいそう美しいが、決して楽器を使わない。歌いはじめに一人の女性が主調の分散和音をハミングし、それで音をとってハナから合わせる。そして祈禱の言葉であるが、これはすべて節をつけて唱えられる。

この日僕が特に見たかったのは楊《やなぎ》の枝の「聖化」だった。イエスがイェルサレムに入る際、人々が手に手にナツメヤシの枝を持って迎えたという話にもとづく習慣だが、地域によって手に入りやすい植物が異なる。寒冷なロシアではヤシではなく楊を使うと聞いていた。

はたして、開始から二時間以上続いた長い祈禱の後に祭壇の前に並んだのは、白い綿を点々と灯したネコヤナギだった。それを目にした時、一神教的な信心よりも自然崇敬の念が強い僕は、大地の恵みがかくも愛されていると曲解し、胸がつまった。その愛すべき大地をめぐる血みどろの戦いが続いており、しかもこの教団のトップはそれを聖戦扱いしているのだ。

結局その日は話を聞き出せず、あくる日曜日は聖枝祭。イエスのイェルサレム入城を祝う儀式で、受難週はここから始まる。今度は芝公園の聖オルバン教会を訪れた。僕の好きな建築家レーモンドの戦後の作品で、聖公会の教会だが、日本のウクライナ正教会がここを使わせてもらっているのだ。ロシア側の司祭さんのつれない対応とは正反対で、こちらはあらかじめメディア取材歓迎。ＮＨＫをはじめ、数多くの取材陣が集まっていた。参加者だけで三十人あまり、取材陣も入れると五十人は軽く超える。避難民だという、金髪の少女たちの姿もあった。

堂内には長椅子が列をなす。だがこれは聖公会の教会を間借りしているからであって、ウクライナでもふつうは椅子なしの礼拝らしい。聖歌はやはりアカペラだ。

司祭のポール・コロルーク氏は、ウクライナ系アメリカ人。第二次大戦中に祖父母がソ連に処刑され、その後両親は労働力としてドイツに連れていかれた。戦争が終わっても両親はソ連不信から故郷に戻りはせず、アメリカに移住する。そこで生まれたのがコロルーク氏だ。強国に翻弄されたウクライナの歴史が出生に刻印された彼は、およそ三十年前に来日した。そして祖国の独立に続きウクライナ正教会がロシア正教会から独立し、日本でも設立の要望が高まると、神学を勉強して司祭のボランティアをするようになり、いまに至る。ソ連を嫌い、自由を求めてアメリカに渡ったウクライナ人の子が、いま司祭となり在日ウクライナ人に安らぎを与えている。彼の家族の物語もまた、逃げる技法の可能性を証しているようではないか。

祈禱はウクライナ語、英語、日本語をスイッチしながら進んだ。どの言語も節つきで読まれる。ヨハネによる福音書の第十二章。ラザロの蘇生とイェルサレム入城のくだりを朗誦する。その後、英語での説教に入った。教会にとってはコロナ禍での中止をはさんで三年ぶりということもあり、説教は情熱的だった。要約すると、信仰は逃避先ではない、二千年前にイエスが体現したことと、現在我々を苦しめるさまざまな出来事とを心の中でつなぐことで、現実に立ち向かう力が得られるのだ、という実践的な、逼迫したとも言える内容で心に響く。

「この後の〝主の祈り〟は、みなさんそれぞれ一番なじんでいる言語でやってもらいます。今日は、ウクライナ語、日本語、英語、フランス語、そしてロシア語ですね」

コロルーク司祭の最後の一言で、堂内に緊張が走った気がした。それぞれの言語を代表する方が順にひざまずいて祈りを捧げてゆき、最後に大柄な男性がロシア語で祈る。なぜロシア人の信徒がここへ？

間もなく中座した彼を追って話を聞いた。

「インタビューのようなものは受けられませんが、一つだけ言わせてください。ロシアの教会は宗教ではなく、政府の組織です。警察とか情報局みたいなもので、信仰できません」

名刺をありがとう、と穏やかに微笑んで、彼は去っていった。実に明解な答えだ。彼とは翌週の復活祭で再会したが、芯の強い信仰を持った男だと想像される。と言うのも、やはりこのご時世、ロシア人の感じるプレッシャーは小さくないだろうから。

まず教会の近くにロシア大使館があることから、この日も祈禱中「おいプーチン、てめえ北方領土返せよこの野郎！」といった、右翼団体のデモが聞こえてきたものだ。

また、こんなことがあった。儀式が佳境に入り、僕たちはみな聖化されたネコヤナギ（植物の選択もロシアと同じだ）の枝を手に、教会を出て、表をひとめぐりした。はたから見るとなかなかの壮観だったろう。その際、スラリと背の高い白人男性がそばにいたので英語で話しかけると、彼はウクライナ人だという。若き日のリチャード・カーペンターを鋭くしたような知的な風貌の彼、ミコラ氏は、長いことカナダで暮らし、いまは日本で英語の教師をしているそうだ。「だけど日本語はまったくできるようになりません」と笑う。話の流れで「この植物、ウクライナ語ではなんて言うのですか?」と訊ねると、「ヴェルバ」と教えてくれた。

「ああ、ロシア語だと、確かヴィエルバとか言ってましたよ。やっぱり似てますね」

「さあ、知りませんね！　ロシア語なんてどうでもいい。なんであんなもの勉強するんです？　まったくユースレス（役立たず）なのに」

　なんの気なしに同意を求めた僕に対し、彼はそう吐き捨てた。

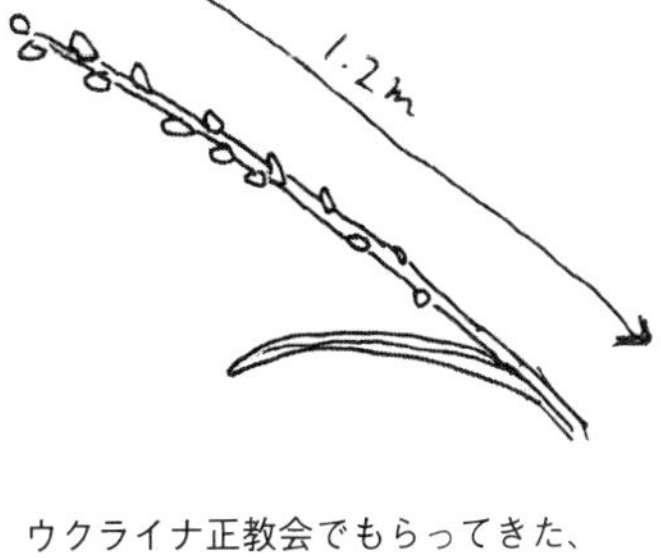

ウクライナ正教会でもらってきた、
聖化されたネコヤナギ

このロシア語嫌悪は、戦争前からだったのか、それとも戦争がそうさせたのか。もしも戦争前からウクライナ人の間でこれほどまでの嫌悪感情が蔓延していたとすると、あのスナックのママさんが言った「東部地域でのロシア語話者の迫害」は、あってもおかしくなさそうに思える。ただし、あるとしても一部の国民が勝手にそうした暴挙に出るというだけで、〝上から〟の命令や政策とは考えにくい。なぜか。

一九九六年に成立したウクライナ憲法、その第十条を読んでみよう。

ウクライナの国語は、ウクライナ語とする。

国家は、ウクライナの全領土、社会生活のあらゆる場面におけるウクライナ語の総合的な発展と普及を保障する。

ウクライナでは、ロシア語や、他の国内少数民族の言語の自由な発展、使用、保護が約束される。（後略）

この条文を尊重するなら、行政だろうが個人だろうが、ロシア語の使用を禁じたりしたら憲法違反、違憲になるのだ。原則論でいけば、上からの迫害などあってはならないのである。

この教会ではあらゆる言語の使用が認められ、主の祈りに際しては、自分がいちばん心をこめやすい言語で求められる。後で訊いたところ、コロルーク司祭は祈禱文以外のウクライナ語はわからないそうだ。自身が経験してきた言語とアイデンティティをめぐるゆらぎが、この多言語自由選択のやさしい習慣に反映されているかのようだ。

礼拝のしめくくりに、一聴して作家性を感じさせる、美しい曲が歌われた。ウクライナ人の出席者の多くが知っているようで、これまでの聖歌とは斉唱の声量が違う。国歌なら僕もすでに知っているので、そうでないことはわかる。となりの席のウクライナ人女性に訊ねた。

「〝モリトゥヴァ・ザ・ウクライーヌ（ウクライナへの祈り）〟という曲です。国歌ではないんですけど、とても大事にされている歌です」

帝政ロシア下のウクライナの作曲家ミコラ・リセンコ（一八四二―一九一二）の作品だ。後にリセンコの仕事を調べてみたところ、自分がもう少し若かったらじっくり取り組みたくなったであろう人物だった。そのピアノ曲は、易しめのショパンといった叙情を湛え魅力的だが、より大事なのはウクライナの民謡に関する功績だ。彼は数多くの民謡を集め、ピアノ伴奏を加えて編曲したのである。この人物を知れたのも、戦争への僕なりの抵抗になろう。

その後自由な取材時間になった。コロルーク司祭に説教の感銘を伝えるとともに、戦争がもたらしたキリスト教会の動揺について訊ねると、政権と一体化しているロシア正教会は論外として、彼らを正面切って批判しない日本正教会への不満を強い言葉で打ち明けた。日本正教会の声明文では「紛争の当事者である正教の兄弟間」といった表現で、加害側と被害側の区別を保留している。コロルーク氏に言わせるとそれは「学校で〝いじめ〟があったのに〝ケンカ〟はやめなさいと言うようなものです。いじめた側を叱るのではなく！」ということだ。

少年期に坂本龍馬に憧れた経験のある人間は、仲介という行為にロマンを感じるものである

（やがて自分にそんな器はないと悟る）。後日、日本正教会の本音を知りたくて電話をかけた。

「その件については取材をお断りしております」

要は黙認、黙って認めるということか。だが僕だって、同じ穴のむじななのではなかろうか。ロシア人とかロシアに対して、決然とした拒否と怒りの態度をとってはいないのだから。プーチンやキリル一世に道義的な非があることは譲らないにしても、では彼らの教会で祈る人々はどうなのか。ひとりでも、生の声を聞いておきたく、受難週の金曜日（聖大金曜日）、再びロシア正教会を訪れた。だが司祭は僕の顔を見るなり言った。

「君は正教会の信徒ではないのでしょう。用があるなら復活祭が終わってから来なさい！」

こういう言葉に限って、たやすく聞き取れるのだ。ロシア人の女性信徒がかばって説得しようとしてくれたが、無駄だった。門前払い。大事な儀式に部外者がいると集中できない、という。だが決して無駄足ではなく、一人の女性信徒に話が聞けた。僕たちの会話はロシア文化やキリスト教に関するふつうのおしゃべりだったが、彼女がウクライナへの憎悪もプーチンが始めた〝特別軍事作戦〟への熱狂も持たず、ただ「Бог есть любовь《ボーグ・イエスティ・リューバヴィ》（神とは愛だ）」の教えに忠実であろうとしていることは伝わってきた。

そしてこうした良心と出会うと、やりきれない想いがまたぞろ募るのである。いっそ、完全にイッちゃってるような人ばかりがロシア関連の場に集まっていたら気が楽だったろう。やっぱりあいつらいかれている、と線引きできて。

疲れていた。しんどかった。引き裂かれうる限り引き裂かれるしかない、などとごたいそうな覚悟を先に記したが、それも限界かもしれないと感じつつあった。翌日の夜はもはや取材寄りの狙いはほとんど持たず、自分自身すがるような気持ち込みで復活祭に出かけていった。

もちろんウクライナ正教会のほうに、だ。

意外にも取材陣はほとんどおらず、参加者だけで百人近く集まる盛況ぶりだった。途中、電気照明が落とされ、手渡された蠟燭のあかりだけになる時間があった。建築好きであれば、必ず上を向きたくなる瞬間。レーモンドが設計した、祈りに組まれた指先のように交差する梁の連なりと天井板が、ぼんやりと赤く照らし出されていた。スタンリー・キューブリックがよろこびそうな非電気照明だ。

僕も祈り、歌い、蠟燭を手に教会をまわった。それこそ怒りや憎しみとは無縁の、ただキリストの復活を祝う、平和な年にも苦難の年にも繰り返されてきたであろう儀式を、ライトアップされた東京タワーが見守っていた。

締めに、コロルーク司祭が言語をスイッチしながら繰り返した。僕たちも応えて唱和する。

「キリストは復活した！」

この夜は、戦争が終わっていた。主観の中で。

## 四、独学のすゝめ　＠ウクライナ語

日本へ逃げてきたウクライナ人の数は四月十九日時点で六四四人。すでに済州のイエメン難民の総数に匹敵する。この人たちは日本政府が受け入れに名乗りをあげたから来たのであり、イエメン難民や、わが国に流れ着いた他のあらゆる難民申請者たちとも異なる待遇が約束されている。政府が用意する定住支援策によると、身寄りのない人にはホテルをあてがい、外務省の外郭団体が運営する施設で日本語教育を受けさせ、その後受け入れ先の自治体、企業とのマッチングを進めてゆくという。この方針が固まったのが三月末で、四月上旬には、出入国在留管理庁がウクライナ避難民に対し、最大で一日二四〇〇円の生活費支給を検討していることが報じられた。そして十一日には最初の支給が行われた。

また、日本にもともと身よりがあった人々については、お子さんが初めて日本の幼稚園に行ったとか、パン屋でのお仕事を始めたとか、全国各地から、ぽつりぽつりと、避難民受け入れの成果が報じられるようになった。

ところが僕はいまだに一人のウクライナ難民とも交流を持っていなかった。教会で、どうやらあの人たちがそうらしいと遠目に見かけることはあったがそれだけだ。済州島だったらとっくに一人二人知り合いができて、オルレ観光ホテルの地下食堂でやっていたような、語学ボランティアに加わったりしていただろうに。日本は広すぎる。

心の中でなにがどう作用するのかわからないが、よい企図を思いつく時とよいコンサートを聴いた時との間には経験上、なんらかの関連がありそうに思える。五月十二日、僕のギターの先生の追悼コンサートを聴き、久しぶりに門下生の人々と飲み、うちに帰ってきて、ぼんやりと考え、日付が変わって十三日の金曜日になっていたが、Amazonで一冊のテキストを注文した。『100 Easy Ukrainian Texts』というウクライナ語の教材だ。予備知識はまるでない。ただ直感的に、僕の独学スタイルに合ってそうな本に思えた。

二日後に、本が届いた。この本を使ってウクライナ語を習得する。百本のテキストが収録されているのだから、一日二十本学んで、五日で終わらせる。そうしたら地元さいたま市で募集している「ウクライナ語通訳・翻訳ボランティア」に登録するのだ！

そう目標を立てて、ウクライナ語の独学を始めた。

ところで僕が独学にこだわるのは、驚くなかれ、貧困との戦いの意義をも見こんでのことだ。お金がなくて高校や大学に進めないという人でも、肩書を誇示する凡百の大卒など及びもつかない知性を養える。それが可能だと示したいし、そのための独学の方法の多様性は、社会の成熟度を示すと考えている。

と、いささか大ぶろしきを広げてしまったからには、ウクライナ語の学習について、かかった経費と方法くらいはご覧に入れよう。

注文したテキスト。こいつがかなり高かった。二四三四円。ここからAmazonポイントで一五五円引く。この時期、客観的に数字だけ見ると相当貧しい部類に入ったに違いない僕にとって、小さくない出費だ。しかしこれは自ら背中を押すための初期投資だ。

さっそく勉強を始めると、おもしろいことがわかった。この本は英語がわかる人を対象に書かれ、表紙には「for beginners」（初心者用）と銘打たれている。にもかかわらず、最初の章の最初のテキストからして、すべてキリル文字のウクライナ語で書かれているのだ。アクセント記号はついているが、それぞれの文字の読み方、発音の解説など一行もない。どんな初心者だよ、という感じだが、そんな初心者がまさに僕だった。きわめて低レベルながらロシア語を覚えているので、同じ文字体系（厳密にはわずかに異なる）のウクライナ語も、とりあえず音はとれてしまうのだ。

それに加えて、この本に出てくるすべての単語とテキストをネイティブが吹きこんだ音源が別にある。ここから僕には初めての方法体験となるのだが、その音源はSoundCloudという音楽再生アプリで聴けるようになっていた。というわけでスマートフォンにアプリをダウンロードする。これは無料。音源もすべて無料。

これまでの経験では、語学の音源はＣＤやカセットに頼っていた。スマートフォンのアプリは、そのどれよりも勉強に適している。これが最初の発見だ。指でピンポイントの巻き戻しが簡単にできるのがありがたい。

まず本を見ずに音源を聞き、少しでも聞き取れたり想像できたことがあれば、仕事がら家にふんだんに常備している裏紙に書きなぐり、続いてテキストを読解し、単語を覚えてゆく。一回ですべて覚えようなどとは、不惑の年のこの脳みそで、もちろん考えちゃおりません。

はじめの二日間は酒も控え、修道僧のように禁欲的な態度で机に向かっていた。緊張が続いていたが、その質は、これまで戦争や政治の引力に思考がふりまわされていた時とは違っていた。期待感に、はらわたがすーすーする感覚。だが二〇一六年に編まれたこの教材にはところどころ、いまになって炸裂する切ない地雷がしかけられていた。例えばテキスト一・三、ウクライナのキーウ在住の「私」が家族紹介する文は、こうしめくくられる。

「私の妻はロシア出身で、彼女の両親は私たちとは遠く離れて暮らしていますが、私たちはよく〝スカイプ〟を使ってコミュニケーションをとっています」

こうした何気ない一文に、在りし日の、イデオロギーやバイアスをともなわない両国の距離感がのぞいているような気がしてならない。この架空の夫婦はいまどうしているだろうか。

三日目になると、恍惚《こうこつ》と挫折の波が頻繁に訪れた。ある時は、音源を聴いてかなり理解できた。しかし別のテキストでは、ほとんどなにを言っているのかわからない。いずれにしても身についてきているのは確かなのに、気が急いて、わからないことばかり強調される。これも独学の宿命で、他の学習者と席を並べる教室だったら、自然と生じる比較や、講師からのうれしい評価などを受け、自分基準の責めが減殺されるだろうに。

わが独学は次第に宗教的とさえ言えるような内的体験をもたらすようになった。脳内に蒼い太陽が灯り、プロミネンスが刃のようにひらめいて、疑念をなぎ払う。俺はいま、祈れている。学んでいるというよりはあまりに祈りすぎている。手応えがあった。時には僕自身が難民となって、流浪の地で、他なる言語を、生き抜くために学んでいるかのような錯覚にひたった。そうした時、理がなにを主張しようが、僕はまだ見ぬあの人たちの仲間だった。

四日目、そろそろ教材ではないウクライナ語の文芸作品をのぞいてみたくなり、Kindleで一六五円の原書を二点購入した。前述タラス・シェフチェンコの詩集『コブザール』と、『ウクライナ古典文学　子どものための本』（タイトルは直訳）だ。新たに三三〇円の出費。読もうとしたが、あっさり鼻をへしおられる。子どものための本、むずすぎる。

ここまで、ウクライナ語の学習にかかった経費総額二六〇九円。直接の、実費というやつはこのくらいにとどまった。そしてたぶん、中堅大学の第二外国語の講義一学期分くらいの実力はついたと思う。知らんけど。もしも貧しさが勉学を妨げていると自棄になっている人がいたら、参考にして欲しい。そして社会は学歴・肩書重視をどんどん改めていって欲しい。

四日目のノルマを終えると、夕方、さいたま市観光国際課を訪れ、「ウクライナ語　通訳・翻訳ボランティア」の応募用紙を提出した。先に応募しておき、ニーズが出る頃にはもう少し実力がついているだろうという寸法だ。

「応募はどれくらい来てますか？」

「ロシア語の方と合わせて三人です」

ひと月半での数字だ。

「私は自営業でして、時間がつくりやすいので、ニーズがあればなんなりとふってください」

「ありがとうございます。いまのところはそんなにありませんが……。まずは生活に必要な翻訳をお願いすることになると思います。ゴミの出し方の決まりなどですね。もう少し経ったら市営住宅のほうにお一方（避難民が）入居されることになるので、その際に内見に立ち会って通訳していただくとか、そういったニーズが出てくると思います」

そしてニーズが発生したらメールでボランティアに連絡が来るそうだ。ともかくウクライナ戦争がこの小さな課の人たちにいくらかの作業をもたらしたことはよくわかった。

が、済州島の三倍に当たるおよそ一三〇万の人口を擁するさいたま市で、一人とか二人の話をされると少なさばかりが強く印象づけられる。

六百人以上の避難民といっても日本各地に分散しているのだ。この日、つまり五月十九日前後の報道から紹介すると、十六日には岐阜県各務原《かがみはら》市に避難しているナタリア・マリッチさんの長女が地元の小学校に初登校したと報じられた（CBCニュース）。同じ日に、愛知県名古屋市のあいち多文化共生センターでは、母親とともに避難してきたマリヤ・ボルジクさんがウクライナ語通訳の仕事についた（報道は二十日、CBCテレビ）。マリヤさんは一年半の日本留学経験があり、そのスキルを買われた形だ。もう少し先の例を拾うと、二十八日には滋賀県彦根市で、避難民のイリーナ・ヤボルスカさんらがウクライナ家庭料理を売るキッチンカーの営業を開始する。おお、これはミンギョンさんたちのイエメンレストラン・ワルダに通じる。

これらはいずれもキム・サンフン氏が教えてくれた難民支援プロセスのうち、「増進」の例と言えるだろう。就学の機会を得る。自身の技量や経験とそう離れていない仕事に就く。こうして地名とそこで活動するウクライナ避難民の名を並べていると、新手の町おこしにたずさわっているような気がしないでもない。一町一組、避難民。

けれども僕自身はまだ縁を持てていないのである。

## 五、改めて、引き裂かれる

付け焼刃とはいえ希少価値の高いウクライナ語の初心者レベルになれた僕は、実地に試したくて舌がうずうずしていた。テキストを終えた直後の日曜日、日本ウクライナ友好協会が運営する日曜学校へ見学に行った。僕も含めほとんどの日本人は知らなかったと思うが、在日ウクライナ人のコミュニティは、早くも二〇〇九年に、東京で最初の補助学校を開校していた。言語をはじめ、ウクライナ人としての教育を維持するとともに、親にとっては交流の場となる。

だいぶ前に、群馬県館林《たてばやし》市に多く暮らす在日ロヒンギャに会いに行ったことがある。彼らの場合、一九九四年に在日ビルマロヒンギャ協会を設立し、その十二年後には館林市の住宅街に、自前のモスクを開設した。そこは祈りの場であるとともに、子どもたちの民族教育の学校としても活用されている。僕が訪れた時、在日ビルマロヒンギャ協会会長のアウンティン氏は次のように語っていた。

「似たような境遇でも、クルド人は自分たちのモスクを持てていません。これには理由があります。私たちは早くから協会を作ってそれをコントロールし、日本の人たちと話し合ってきたからです。日本はアメリカのような移民社会ではなく、外国人が怖い人も、宗教が怖い人もいます。逆にロヒンギャにも、日本の決まりや作法がわからない人もいる。だからこそ協会を作って、日本の人もロヒンギャも、なにかあったら連絡してください、という風にしました。そうやって交渉すれば、地域の人も政府も役所も警察も、協力してくれますよ」

そしてすでに日本に帰化していたアウンティン氏は、自分たちのやりたいことをやらせてくれたこの国への感謝の気持ちを、熱く語ってくれたものだ。

二週に一度、日曜学校を開校できるようになるまでには、在日ウクライナ人も同じように地道な交渉を行ったものと想像される。そしてすでに教会や学校があるおかげで、新たに来日する避難民の苦労が減じることもあるだろう。逃げることを考える時、よその国に母国の飛び地が――先に行っている同胞のコミュニティが――あるか否かは決定的な重要性を持つ。

いま国外で暮らす日本人の方々も、よろしく頼みます。ふだんのために、有事のために。

この学校で僕は子どもたちの出し物の練習を見学した後、大人たちのコーラスに参加する成り行きとなった。楽譜があるので歌の練習はなにも困らない。少しはウクライナ語会話も楽しめた。やはり学習は、愛に通じる。悪く言えば、洗脳でもある。ウクライナ語を集中的に学んでいた数日間や、日曜学校を訪れてみなさんと歌っていた数時間は、しつこく繰り返してきた、あの引き裂かれる感覚が霧消《むしょう》しているのに気づかされたのだ。戦争の言語に翻訳すると、ウクライナこそが友軍だと胸張って宣言できる。そんな気になってくる。戦ってこの国を守り抜くしかないのだ、と、元来僕が距離をとっていた、強気で、好戦的で、ヒロイックな発言もできそうな心情に近づいている。

歓迎すべきことか危険な兆候なのか、判断しかねた。強いてめでたくまとめるなら、これまで知識・教養面では圧倒的にロシア寄りだったのだから、ウクライナ側が追い上げているという理解で、よろしい。この調子で夜も、ウクライナ語の実践会話としゃれこもう。

ウクライナ料理屋に寄って帰ることにした。以前に新聞で紹介されていて知った店だ。例によって戦争が契機となった報道で、店長の女性が、避難民となった母親をキーウから呼び寄せようと奔走している、そんな内容だった。飲みながらゆっくりウクライナ語会話を楽しみつつ、お手伝いできることがあれば聞いておこう。

そんな腹づもりだったが、やはりこの戦争は一筋縄ではいかない性格を持っている。


夕方たどり着いたその店の入口には、巨大なウクライナ国旗が掲げられていた。勇んでドアを開け、ウクライナ語であいさつした。

「ドブリー・ベーチュィル（こんばんは）！」

カウンターの向こうには、目じりが少しとがった聡明そうな顔立ちの店長と、従業員の、こちらはのんびりした雰囲気のスラブ人女性が立っている。

「ズドゥラーストヴィッツェ（こんにちは）！　ロシア語わかるのですか？」

返事はなんと、ロシア語だった。僕が最初に口にした、ウクライナ語の晩のあいさつはロシア語でもわずかに発音が違うだけだ。それで誤解されたようだ。

「ロシア語も少しは知っていますが、いまはウクライナ語を勉強しているのです」

「そうですか。でも私はウクライナ語は話しません」

「え？　ウクライナの方なんですよね」

彼女は僕より少し年上なくらいで、長きにわたるソ連時代でロシア語しかしゃべれない、という世代ではなさそうだった。このあたりから日本語会話に移る。

「ウクライナ人だけど、ウクライナ語を使う欲求を感じたことなかったから。クチマ大統領(ウクライナの第二代大統領)の頃からおかしくなったよね。ウクライナ語を使え、使えって言うようになって。だけどそれまでずっとロシア語で過ごしていたし、ウクライナの中部から東にかけてはみんなそうだったよ」

「ご出身はどのあたりですか?」

「ドネツク」

東部のドネツク州は、ルハンスク州とともに、二〇一四年に親ロ派武装勢力が独立宣言をしたところだ。そこからウクライナ軍との間で泥沼のようなドンバス戦争が始まった。すでに日本暮らしが長かった店長はこの時一度、母親を日本に呼んで住まわせたそうだ。知られざる難民と言えるだろう。母親はその後キーウに住まいを見つけ、帰国した。それから数年経って、今度は全面戦争になり、「ウクライナ避難民」という待遇も整い、再び呼び出したのだった。

「お母様は無事来られそうですか?」

「おかげさまで、もう着きましたよ、先週の月曜日に」

それはよかった。――だが、店が混みだし、店長を独占するわけにもいかなくなり、カウンターで独り飲みながら、思考をかきまぜていると、失望へ、落胆へと沈滞してゆく。ウクライナ語の練習相手にならないのは……はっきり言ってがっかりだ!

メニューを見ると、出てくる名詞は圧倒的にロシア関連が多かった。戦争が始まってから、自衛のためもあって〝ウクライナ料理〟を前面に出すことにしたのだろう。メニューの改変までは追いついていない、と。ウクライナの独自性にそう強くこだわらない人であるのは確かだった。その人の母親が、ウクライナ避難民として受け入れられる。

そのうち〝偽ウクライナ人〟とか言い出す輩が出てこないか、心配だ。

この店で見た一点のチョーク画は開戦後のいかなる親ウクライナ・パフォーマンスの動画よりも胸を打った。はじめは気づかず、そして気づかれなくてよいようにひっそりと、止まり木の背後の通路に置かれていた立て看板に、その画は描かれていた。

ウクライナの国旗とロシアの国旗が、赤いハートマークでつながっている。

立て看板は、ふつう表に出すものだろう。

「ごちそうさまでした。お母様のことで困ったことがあればご連絡ください」

「いまはね、なにが困るかもまだわからないところ。でも、ありがとうございます。お店に来る時はお電話ください。母のことで留守にしている時もあるから」

店長は僕がさしだしたウクライナ人向けの名刺をしまうと、ロシア語で付け加えた。

「あなた、プーシュキンに似てますね」

この人は、きっとたくましい人なのだ。日本で長く働くうちに、客をほめていい気分にさせる処世術も身につけたものと思われる。似てると引き合いに出されたロシアの詩聖プーシュキンの『にせ百姓娘』みたく、長年いがみ合っていた地主同士がひょんなことから大の仲良しになる、そんな未来が二つの国の間にひらけることはないのだろうか。

夜道を歩いていて、涙がこみあげてきた。

## 六、日本語講師の夢

それから間もなく、フェイスブック上で避難民向けのオンライン日本語講師のボランティア募集を見かけた。条件は、「ロシア語かウクライナ語を少し以上できる人」「外国人に日本語を教えた経験がある人」のいずれかで、少し以上と言うなら少しできる僕は当てはまる。

応募した。すぐに返信が来て、発起人の上野祐太氏とビデオ通話で面談することになった。

上野氏は当時フランクフルト・アム・マイン在住で、日本時間午後四時に始まったビデオ通話の画面には朝の光が射していた。若くしてスラブ文化の研究に生涯をささげる決意をした気鋭の学者、みたいなイメージを勝手にふくらませていた僕は、すっきり片付いた部屋に座す、あどけなささえうかがえるメガネの青年に意表をつかれた。

彼はオンライン英会話の関連サービスを展開している、株式会社Sinazyの創設者。青年実業家だ。採用は決定らしく、講師共通アカウントの使い方に関する説明を受けた。カリキュラムや日本語指導の教材のようなものは用意しておらず、すべて講師の自由とのことだ。

「それじゃさっそく、授業入れていただけますか？　明日はどうでしょう？」

僕は自分の実力をありのまま伝えたつもりだが、買いかぶっているのか、そういうものなのか、展開が早い。準備も考え三日後の午後八時に入れてもらった。

上野氏がなぜウクライナ避難民の支援活動を始めたのか、とても印象的なエピソードを聞けたので紹介しよう。

彼はかつて不動産の再開発事業にたずさわり、その関係でウクライナのキーウに滞在していた。二〇一七年のことだ。ウクライナ入りして間もない冬のある日、自動車で走っていると、急激に気温が下がり始め、外は氷点下数十度の世界になった。長い坂道をもう少しで上り切るというところで、凍結のため前に進まなくなり、逆に後ろに下がり始めてしまった。

「あーこれは事故るなあ、クライアントに迷惑かけるし、事業できなくなるなーって思いました。そしたら、後ろの車から五、六人のウクライナ人が降りてきて、みんなで車をおさえてくれたんです。そのまま坂の上までぐいぐい押してくれて。おかげで助かったけど、こっちは坂の上に着くとすぐ下りで、ハンドル握ってますからそのままさようならですよね。ありがとうも言えず、どこのどなたかもわからないまま助けられてしまいました。あの時助けられていなかったらその後の事業もできませんでした。

ですから、あの時の恩返しをしたいという気持ちで避難民の方の支援を考えたんです」

そういうことなら余計に、微力ながらお手伝いつかまつる。

その気になって準備を始めた。授業はGoogle Meetというアプリを使う。映画観賞用のテレビモニターにスマートフォンをミラーリングし、大画面で通話ができるようにした。そしてA4サイズの小さなホワイトボードを購入した。あとは一時間分の内容を考えねば。

生徒である避難民たちには、どの時間になんという〝先生〟の授業がある、と知らされており、都合のよい時に自由参加する方式になっている。逆に僕たちはどんな生徒が何人くらい来るのか、そもそも本当に来るのか、ふたを開けてみるまでわからない。

自分が現地で学ぶのをイメージし、役に立つフレーズをいくつか教えることにした。これさえあれば語彙がどんどん増やせる魔法のフレーズ「これは日本語でなんと言いますか？」。そして自分のニーズをはっきり伝える「なになにが欲しいです」。あとは町なかでも屋内でも持ち物についてでも無数の使い道がある「なになにはどこですか？」。そして後半は語彙の勉強。僕がウクライナ語で単語を言う。知っていたら日本語を答えてもらい、わからなければ教える。

ウクライナ語はまだまだ即興で自由に作文できるレベルにはほど遠いので、ざっと台本を作った。動画の収録なら、これを練習して一発撮りしたり、編集でごまかしたりできる。ところが相手がいるライブでは、まず台本通りにゆくことはないだろう。途中でお互いに意思疎通ができなくなって場が凍りついてしまったらどうしよう。

当日は時間になるまで緊張しっぱなしのまま、独りでゲネプロ的に通しの練習をした。

夜八時になった。指定されたビデオ会議のURLにアクセスする。

すぐに入室希望が来た。ダリヤ、とウクライナ語表記で名前が書かれている。オーケーすると、若い女性が画面の向こうに現れた。

「こんにちは。ダリヤさんですね」

「はい」

「いまどこに住んでいますか？」はじめに日本語で自己紹介をさせて、レベルを知る手がかりにするつもりだった。もちろん僕は日本語の時は、ふだんよりゆっくり、はっきりとしゃべる。

「ドイツです」

「あ、まだ日本に来てはいないのですね。どこで日本語を学んだのですか？」

「あー……」なにごとか言おうとして言い出せない彼女。ここらでウクライナ語に切り替え、同じ質問をする。すると通じた！　通じたのはいいけど、よろこんでウクライナ語でまくし立ててきた。まだ「ゆっくり話してください」が咄嗟《とっさ》に出るレベルでもない僕は、逆にこの表現は教材になるな、と頭の片隅にメモする。

自分でも驚いたのだが、この時彼女がつらつらと述べていたことはけっこうわかった。ウクライナにいた時から教室で学んでいて、そのため聞いてなにを言っているのか理解できることは多いけれど、自分から話そうとすると言葉が出てこない、言い方がわからない。だいたいそのようなことを言っている。それを受けて、台本を見ながら僕の自己紹介。

「わかりました。私はサネユキと言います。サネユキさんと呼んでください。ウクライナ語は少しだけわかります。勉強を始めて九日目です」

ここで相手が驚いた表情をしたのを燃料にして、調子を上げる。

「あなたにとっての日本語と私にとってのウクライナ語は、同じくらいのレベルだと思います。

私は日本語を教えます。あなたも私に、できたらウクライナ語を教えてください。お互いに、学びましょう。よろしいですか？」

　こうして記念すべき最初の授業が始まった。その直後にもう一人入室希望があり、ユリアさんという、髪の毛をバレエダンサー風に頭の上のほうでまとめた女性が入ってきた。

　ユリアさんはすでに東京で暮らし始めているとのことで、しかも日本語はほぼまったくできない状態。「日本へようこそ」からざっと自己紹介を繰り返し、さっそく、予定していた「これは日本語でなんといいますか？」のフレーズを伝授しにかかった。ホワイトボードに、ウクライナ語用のキリル文字で書いてやり、見せながら、八年近く日本語を売って生計を立ててきた者の感謝と自負をこめて、丁寧に発音を聞かせる。そして一人ずつ、言ってもらう。それからそばに用意していた、いくつかの小物を見せて「これは日本語でなんと言いますか？」の実践用例を作る。答えはまた、ホワイトボードにキリル文字で書きつつ発音を聞かせる。

　そのうち既習者のダリヤさんから「ひらがなでも書いてもらえますか？」とリクエストをもらった。そうか、彼女にとっては書く練習にもなるのだ。この機会にユリアさんに、ホワイトボードにキリル文字で書くのは必要かたずねた。

「はい、あると助かります」とのことで、以降、ひらがなとキリル文字で並べて書くようにした。キリル文字で発音の手助けをするのは僕の考案で、それが役に立っていると知ったこの時は準備の苦労と緊張がむくわれた気がしたものだ。二人ともちゃんと紙に書いている。

　二つめのフレーズ「これこれが欲しいです」の頃になると、二人の質問が活発になった。ありがたい反面、ウクライナ語の質問がこの〝先生〟に理解できないこともままある。そういう時は英語が使えたらその助けを借りる。ユリアさんの質問がよくわからなかったので、彼女より英語ができるらしいダリヤさんに言い換えてもらったり、と。

そんなこんなで、予定になかった過去と現在の表現の違いも教え、授業は順調に進んだ。

「ダリヤさん、あなたはなにがほしいですか？」

「わたしは、おかねがほしいです」

「それは私もですよ、人生はむずかしい」とウクライナ語で答え、オンラインの場が和む。

「ユリアさん、あなたはなにがほしいですか？」

「わたしは、たべるがほしいです」

あ、そういう時は、と正しい言い方を説明する。

質問のおかげで三つめのフレーズはやる時間がなくなり、語彙の学習でしめくくる。最後に、ボランティアのエゴをむき出しにして、あいさつ。

「今日はこれですべてです。少しでもみなさんのお役に立てたらうれしいです」

ユリアさんが「とっても助かりました、ありがとうございます」と言ってくれるのがはっきり聞き取れた。彼女からの最後の質問は「質問してもいいですか？　は日本語でなんというのですか」だった。おかげで僕も、質問というウクライナ語を知れたのだった。

終わると全身から精力が吸いとられたようだった。雑誌の原稿一本入稿するよりはるかに心身すりへらす作業だったが、それもこれも初めてだからだ。次からはずっと楽になるだろう。

あの人たちが、僕に教わった言葉を実地に使う姿を思い描き、解放感に浸った。

## 七、ユーリイたちとの出会い

初めての授業から二日後の日曜日。この日は日曜学校で教えてもらった、避難民との交流カフェが横浜市で開かれる。すでに夏日で、差し入れのタオルハンカチを八枚持って出かけた。交流会の会場は港北区インターナショナルラウンジの一画で、ウクライナ人、日本人合わせて二十人近くが集まっていた。日曜学校や教会で見かける人も多く、避難民自体の数はさほど多くない。部屋には古着や古書、それにお菓子などが所せましと置かれている。

会場の隅で、四十前後の男性二人と、十代とおぼしき少女二人のグループが雑談を交わしていた。近寄って、もう慣れたものだ、ウクライナ語であいさつした。

それがリビウ出身のユーリイ父娘と、タラスとの出会いだった。

ウクライナ西部の古都リビウは、さいわいまだ地上戦の舞台になっていなかった。それでも開戦間もない二月下旬には空爆が行われた、と映像を見せてくれた。ユーリイたちは攻撃対象になる怖れがある空港の近くに住んでおり、避難を決意。一方のタラスは開戦時仕事で国境付近におり、リビウに残る母親の勧めで国を出た。

なお、ウクライナのゼレンスキー政権は彼らが出てすぐ後、生産人口に相当する男性の国外退避を禁じたので、彼らのように働き盛りの年齢で避難民となっている男性はきわめて少数だ。

「いまどこに住んでいるのですか?」

「チバです」

「住まいは、アパートですか?」

「ホテルです。食事は毎食、出してもらえるけど、こういうもので」

タラスはスマートフォンで弁当の写真を見せてくれた。

「ああ、お弁当ですね。冷たいんじゃないですか?」

「そう、あまりおいしくない」

この程度の会話はもう、ウクライナ語でバッチリなのだ。

ユーリイはお嬢さんが美女なのもうなずける、立派な鷲鼻《わしばな》に、甘やかな眼を持った男前だ。スキンヘッドで、耳はトミー・リー・ジョーンズに似た尖り耳。付き合ってゆくにつれ、自分の笑顔の価値を知ってる男だろうなとうかがえた。

一方のタラスは、栗色の短髪に、少しとぼけた眼に団子鼻と、スラブ人の愛嬌の面が強く出た顔立ちだ。スペインで出会ったディミトリーを遠く偲ばせるところがある。

彼らは日本に身寄りがなく渡航したタイプの避難民だ。あてがわれたホテルで住居や仕事のマッチングを待ちながら過ごし、やがて特定活動のビザを取得するという、国が敷いてくれたレールの上にいる。ユーリイもタラスもまだ無職。もとは観光関連の仕事だったそうだ。特にユーリイのほうは、ツアーガイドとしてヨーロッパの各国を飛びまわっていたらしい。

ではなぜ日本を避難先に選んだのだろう。タラスはふり返る。

「僕たちはポーランドで避難生活を送っていたのですが、戦争がそっちにも拡大する、という情報が多く飛びかっていました。ワルシャワに長居する理由はないし、より遠くへ避難したい。そう思っていたところに、日本がウクライナ人を受け入れるというニュースが入ってきました。日本は安全な国だと聞いてましたし、ヨーロッパから遠く、戦火がおよぶこともないでしょう。そこで大使館にかけあってみたら、時間はかかりましたがビザを出してもらえたのです」

ユーリイの妻は書類がそろわず、ワルシャワに残ったそうだ。

雑談をするうちに、ユーリイがふと思い出したといった様子でスマホを僕に見せ、訊ねた。

「この場所は、ここから近いかな？　近ければぜひ遊びに行きたいんだけど」

ライトアップされた観覧車にランドマークタワーの写真……。横浜みなとみらいだ。

「すぐ近くですよ。よかったら案内しましょうか？　夜はおいしいものを食べましょう」

僕がかねて観光案内で難民支援したがっていたことは前に述べたとおりだ。というわけで交流会がお開きになった午後三時半過ぎ、四人のウクライナ避難民を連れて横浜みなとみらいに向かった。横浜は、強い。これがさいたま市で開かれたイベントだったら、僕のほうから渋めの見どころを教えることはできるけど、「これはここから近い？」と向こうがあらかじめチェックしているフォトジェニックな観光地となると、心もとない。

駅への道中、タラスが僕に訊ねた。

「オキナワは、どんなところですか？　仕事はあるかなあ」

「海がきれいでいいところですが、暑いですよ。仕事なら、東京などの大都市のほうが多いん

僕は英語ができるから、仕事できるかと思って」

「アメリカ軍の基地があるんでしょう？　僕は英語ができるから、仕事できるかと思って」


なるほど、そういう需要から沖縄を見たことがなかった。

ユーリイもタラスもそれなりの英語ができる。だから、以降僕がウクライナ語についていけなくなったり疲れたりすると、英語で話した。しかし誤解しないでいただきたい。この戦争が始まってから、「ウクライナ人はみな英語ができる」という説を一度ならず見聞きした。こういう説を唱える人はみなモグリです。僕とそう変わらない年代の女性で、全く英語ができない人もいたし、よくできるタラスの英語も、文法的には僕以上に崩れていることもある。英語ができるからエライとかできないからダメだといった話ではもちろんない。


電車でみなとみらいへ行く経路は二つあり、十円、二十円の差だが、ユーリイは迷わず安いほうを希望した。今日はなるべくお金をかけずに遊ぶことになりそうだ。夜は僕がご馳走しようと腹を決める。タラスが改札を抜けようとしてエラーを鳴らした。わけがわからないでいる彼の代わりに、駅員さんにチェックしてもらう。来る時に、途中駅の下車記録をつけていなかった結果のエラーだ。日本に来て三週間が経つが、まだまだ慣れないことだらけの模様。

桜木町駅で下車すると、通りを挟んで目の前には横浜ランドマークタワーが建っている。駅前では、制服姿の学生たちがウクライナ支援のための募金を呼びかけていた。

「ほら、あれはあなた方のためにやってるんですよ」と教えつつ、みなとみらいの遊歩道へ誘導する。雲一つない青空の下、空気は潮の香を帯び、僕自身も久しぶりの遠足で、心が躍る。十円、二十円を節約する彼らのこと、まずは無料でのぼれる展望所に連れてゆこうか。

「あれはいくらで乗れるのかな？」

ユーリイがすぐ近くに見える大観覧車「コスモクロック21」を指さした。スマートフォンで調べて「九百円です」と教える。どうやら遊びにお金を使う気はあるようだ。

彼らと行動をともにしていて、なによりも強く印象づけられたのは、その全般的なマイペースだった。異文化コミュニケーション学の開祖とされる人類学者エドワード・T・ホールは、文化を読み解く上で非言語的な要素がいかに重要か、「Time talks, space speaks」（時間はしゃべり、空間は話す）と表現しているが、至言である。時間の感覚、空間の感覚が言語並に、文化を反映しているというのだ。それにならって、ユーリイたちの見せたマイペースを、ウクライナ文化のテンポ感として理解したい誘惑にかられる。

特に二児の父であるユーリイにその傾向が強く、まあとにかくびっくりするほどのんびり歩き、しょっちゅう止まっては写真を撮りまくる。しかもその撮り方が、お嬢さんをモデルに育てるかのごとくで、長女のアンドリアーナはそれに応えてサングラスをかけてポーズを決める。ユーリイ自身が被写体になる時は、荷物をフレームの外に置く、という念の入りようだ。

そんなわけで、観覧車のある遊園地まで五百メートル程度の道のりに三十分もかかった。それだけ楽しんでくれているということで、ガイド冥利《みょうり》に尽きる。

まず大観覧車に乗った。みんな大はしゃぎで、ゴンドラの海側、陸側、と重心移動がさかんに行われる。途中、二つのビルの間に、青白い三角の稜線が浮かび上がった。

「見ろ、富士山だ」と彼らは目ざとくそれに気づく。

その後、余った券でお嬢さん二人はジェットコースターに乗りたがった。ところがこの日はすごい人出で、なお感染症対策というものを続けるため、こちらのアトラクションはいったん受付中止になっていた。代わりに急流すべりの「クリフ・ドロップ」の列に並ぶ。僕は乗車直前まで彼女らに付き添い、ユーリイは撮影スポットで待機という段取りだ。タラスは観覧車の上から見えた港付近のイベントスペースへ散歩に行ってしまった。

マイペースなのはいいが、その無防備さに、多少の外国旅行経験がある僕は首をひねらざるをえない。避難民という、危機管理の能力が日常生活よりは強めに求められそうな境遇であればなおさらだ。娘らがライドに乗って最高地点から下ってくるのを待つ間、ユーリイは地面にリュックサックを置き、手すりに肘をついて電話に熱中したり、夢中で写真を撮ったりと、隙だらけだった。バルセロナあたりの観光スポットならたやすく置き引きのターゲットになりそうだ。代わりに僕が見張る。なるほど彼らは「日本は安全でいい国です」と言っていたが、この板についたのんきさは、日本に来てにわかに鍛えられたものではなかろう。

済州を訪れた時、コンビニのテラス席や、港町のコンテナの日陰に座って談笑するイエメン人たちと過ごし、その距離感やもてなしの心に、イエメンの町角が召喚されてあるかのような錯覚に酔わされたものだ。それと同じで、僕はユーリイたちのふるまいのところどころに、彼らの故郷を幻視する。きっと彼らは、故郷での余暇には、もっと、輪をかけて、マイペースで、のんきに過ごしていたに違いない。そしてこのテンポ感の源を、国民性、民族性、個性などどこに求めるかはお好みでどうぞとした上で、一つ確かなのは、平和の成果だということ。この人たちは、平和に暮らしていたのだ。戦争は、こののんびりやで愛すべき人々を襲ったのだ。

　初夏の日脚は十分に長い。ユーリイがしきりに、ライトアップされた観覧車を見たがったので、僕はみんなを、それが眺められそうな場所にあるカリフォルニア料理屋に連れていった。大当たりだ！　僕たちは窓際の、正面に大観覧車が見える席に案内してもらえた。

「ここは僕がご馳走しますから。ビール好きですよね？」

「ありがとう、もちろん飲みたい」

　ちょうど各種の支払いが重なって財政難に苦しんでいる恵まれない作家だ、などとはおくびにも出さない。楽しんでもらい、楽しみたい時はブレーキをゆるめる。

　日本のビールは大好評だった。飲み始め、料理を待つうちに日が暮れてくるという最高のシチュエーションだ。ウクライナ語で日の入りはなんと言うのか、タラスに教わった。

　お嬢さんのピザが先に届き、続いて熱々のジャンバラヤが運ばれてきた。みんな、食欲旺盛、気持ちのよい食べっぷりだ。おいしい、おいしい、日本に来て食べた中でいちばんおいしい、くらいの勢いである。やがて大観覧車のライトアップが始まった。この日僕が学んだ、最初のテキストには載っていなかった表現は、「Супер《スーペル》!」。ユーリイが何度も口にしたのだ。素晴らしい、という意味らしいことは説明をもらわずともわかった。Superに由来する外来語だろう。

二時間近く店内でゆっくりし、夜のみなとみらいに出ると、水面に映る夜景も美しく、当然また、撮影だらけの牛歩が始まる。しあわせなくらいのスローペースで、ゆとりのある長い橋を渡って桜木町駅を目指す。

「見て、私たちの旗よ」

アンドリアーナがそうつぶやき、水路の向こうにそびえる市庁舎ビルを指さした。ビルの隅が細長く、黄色と青の二色にライトアップされている。よく見ているもんだなあ。醒めた眼で見ればしょうもない企画だが、確かにウクライナ人をよろこばせているのを知った。地形からして地味なさいたまの市民は、ちょっと横浜に嫉妬する。

急流下りに出発する避難民の姉妹。彼女たちはСтрашно（ストラシュノ＝こわい）なアトラクションが好きだった

## 八、差別待遇、そしてタラスの悩み

ユーリイたちと知り合ってから、ウクライナ語の勉強に新たな手応えが感じられるようになった。この頃はテキストの二周目をランダムで復習しつつ、百数十円でKindleに入れた別の教科書を進めていた。

勉強していると、時々、彼らの存在が生々しく想像される。さあっとかすめてゆくその像は、前回会った時の一コマであったり、文字でやり取りするメッセージだったりさまざまだが、「この表現を使えばよかったんだ」とか、「今度これを試してみたい」とか、稀には「あの時彼らが口にしていたのはこの単語では」といった気づきであるとか、とにかく実地に即している。しあわせな独学、と呼んでこの変化を噛みしめた。子どもの頃、虫が大好きだったが、語学をやっていると時々あの頃の、昆虫採集のわくわくを感じられる。「あっ、ここにいた！」とか「図鑑には載ってたけど、本当にいるんだ！」といった発見のよろこび。

こうした活動をする僕には済州島のかたきを討つ意識がついてまわった。かたきもへったくれも、イエメン人たちはその後それなりに平穏な生活を韓国で続けていたのだが。僕がもし向こうの住人だったらどんなふうになれたかを、ウクライナ人相手になぞってみたいという欲求は確かにあった。そして胸を張って次のテーゼを提出できるに至ったのである。

難民は、一人一人が大使である。もとい、難民一人一人が持っている大使の可能性、外交官の可能性、素敵なゲストの可能性を引き出すのは、迎える国の、私たちのまなざしである、と。

まなざし、と表現したのは詩的な効果を狙ってではなく、社会学者のジョン・アーリが提唱した「観光のまなざし」のように、良くも悪くも知的に制度化された見方に堕《だ》する危険をほのめかしたいからだ。例えば済州島で聞いた「本当の難民ならどんな仕事でもするはずです」という言説も、一つのまなざしであろう。そして当の難民がその通りに動かされてしまったとすると、まなざしが強制力として機能したことになる。

制度化されたまなざしは、死んで防腐処理をほどこした昆虫を標本箱にピン止めするように、相手を突き刺し、はりつけ、動けなくする危険をともなう。動けなく、とはふつうの個人としてのその人らしさが発揮できなくなるということだ。誰かの郷土というかけがえのない存在だったとある町が、自ら、しかし強いられて、観光地化してゆくように。

僕が見つめるユーリイたちはどうだろう。あるいはまた、彼らが僕に向けるまなざしは。東日本大震災が起きて間もない頃、ボランティアでちょっと差し入れをした相手の男性が、ひと月後に電話をよこし「すいませんが、カラーテレビを一台、いただけませんでしょうか」と言ってきたことがあった。彼は僕をそういう風にまなざしていたのだろう。率直に、がっくりきたが、そんなことで一々へこんでいたらボランティアなどできやしないのだ。

訂正。そういうことで一々へこみながら、折り合いがつこうがつくまいが、時は勝手に流れてゆき、人は歳をとってゆくのである。

六月に入り、はじめの日曜日、久々にウクライナ正教会の祈禱が行われる聖オルバン教会を訪れた。タラスも来ることになっている。この間に彼から興味深い話を聞いていた。同じウクライナでも、タラスの信仰は東方正教ではなく、ギリシャ・カトリック教会なのだと言う。教義の内容は同じでも、ローマ教皇の管轄下に入るため中世に誕生した教会で、十九世紀初頭以来、リビウはその本拠地となっている。なお、前に触れたウクライナ独立運動の英雄ステパン・バンデラはこの教会の司祭の息子だった。タラスもユーリイも、西ウクライナの首都のような存在である自分たちの故郷について、「こっちが本当のウクライナだ」といった表現をする。第二次大戦中、バンデラをリーダーとするファシズム組織ＯＵＮ（ウクライナ民族主義者組織）がドイツ軍の助けを得て奪還し、ウクライナ独立宣言をしたのもこの街だった。

祈禱のしめくくりに、ミコラ・リセンコの『ウクライナへの祈り』が歌われた。今度は練習してきていた僕は、声をはりあげて歌った。その後、残る人は残って団欒のひと時を過ごす。タラスと僕が、みんなで横浜に行った話をするとコロルーク司祭は「それはよかった、それはよかった」とよろこんでくれた。遊びは正しい！　お墨付きをもらったようなもの。この日も遠足に行く流れとなった。タラスと、同じホテルで避難生活を送るキーウ出身の二人の女性、イリーナとマリーナ、それに日本ウクライナ協会の方々と僕で、皇居東御苑へ行く。

マリーナは以前日本に留学していた経験があり、日本語を少し話す。特に花の語彙が豊富だ。対照的にイリーナは日本語どころか英語さえほとんど話せない。閉園時間ぎりぎりに出て皇宮警察にあいさつすると、協会の人たちは先に帰った。僕らはマリーナの要望で、北の丸公園を経由して靖国神社に向かった。花を愛するウクライナ人女性のマリーナが、靖国神社に参拝したがった、というわけではない。彼女はそこがどういう場所かも知らず、ただ大鳥居《おおとりい》の写真を見せて「これが見たい」と言っただけだ。時間的に閉門してそうだが、鳥居は見られる。

田安門のあたりにさしかかった時、タラスが訊ねた。

「あなたは難民について調べていると言ってましたね。どんな人と会いましたか？」

僕はイエメン難民の話をした。

「その人たちはどのくらいで帰国できたんですか？」

「僕の知っている限り、帰国した人は、強制的に送られた一人だけだ。反米的な思想を持っていたとか、そんな理由で。あとはみんな、もう四年間ずっと韓国にとどまっているよ」

「四年も？　ひどすぎる。僕は毎日、毎晩、悩んでいる。国のことを考えて、あまりよく眠れないくらいだ。帰りたいし、帰ったほうがいいんじゃないかと」

「日本にあまり馴染めないようだね」

会わない間にＳＮＳでそんな話を聞いていた。

「いやだというわけじゃないんだ。ただ、全然違うということなんだ。せめてポーランドに、ワルシャワにでもいれば、僕らの国が近くに感じられたろうけれど」

「だけど君は、離れたくて日本に来たんだろう？」

「あの時はそうでした。戦争が他国に広がる怖れがあったし。でもいまは、わからない。それに〝難民〟扱いされるのは、いやだな。自分が能なしみたいに思われているようで」

タラスは努めてするような笑みを作った。

難民扱いされたくない？　なにを甘ったれたきれいごとを言っているのか。この日本に来て、特別扱いしてもらえることがどれだけ異様で、妬ましかるべきことかを知らないからそんなことが言えるのだろう。

さっきから自分でも恥ずかしくなるくらい、引き裂かれるという表現を多用してきたが、ここにもまたウクライナ戦争が僕たちを引き裂く要素がある。牛久収容所の実態に端的に表れているように、わが国では助けが必要な外国人が、人間扱いされないことさえしばしばあるのだ。

タラスたちと付き合い始めてしばらく経ち、どうしても気になって、韓国で暮らすイエメン難民のマジードに連絡をしたことがある。いっしょに野球ゲームをやった相手だ。すでに日本に来たウクライナ避難民の数は一二〇〇人を超えていた。彼らと交流を持ちながら、時折君たちを思い出すんだ、と。マジードの答えは辛辣《しんらつ》だった。

「いや、僕らと彼らは違うよ。彼らはヨーロッパ人で、どの国でも助けているじゃないか。もちろん僕もウクライナの難民が支援を得られるよう願っている。つらさを知っているからね。

でも本音を言うと、世界はこんなにもレイシストだらけだったんだって思ってるよ」

「そこなんだよ。僕個人について言わせてもらえれば、もし君らが日本に逃げていたら手助けもできたろうし、いっしょに遊べただろうと思っている」

「それはわかってる、君はいい人だし、感謝してるよ。僕が言ってるのは政府のことだ」

「日本政府もね。ウクライナ人は助けて、国民の多くもそれに影響される。イエメン人やアフガニスタン人やミャンマー人は関心にものぼらない」

「まったく。だけどいいんだ。僕らは助けを得ずに生きていけるし、僕らの国もよくなるかもしれない」

イエメンの政情とはもはやすっぱり切り離されていて、内心申し訳ない思いを抱えていた。そして思索とは裏腹に、仲間がイエメンに帰るという可能性をまったく考えなくなっていた。そんな僕に、マジードのこの言葉は唐突な希望を投げかけた。

「帰国する予定があるの？」

「そりゃそうさ、わが家だもの！　もしかしたら近々ね。状況は少し良くなりつつあって」

難民が国に戻ってやりなおす。これぞ逃げて生きる道の理想の一つだ。


「難民扱いされているかどうかなんて、そんなに気にすることでもないんじゃないかな。例えば僕にとっては、避難民というくくりが、君たちとの出会いのきっかけにはなった。じゃあ常に避難民としてしか見ていないかと言うと、人間はそんな単純なものではないよ」

わが国の差別的な入管行政に関する込み入った話はせず、この程度の本音を伝えるにとどめた。タラスは散策を始めた頃から、時々不意に心を離してゆくような態度をとることがあり、どうやら悩みに揺れているようだった。

「日本のビール、好きですか？」ウクライナ語でイリーナに訊ねると、「飲んだことないから試したいわね」と言うのが一発で聞きとれた。これぞ学びの快感。

「それじゃ今夜、試せますよ。鳥居を見物したら、みんなで夕食にしましょう！」

女性二人も乗り気だ。ゆっくり食べて、飲んで、お話ししよう。

夕方で人のほとんどいない靖国神社の参道を歩く。いちおうの説明をタラスにする。

「ここは国のために亡くなった人を祀《まつ》るとこなんだ。ウクライナにもそういう場所はある？」

「え？　ああ、あるよ。第二次大戦の時のとか、他にもあるだろう」

空をつくよな大鳥居、と歌われたその鳥居を見上げていたタラスが答える。

鳥居が見たかっただけとは言え、マリーナさん、なぜここをリクエストしたかなあ。

ウクライナ戦争が始まってから、戦って国を守る気概に感化された人々が増えた。僕はその威勢のよさには与《くみ》せない。そういう状況で、その発信源ともいえるウクライナ人を連れて、国のために戦う物語を隅々にまで充塡《じゅうてん》した靖国神社を訪れるとは、妙なめぐりあわせだ。

せっかく来たんだからお参りして、平和への力添えをお願いしたくなっていた。

閉門していた。しかし高燈籠《たかとうろう》までは行けたので、当然のごとくあの画が目についた。ここの高燈籠の基壇には近代日本の幾多の戦争の場面が浮き彫りされているのだが、うち一枚は日本海海戦。旗艦三笠上の東郷平八郎。そう、ロシアのバルチック艦隊を破った時の画だ。

「おいで、こっちにおもしろい画があるよ」

タラスたちを招いた。マリーナはこの頃から誰かと長電話を始め、電話しながらも時々こちらの会話に混ざる。僕は日本海海戦の説明をした。ロシアを打ち破ったことを強調して。帝国ロシアに悩まされた国々では東郷や乃木が人気だと聞くが、ウクライナではどうなんだろう。

「ああ、この戦争は聞いたことがあるよ」

タラスは特に感心するでもなくそうつぶやくと、写真を一枚撮った。そして神社を後にして歩き出し、不意に笑顔を見せた。

「日本がすごいなあと思うのは、車の音だ。これだけの車が走っているのに、なんでこんなに静かなんだろうね。これがキーウの同じ規模の道路だったら、やかましくてしょうがないよ」

夜は飯田橋駅近くの中華料理屋に入った。エビチリと、餃子二種類と、クラゲのサラダと、青椒肉絲《チンジャオロース》と、その他もろもろ、ライスも添えて。注文して待つ間、タラスは従兄弟が戦争で負傷し、その友人は戦死した、といった話を、負傷箇所の写真を見せながら僕に聞かせた。それはだいぶ前の、ドンバス戦争の時の話らしく、彼がなぜその話をしたのかわからなかった。

料理が来た。中華は最強だ。はずれなし。みんな、もりもり食べる。タラスはラー油が気に入ったようで、やたらとかける。その好みがウクライナ料理、ロシア料理によく使われるサワークリームへのノスタルジーと関係あるかどうかは解き明かせなかった。アルコールを欲しがらないマリーナ以外は、みな生ビールで乾杯。

イリーナはビールをひと口飲むとジョッキを置き、まじめな表情になり、日本語で「いい」とつぶやいた。その一連の仕草が僕には「もういい、いらない」の「いい」と受けとれ、「おいしくないの?」とウクライナ語で問う。「おいしいですよ」と彼女。そこで誤解に気づき、日本語の「いい」には「いらない」の意味もある、と説明すると、みんな驚いている。

箸が落ち着いた頃、タラスの悩みを聞いた。

「僕はウクライナに戻りたい。せめてワルシャワにまでは戻ったほうがいいんじゃないかと思うんだ。だけど母は日本にいなさい、と言う。逆にこっちは母が心配だから帰りたいわけでもあるんだけど……」

「お母さんが日本にいてくれと願うのは、君がわが子だからじゃないかな。母親というのはそういうものなのかもしれなくて」

「そうなんだよ！　それに僕はひとりっ子で」

わが意を得たり、とばかりにタラスが眼を見開いて即答する。こんなふつうのことさえ、他人からは中々言ってもらえないのだろうか。僕は母親の想いで単身イエメンから逃がされた、当時十五歳のハムサ君の話をした。中東でも東欧でも、善き母親の想いは同じなのだろう。

「そんなに悩まないで、いまはお母さんの言うことを聞いていればいいんじゃないかな」

「うーん、自分でもよくわからない、どうすればいいのか」

「僕が心配なのは、この戦争のせいで、軍隊に行った男性と、そうでない男性との仲が悪くなってしまうんじゃないかということなんだ。戦争へ行けという圧力があって……」

「すでに始まってるよ、そういうことは。国内の友人たちと連絡をとっているとね、わかる」

「タラス、僕が君に言えるのは、どうか自分を責めないで欲しいということだ。君は逃げられる時に逃げられるところにいた。ご両親も、君も、その時には最善と判断した。それだけのことだ。むしろいいことをしているんだよ、きっと。こうして僕らと知り合って、ウクライナを伝えてくれる。それも立派な貢献なんだ、もし君が望むなら、国への貢献」

「よくわからないけど……。あ、くそお、あいつらまたこんなことを。見てよ、〝ホロドモール〟だ。ロシアの奴らが、占領地で食物を焼き払ってやがるんだ」

タラスはスマートフォンでニュース動画を僕に見せた。ウクライナ南東部でそういうことが新たに行われたらしい。ホロドモール、人工飢餓とはスターリン時代のソビエト・ウクライナで行われた〝政策〟だ。ウクライナで産する豊かな穀物をロシアのほうで独り占めし、意図的に大量の餓死者を発生させた。マイダン革命後のウクライナに成立した反共産主義法では、この史実を否定するような発言や記述は、言論の自由の対象外とされ、禁じられている。なお、当時リビウを含む西ウクライナはポーランドの支配下だったため、ホロドモールは免れた。ステパン・バンデラと彼らの組織はその頃ソビエトの要人に盛んに攻撃をしかけている。

「女性陣はどう思うかな？　ウクライナの若い男性はすべてが戦いに行くべきかどうか」

英語で話題をふると、マリーナが答えた。

「必ずしもそうとは思わないわ。病気の男性は戦えないでしょうし、科学者とか技術を持った人ならその能力で貢献することもできるでしょうし」

藪蛇《やぶへび》だった。そのどっちでもなさそうなタラスを元気づけて欲しかったのに！

そんな話をしているうちに、夕方寄ってきた靖国神社のおかげか、明治天皇の御製《ぎょせい》が一首、自作まがいのひらめきとともに頭に浮かんだ。

「ちょうどいい日本の詩を思い出した！　聞いてくれ、日本がたくさん戦争していた頃のエンペラーの作品だよ」

僕は一首を念のためノートに下書きし、和歌の抑揚をつけて朗詠した。

国を思ふ　道に二つはなかりけり　戦の庭に立つも立たぬも

「すてき。よくわからないけど、あなたの詠み方が」マリーナが灰色の瞳を輝かせた。彼女はコロルーク司祭の節つき日本語も気に入っていたし、好みが芸能向きなのだろう。

この歌が詠まれた背景は知らないが、日清日露いずれかの役《えき》の時だと思われる。実際に戦場で戦う者も、そうではない者も、国を思う心に変わりはなく、それが等しく道を為すのだよ。そうなんだよ、きっとそういうことなんだよ、と英語で、二通りに訳し分けて説明するとタラスは理解してくれ、穏やかな笑みを浮かべ繰り返しうなずいた。

もっとも、彼の顎がつくるそのリズムは、そろそろ良い気分になってきた、という証かもしれないが。その後、試しに味見を、と紹興酒を飲ませたところ、タラスは「これはおじいちゃんが飲んでいた、薬用の酒と似ている！」と少年のように興奮していた。

その酒はクルミで作るそうだ。いつか味見したい。平和なウクライナで。

## 九、亡命国防宣言

気休めで言っているのではない。僕は残念ながら日本人だし、さいわいなことに日本人だ。

残念ながら、は限界をふちどり、さいわいなことに、は可能性に恥ずかし気によりそう。もちろん、具体的な愛をひしひしと感じられる最大の対象は、僕にとって地球だ。そして本音を言えば、生きているうちに国民国家を超えたなんらかの、善き共同体の萌芽なり定着を見たかった。が、間に合わなそうだ。だから、と妥協するわけではないが、あと四十年ほど生きて死を迎えるまで、言語と抽象の能力を失わない限り、仮にどこか好きな国に帰化することがあろうと、意識としては日本人であり続けるだろう。残念ながら、そして、さいわいなことに。

僕が言っている日本人とは、無垢な人々を誘惑する、日本人はすばらしいとか優秀な民族だといった類の粗雑な言説に登場する大きな名詞とはだいぶ違う。

僕を特徴づけるさまざまな個性がある。それがどれだけ日本という環境に、あるいは想像の共同体に、依存しているか自覚する度合いにおいて、僕は日本人なのだ。

具体的な例を一つ挙げよう。僕は日本の核武装には絶対反対であり、墓場まで宗旨《しゅうし》替えせずに生きてゆくだろうし、逆に一人でも多くの地球人を反核思想に導きたいと思っている。

広島の平和記念公園の碑文が批判されることがある。「安らかに眠って下さい。過ちは繰返しませぬから」とは誰が言ってるんだ、原爆を使ったのは米軍じゃないか、なぜ日本語なんだ、と。高校の修学旅行でここを訪れた時から、はっきりと理解していた。生き残った人々が、殺されたあの人たちの多くに伝わるよう日本語で、しかし人類を代表して約束しているのだ、と。それ以外どんな解釈があるか。そして僕が最初の大学を中退したことについてはさまざまな理由があるが、科学者になる夢を捨てる背中を押したのは反核思想だった。

当時の僕は、忘却する技芸を夢見ていた。社会制度や統治形態における復古は起こりうるが、技術史は後戻りできない。これがその頃僕を悩ませていたテーゼだ。要するに、原子核分裂の連鎖反応などという技術は、人類全体で忘却したいのである。だけどできない。だからつらい。

ご覧のとおり、外国の人間と接する機会が比較的多い僕は、もしも話題が原水爆の擁護とか肯定の話になったら相手が誰であれ、必ず自分の、人類の意思を伝える。話していて涙ぐんでしまうこともある。現実には、広島市と長崎市という日本列島のほんの一部に原爆が落とされただけだが、日本人という意識を媒介にして悲劇の歴史を横領し、そこから思索し、人類に向き合う。例えばこれが、僕の日本人らしさだ。付け加えると僕は、日本国が核武装したら、その瞬間に日本は滅びると信じている。また、八十年近く戦術核、戦略核の実戦使用が抑止できたのも、プーチン大統領がいまだに核兵器を使用しないのも、自分が殺されるわけも根拠も手段もわからぬままに殺されていったあの方々のための、祈りの成果だと信じている。

例の一つが長くなってしまったが、これが僕の個性だ。そしてこの個性は十分に日本産だと自覚している。アメリカ合衆国や中国に生まれていたら、自分の、核技術に対する態度がどうなっていたか想像もできない。他にも、前に述べた独学による低レベルながらの多言語習得も、実は日本の環境のおかげだと考えうる。警備員をしていた頃、さまざまな外国語の本を読み漁っていたが、あれは毎月一度、宿直明けに買い出しにゆく神保町の古本屋街がなければできなかった。また、ある特定の言語を毛嫌いする習慣を持たない共同体に属していればこそ、自由な興味を持ち、学べたのだ。

その他無数の細かい個性に、日本が、日本人が刻みこまれているだろう。

そしてここからが重要なところで、僕が遠ざけておきたいナショナリズムが、社会環境やメディアを通じて個人に対し外圧的に、規範的に押しつけられるものだとすると（「日本人ならこうあるべきだ」など）、わが流儀はもう少し軽やかに、内から、個人から、共同体のほうに、へいへいへいへい、手柄をくれてやるくらいの意識でなされるのだ。あなたが――外国人のあなたが――私になにか美点を見出したとすれば、それはわが祖国が育んでくれたのですよ、と。こう書きながら僕はすでに、国外に、日本という共同体の外に心を亡命させている。これは亡命者の発想であり、倫理であり、武器によらぬ国の守り方なのだ。カザルスが、フランコ独裁に支配されていないほうの祖国カタルーニャをその言動で守りぬいたように。

日本が守るに値するものなら、それはもうわが心身に宿っている。日本とは、私だ、この命だ。そのくらいの意識を持って逃げる者は、立派に国を守っている。彼ら彼女らの姿は行く先々で日本への関心を生み、同情と憧憬を育て、世界秩序を動かし、十年かかろうが二十年かかろうが一世紀かかろうが、必ず侵略者を退かせ――放射能に長年占拠されていた原発付近の町村にそろそろ人が戻り始めたように――国土を回復する。最悪の場合、国土は新たに、外に取り戻されるのでもよい。軍備増強や同盟関係構築の議論はされればよい。ただ、一国の軍備増強が近隣国に挑発と受けとられる可能性、また、戦ってもついには負ける可能性がある以上（最後の戦争は大負けだった）、僕の考えを非現実的などと誹《そし》らないでいただきたいものだ。

かく提唱する僕が、じゃあ日本が攻め込まれたら真っ先に逃げるかと言われると実はそうとも限らない、という割り切れなさをもふまえた上で、僕は個人を尊重し、国家の上に置き、そのしなやかな強さに期待する。

　またしても、この考えだって、日本産だと重々自覚している。明治製のナショナリズムはおよそ八十年でいったん清算された。戦後日本もそろそろ八十年、物差しの上でも立派な持続を、伝統をなしている。平和ボケと言うのなら、それも恥じることない立派な日本文化だ。

## 十、ディズニーシーにて

　ユーリイから、娘をディズニーシーに連れて行きたいのにチケットがとれないと相談があった時、そんなわけだから僕はよろこんで協力することにした。そんなわけだからとはつまり、日本にいる間は平和をぞんぶんに浴びて欲しいのだ。

　もうすぐ二人の娘が相次いで誕生日を迎える。プレゼントとしてディズニーシーに連れてゆきたい。お金の用意はある、ところが丸一日、オンラインチケット販売サイトで悪戦苦闘しても自分のカードでは買えない。なんとかして欲しい。それがユーリイの相談だった。

　お安い御用、だったはずが、ディズニーリゾートの最近のオンライン化とセキュリティ対策のせいで、僕のカードで八方手を尽くしても購入できず、たまたま別件で連絡をくれた柏原氏にお願いしたところ、彼は彼でボランティア精神を刺激されたのか、なんと、ユーリイと、二人の娘と、付き添いの僕の分を買ってプレゼントしてくれた。

ディズニーシーにおいてもウクライナ・オプティミズムとでも呼ぶべきマイペースが発揮され、僕をひやひやさせた。正直、いらいらもあった。当日、舞浜駅に来たのは彼ら三人だけではなく、イリーナとその娘までついてきたのだ。

「現地でチケット買えるのでしょう？」と、こちらの苦労も知らず、のんきなものだ。ホームページを見ても、ディズニー好きの知人複数に訊いても、いまはオンラインチケットだけという建前になっている。まあこの二人が入れなかったらかわいそうだが仕方ない、そこまで面倒見きれないよ！　なぜ自信満々に当日、アポなしでやってくるのか、まったくもう。

さいわい、チケットは購入できた。ディズニーのコンセプトからすれば相当に殺風景な場所に連れていかれ、在留カードを見せてなんとかなってしまった。

それからのおよそ十二時間は、楽しく、時に悩ましく、そしてものすごく疲れた。この日だけでずいぶんウクライナ語に慣れた。忘れられない単語は、страшно《ストラシュノ》という形容詞。怖い、という意味だ。今日の主役の二人のお嬢さん、ディズニーが好きというよりはスリリングなアトラクションが大好きで、幅広く乗らずに、偏食的に〝ストラシュノ〟なものばかり繰り返し乗りたがったのだ。センター・オブ・ジ・アース三回、レイジングスピリッツ三回、インディ・ジョーンズ・アドベンチャー三回、そしてタワー・オブ・テラー二回……と。これには言葉の壁のせいもあったかもしれない。ディズニーのアトラクションは、わりと設定やストーリー込みで楽しむのが多いようなので。僕はできる範囲でしか訳せないから、そうすると、肉体言語で納得できるアトラクションの人気が高くなるのも無理はない。

二人姉妹にイリーナの娘さんも加え、列で待つ間抱き合ったりじゃれ合ったりしている姿は非常にかわいくめずらしく、来園者たちのあたたかい注目を集めていた。これは身びいきではなく、本当に目立っていたのだ。

さびしい思いをさせられた時もある。昼時。

「サネユキ、君の分も用意してきたからみんなで食べよう」

ユーリイは表のテーブル席にリュックサックの中身を出していった。魚のフライ、お好み焼き、スパゲティ、などなど、すべて赤の半額シールがついているではないか。前の晩に近所のスーパーで買ったのだろう。当然のことながら、一つをのぞいてすべて、この時点で消費期限が切れていた。時に六月半ば。食べ物の足が早い梅雨時。

「ユーリイ、これはダメだよ、気をつけないと。全部古くなってるだろう？」

「問題なく食べられるよ」

「いや、わからない。僕たちはまず食べないよ。お腹を悪くしたら大変だ。まして君たちは避難民なんだし、医者行くのだって大変だろう」

得意そうにほおばるユーリイの表情と、僕の気持ちのギャップに耐えられず、目を伏せた。食料問題をさらにやっかいにしていたのが、飛び入り参加のイリーナ母娘だ。と言うのも、僕はユーリイに、事前にこうメッセージを送っていたのだ。

「ディズニーシーでは飲食にお金がかかるかもしれない。だけどチケット代が浮いた分、あなたは娘さんたちにおいしいものを食べさせてやってください」と。

このメッセージを言い換えると、「楽しむ時はケチケチせずに楽しもうぜ」となり、単なる僕の好みである。ところで新規参加の二名様は、自腹でチケットを買っている。要は、グループ内で経済格差が生じている。だから言い出しづらい。じゃあおまえが奢《おご》れと？　こちとら、前二回の遠足で奢りすぎていて、平家じゃないけど久しからず、の懐事情。

この問題は夜、再燃した。花火まで見て閉園いっぱいまでいるつもりなら、一食きちんととっておいたほうがよい。ところがイリーナは延々と「どこかでコーヒーを」ばかり繰り返す。やがて察したが、節約したいのだ。しかし彼女の事情にみんなが合わせて食いっぱぐれるのがいちばん怖かった。そこで僕は多少強引に、一軒、予約なしで入れる店に連れていった。長女のアンドリアーナは一食千円前後のメニューを見て、「ここはいや」と首をふる。

主役の彼女がそう言うなら、と他の店へ向かいかけたが、気になって訊ねた。

「どうして？　好きなものがないから？　それともお金の理由？」

「ちょっと高いから」

それを聞いて僕はついに声をあららげてしまった。

「今日は君の誕生日なんだ。そんなこと言わないでくれ。おいユーリイ！　娘さんは食べたくないんじゃなくて、お金を心配してるだけなんだ！　食わせてやれって言ったじゃないか」

「わかったわかった、サネユキ、そこで食べよう。君の分も僕が払う」

「僕はいいんだ、それより娘さんにだね……」

後半は英語のやりとりだが、そばにいるイリーナに気まずさは伝わっているだろう。ああ、しかしいったいこれはなんのコメディだ？　このなにやら吼《ほ》えている日本人は、ユーリイがいま無職で、生活費給付による収入面では娘さんとほぼ対等だと頭では理解していながら、なお父娘の役柄を押しつけようとする固さがある。すったもんだで店に入ったが、我々はビールも飲んでまともな肉食、イリーナ母娘はケーキとコーヒーを細々と口にする、いびつな雰囲気。

もう、耐えられない。出血覚悟だ。

「それだけで足りる？　なにか食べたいものがあれば言って。ビールは要らない？」

「いいです」と取り合わないイリーナの横顔は心なしか、誇りをにじませている。彼女には彼女なりの気配りがあるのかもしれない。

「欲しければ僕があなたに仕事《ブラッーユ》しますから。……あ、プラッーユじゃなくてプロシューユ」

「サネユキ、ご馳走する、ならザプロシューユだよ」とユーリイ。

「そう、それです」

「まあ、プラッーユですって」イリーナが口に手を当てて笑い出した。結局彼女は遠慮したが、空気は和んだ。僕が気にしているだけで、もともと強ばっていなかったのかもしれない。

食後、改めて〝ストラシュノ〟なアトラクションに向かう途中、ビデオ通話をしながら歩いていたアンドリアーナが電話の相手に僕の話をしているのが聞きとれた。

「いまね、サネユキとディズニーシーに来てるのよ！　……サネユキってとても親切な日本人で、色々助けてくれるの」

面《おも》はゆい。

「誰？　君のお母さん？」彼女はうなずいて、電話を僕にさしだした。火山島を歩きながらのほんの一瞬の会話で、おざなりの自己紹介と、みんな元気ですと伝えることしかできなかった。

電話のあとで、アンドリアーナがささやいた。

「ママはワルシャワで仕事を見つけたの。だから日本に来られるかどうか、わからない」


二度目のタワー・オブ・テラーは一時間待ち。時間的に最後のアトラクションだ。表にまで延びた列に並んでいるうちに八時半になり、花火の音がとどろいた。

「僕らが並んでいるから、見に行っておいで」

そろそろ疲れ果てていた娘たちはよみがえったように音のするほうへ駆けていった。この子たちは、花火の音に拒否反応を起こすような戦争の傷は負っていない。そんな当たり前であるべきことが、かけがえのないしあわせに感じられる。

タラスから連絡があったのはその二日後の昼だった。

「四日後に日本を発つことになりました」

「どこへ？」

「ワルシャワです。それからウクライナへ行こうと思っていて」

くそ。戦争が近づいてきやがった。

## 十一、タラスとの別れ

タラスから連絡があったその二日後の土曜日は、地元さいたま市内のとあるバーで行われるオープンマイクに参加することになっていた。人前で演奏したいお客さんが順に出演するイベントだ。友人のミュージシャン、遠藤さんと二人で、ひと月ぶりに無邪気な音楽のひと時を楽しむつもりでいた。オフ中のオフ、完全な遊びで、リラックスして、飲んで、演奏するだけの予定だった。ところがそろそろ曲を決めないと、と思っていた矢先にタラスから日本を去るとの連絡が入り、するとちゃんと会える日はこの土曜しかなさそうだ。

避難民扱いされたくない、と言っていた彼を、避難民どころか観光客でさえまず来ない、日本の、超ローカルなイベントに招待し、送り出してやろう。すぐに決めた。

イベントの内容と、場所と日程を教え、タラスを誘った。

「わかった。ありがとう、行くよ」

「なにか曲のリクエストはある？　準備しておくけど」

「それなら『チェルボナ・カリーナ』を頼みます。それか、あなたの好きな曲を」

よし来た。演ったことないけど挑戦しよう。『チェルボナ・カリーナ』は一世紀以上前に歌われるようになった、ウクライナの愛国歌だ。チェルボナ・カリーナとはガマズミの赤い実のことで、しおれたこの植物と、危機にある祖国ウクライナを重ね合わせ、人々を救国の想いへとかきたてる、勇ましい曲だ。タラスがこの曲をリクエストしたのは、彼の境遇と曲のメッセージを併せ考えると、応援して欲しい、ということだろう。

なにがあったのか知らないが、僕はウクライナ行きには反対だった。外国人で、二度も飲食をともにしたら、りっぱな友人だ。わざわざ危険なところへ行って欲しくない。しかしなにがなんでも翻意に向けて説得する、というつもりはなかった。どころか、その決定は尊重したい。

僕ができるのは、好きなだけビールを飲ませてやり、音楽をやることくらいだ。

『チェルボナ・カリーナ』の音源を聴いて弾き語りの進行を考えるとともに、五線ノートを開いて楽譜を書き始めた。こっちは別の曲。ミコラ・リセンコの『ウクライナへの祈り』を、クラシック・ギター用に編曲するのだ。

戦いの歌であるウクライナ国歌や『チェルボナ・カリーナ』と異なり、この讃美歌はただただ優しく、美しい。考えてみると僕がこの曲に打たれるのにはごく個人的な背景があり、歌い出しの二小節が、スペイン内戦中に処刑された作曲家アントニオ＝ホセ（一九〇二―一九三六）の代表作『カスティーリャ讃歌』に似ているのだ。欧州の東の端と西の端で、二つの曲の間にも二人の作曲家の間にもなんら連絡はないのだが、強いて共通点を探すと、二人とも、愛する郷土の民謡を研究し、その歌心をアカデミックな音楽（いわゆるクラシック音楽）に注ぎこんだという点が挙げられる。アントニオ＝ホセは僕がかつて研究対象としていた音楽家だ。『ウクライナへの祈り』を初めて聴いた時から、高まりこそすれしおれないこの曲への愛は、どこかでアントニオ＝ホセに対する情熱と合流しているようだった。反乱軍の手に陥ちた地元ブルゴス市で捕らえられ、罪を捏造する狂気と嫉妬と偏見の犠牲となった彼が、銃殺される直前に残した最後の言葉は「¡Viva la música!《ビバラムシカ》（音楽万歳！）」だったと伝えられる。

本番まで二日しかないので、編曲は急いだ。すべてがすらすらと決まった。前半は四声の合唱をほぼそのままギターに移し、中盤は声部をしぼる代わりに、レにまで下げた六弦の開放弦を大らかに響かせ、コード・トーンにとらわれない二重奏風のつくり。そして「お与えください」を繰り返す結部《コーダ》は、『アルハンブラの思い出』などでおなじみのトレモロ奏法で、祈りの噴水をクレッシェンドさせてゆきクライマックスへと導く。まだウクライナ語が少しもわからない頃に僕がこの曲を聴いて受けた感動をウクライナ人にお返しするには、一度自分の体験を通って変容させた器楽曲という形がふさわしい。この機を逃すと、書けなくなる。そんな気がしていた。

なかなか満足のいく編曲ができた。タラスのリクエスト、『チェルボナ・カリーナ』が勇ましいウクライナを歌っているとすれば、僕が編曲したリセンコの『ウクライナへの祈り』は優しさ、気品、おだやかさ、愛を担当して欲しい。

僕自身のひいきは、本音では『ウクライナへの祈り』にある。このひと月あまりの交流で、僕が現実のウクライナ人から感じたのは、少なくとも勇ましさとはほど遠かったのだし、『祈り』ならディズニーシーではしゃぎまわる少女たちのバックに流れていても違和感はない。

練習時間は一日しかなく、本番の日を迎えた。

タラスが出国の日程を教えてくれたせいで、なんてことのない月一のイベントが、お別れ会に変わってしまった。相棒の遠藤さん以外の人には、外国人の友人を呼んでいるとしか伝えなかった。わが国で、大がかりな避難民反対運動は報告されていないが、ひそかに、その好待遇から不満を抱いているお客さんもいるかもしれない。

トンボのC調ハーモニカを一本買い、プレゼント用に包んでもらった。みなとみらいで飲んだ時、タラスが僕のハーモニカを見て目を輝かせていたのを思い出し。

心配の一つが的中した。彼は電車を間違えて東京駅に行ってしまったのだ。オープンマイクの演者は僕らを入れて八組で、一組二曲ずつ、その第一巡が終わろうとしていた。

「来られる？　けっこう遅くなっちゃうけど。僕らは待ってるよ」

「いま向かってる」

そんなやりとりを交わし、さらに三十分後、僕は武蔵浦和駅へと迎えに走った。小雨が降り始めていた。まったく、タラスの涙雨かよ。

やっとのことで到着した彼と歩き始めてすぐ、招いたことを後悔しかけた。軽度の鬱になっているように見えた。声に力がなく、叱られた少年が半べそで反論するような口調で話す。

「ユーリイとは、会った？」

「いや。今日はずっと部屋に閉じこもっていたから」

「そう……。お母さんには、知らせたの？」

「うん。でも母は来るなと言っているんだ」

母親の想いは変わらないようだ。

「自分がなにをしてるのかよくわからない。間違った判断なのかもしれない」

うなだれたまま、歩く。

「とりあえず今夜は、楽しんでくれ。君の好きな日本のビールと、音楽で。飲みたいだろ？」

「いやあ、わからない。飲まないほうがいいんじゃないかと思えるよ」

そんな調子でとぼとぼと、店にたどり着いた。

他のお客さんたちに笑顔で迎えられ、タラスは片言ながら、訛りの少ない日本語で応じていた。「日本語話してるじゃん！」常連の女性の驚く声が聞こえた。遠藤さんと僕と三人で乾杯し、バイキングメニューの中からタラスの好きそうなおかずを適当にみつくろってやった。

「こいつはきっと気に入るぞ。君の好きな、中華の味だ」

ゆっくりと箸を動かし始めたタラスは、すぐに加速し、一杯目を早々に平らげた。僕は二杯目のおかず群を盛ってやる。

「どうして帰ることに決めたの？」

「うーん、どうしてだろう。前にも話したけど」

「お母さんが心配だから？」

「そう、それもあるんだ。航空券は七百ユーロ（約九万八千円）もした。僕らの国の通貨がこっちに来た時と比べさらに安くなってるから余計に高かったよ。もう買ってしまったんだ」

他の人たちの演奏の合間に、僕らはぽつぽつと話をした。店に来て、僕以外の人々を意識するようになったためか、ビールと食事のおかげか、タラスは少し元気を取り戻していた。

「これは君へのプレゼントだ。大事に楽しんでくれ」

ペンケース大のプレゼント包みをタラスに渡した。

「ありがとう。でも僕はあなたになにもあげられないのに」

「気にするな」

向かいに座っていた遠藤さんがプレゼント包みに気づいて言った。

「おっ、なになに、ハーモニカ？」

「シーッ！　まだ開けてないのに！」

「あっ、図星だった？」

二人のかけ合いを見てタラスが笑い出した。

「開けてごらんよ」

うながされて包みを開き始めたタラスの繊細な指づかいは強く印象に刻まれた。ゆっくりと、テープの箇所を探し、はがし、折り目を損なわないように開いてゆく。黒いケースが出てくる。開くと、黄金色に光るトンボのハーモニカが。タラスの顔が輝いた。

「おお、トンボ。ジャパニーズ・ハーモニカ！」

遠藤さんが身を乗り出して的確な注釈を加えた。もちろん僕は、国産のを選んだのだ。

「本当にありがとう」

「いつか吹いて聞かせてくれよ。あっ、それとも今夜いっしょにやる？」

「いやあ、僕はまだ吹き方知らないから」

タラスは笑みを浮かべたまま、丁寧に包みを戻していった。

この夜のメンバーは、一度マスターが間違えて『Let it be』を弾きかけたことを除けば純邦楽で、歌は日本語ばかりだった。退屈させたら悪いな、とこれも心配の一つだったが、タラスはリラックスして楽しんでいるようだった。それはそうと僕はだいぶ飲んでおり、指の動きが複雑なクラシックギター編曲の『ウクライナへの祈り』をちゃんと弾けるか、まったく自信はなくなっていた。

四曲目を聴いている時、タラスがふりかえって、悲しそうに微笑んだ。

「なんだか、このまま日本にいればいいんじゃないかって思えてくるよ」

ウクライナ語でそのように言ったのが理解できたが、僕は英語でもう一度言ってもらった。

「日本を去ることにしたのは間違いだったんじゃないかって」

タラスの肩に腕をまわした。

「そうだよ。日本にいたっていいんだよ？　いまからキャンセルできないか」

「ありがとう、だけど行かなくちゃ」

やがて僕の番がまわってきた。一曲目に『チェルボナ・カリーナ』をやる。その前にタラスの紹介をして、簡単に歌の説明をした。

「ウクライナ語で歌いますが、一ヶ所みなさんにも協力お願いしたいです。ヘイ、ヘイと叫ぶ箇所があるので、その時はごいっしょに……クレムリンが震えるくらいの声でお願いします」

ほら、赤いガマズミがしおれている
栄えある我がウクライナ　嘆いているのか
いまこそ赤いガマズミ掲げ
栄えある我がウクライナを　へイ、へイ、元気づけよ

タラスは客席で声を合わせていた。マスターが気を利かせてマイクを彼に手渡す。遠藤さんが身ぶりで、ステージにとけしかける。タラスは照れ臭そうに立ち上がり、ステージに来て僕の隣に座った。二コーラス目からはいっしょに歌う。タラスは低音パートでハモるという、高度な歌い方をしようとしているようだった。それがずれていて、もともと付け焼刃の伴奏ギターがつられてずっこける。でも楽しそうに、誇らしげに歌っている。

歌い終えると店の演出でたくさんのシャボン玉がステージ上に吐き出された。僕らはがっちり抱擁を交わした。「日本にいろよ」と耳元でささやいた。

二曲目に用意してきた『ウクライナへの祈り』は散々なできだった。僕の腕前でこれを人前で弾くには、もう二日は練習し、なおかつノンアルコールでのぞまなければ、無理。

「日本はどう？」終演後は飲みながらのおしゃべりが始まる。遠藤さんがタラスに訊ねた。
「いい国だと思います。歴史があって」
「ジャパニーズ・アニメは好き？　マンガは？」

「ファブルがおもしろいです」

タラスが繰り返すその発音に、さすがはミュージシャンの遠藤さん、耳ざとく反応した。

「『ザ・ファブル』ね！　俺も好き。仲間だ！」と握手を交わす。

タラスは遠藤さんや他の方々と交流している時のほうが元気そうだった。しょせん根暗《ねくら》で知に働きすぎるところのある僕が負のスパイラルを発生させてしまうのかな、と思いかけたが、そうではなく、僕に対しては悩みを話せるというだけのことだろう。

他の常連さんの求めに応じて、タラスは祖国の状況についても話をした。まず、向こうは寒いんじゃないのかと問う人に、気温の変化が激しく、夏は四十度を超えるところもあると教えて驚かせていた。

「それから昨日、大統領が、いまは東部だけの戦闘におさまっているけど、間もなくベラルーシ軍とロシア軍が共同して第二の攻勢に出てくる怖れがあると言っていました。これは信ぴょう性が高く、軍隊に行った僕の友だちも警戒しています」

「そんな時に帰らなくちゃいけないの？」ウクレレ弾きのアナさんが訊ねる。

「その話が出る前の日に、航空券を買ってしまいました」

「まだ日本にいればいいいんじゃないの？　日本人はのんきだけど、悪いやつはいないよ。……たぶんね」最初に尾崎豊を弾き語りしたロクさんが言った。たぶんね、に笑いが起きた。

下手な通訳を続ける僕は、いつしかここの人たちのあたたかさに胸が熱くなっていた。

「スラバ・ウクライーニ（ウクライナに栄光あれ）！」は、戦争開始後、ウクライナ国内でも、世界中の支援者の間でも、盛んに用いられているフレーズだ。だが僕は外国から取り寄せたステパン・バンデラの研究書を読み、この言葉がもともと彼らの組織が使い始めた「ファシストの」あいさつだったと知って以来、口にできなくなっていた。タラスは僕が読んだ本について「書き手がポーランド人だから、バンデラについては間違ったこと、悪いことばかり書くんだ」と言っていたものだが、この手の歴史認識の違いは、僕たち日本人も隣国間で悪慣れしている。いずれにせよ僕は、熱狂的なナショナリズムとは距離を置いておきたいのだ。

　タラスを見送る時には、それが彼を元気づけられるのなら、この言葉を叫べるかもしれないな、と思っていた。だが結局、ともにオープンマイクの夜を過ごすうちにますます、英雄的なものを拒否したい心情が固まっていた。ああした熱狂、喝采、英雄崇拝が、リビウっ子のタラスを、神経衰弱気味のままに平和な避難先から連れ出そうとしているのではないか。タラスよ俺は、君が日本に来てくれて、話したり遊んだりホテルの弁当の文句を言ったり外食をあっという間にたいらげたり、「ちょっとまって、ちょっとまって、お酒ください」と日本語で言って笑ったり、そしてなにより悩みを打ち明け、弱いところをさらけ出したところに、まだ見ぬ君の祖国の美徳を見出す。すてきな国に違いないと憧れる。そんなウクライナは、まったく未知だった。どこにも書かれていないし、報じられないが、しかし、君たちと過ごしている時には、確実に、時おり、ウクライナが吹く瞬間があった。〝本物のウクライナ〟の伝統色濃いリビウで育った君が、外で立派に国のために生きていたことは、俺がしっかり証言してやる。

武蔵野線のホームまで付き添った。

「いまウクライナの兵士たちには、手りゅう弾さえ与えられないこともあるんだ。兵士が増えすぎて、武器の調達が追いつかない。戦地に行った友だちがそう言ってる。そのまま戦うなんて、死ねと言われてるようなもんだ」

答える言葉が見つからなかった。しばらく間をおいて、彼に訊ねた。

「ひょっとして君は、戦いたいと思ってやしないか？」

「思ってる、のかもしれない。よくわからない、僕はおかしくなっているのかなあ」

また沈黙があった。僕は乗換駅を間違えないよう、念を押した。

「ウクライナではいま、貧富の格差が広がっている」タラスが不意に話題を変えた。

「日本もそうだよ」

「え？　そうなの？」タラスは意外そうに僕の顔をのぞきこんだ。

「うん。ウクライナと比べてどうかはわからないが」

「たぶんずっと良いだろうと思うよ。ウクライナは深刻で」

「君の家庭は、中流のほうなのかな」

タラスは苦笑して首をふり、手で下、下とあおいだ。

「父さんは脳卒中の後遺症で働けないし、母さんも健康というわけじゃなくて…」

「だから……」

だから君は帰国を目指すんだね、と、彼の浮草めいた決意を国家のためではなく大切な人のため、に押しこもうとしている自分に気づき、口をつぐんだ。電車が入ってきた。

「日本に来る時は連絡してくれ。また遊ぼう」

「ウクライナに入っちゃったら難しいと思う」

握手をして別れた。列車が走りだすのも待たず、立ち去った。

## 十二、旅する楽しみ

武蔵浦和駅でタラスを見送って四日後、今度はユーリイから連絡があった。

「来週月曜日に福岡に移ることになった。行く前に、君にはぜひ会っておきたい」

よかった。彼らは日本に留まるのだ。福岡に引っ越すというのは、仕事か家かその両方が決まったのだろう。離れてしまうが、戦争からはずっと遠い。

タラスからはまだなにも連絡がなかった。出国する日に、すべてうまくいくよう祈ってる、くらいのメッセージを送っていたが返信はない。

ユーリイとは日曜日に、東京駅付近で会うことになった。

当日、場所を決めて連絡すると、すぐに返信が届いた。それを見て、しばらくわけがわからなかった。

「いま教会にタラスといる。これから向かいます」

タラス？

ウクライナ語では、人名などの固有名詞も、文の上で占める役割によって語尾が変化する（格変化）。この時はタラスといっしょに、の変化で〝タラソム〟になっていたので、誰か別の人の話をしている可能性も考えた。だが初読の通りで間違いない。

「タラスがいるの？　どうして？」

「彼から聞いてないのかい？」

なにも聞いていない。ウクライナか、ポーランドにいるものとばかり思っていた。少し経って、ユーリイからまたメッセージが届いた。「僕独りのほうがいいかな？」と。

会いたいに決まってる。が、タラスのほうでは気まずいのかなんなのか、直接僕に言いづらいなにかを抱えているのが想像された。

「二人で来てください」

しばらくして、笑いがこみあげてきた。これが真実だ、と勝ちどきを上げたくなった。そして、空港まで見送りに、という感動的なイベントを作らなかった自分の判断をここぞとばかりに自画自賛した。これが年の功だ、これが経験値だ、と、電車内で声は出せないながら、胸で笑い続けていた。

状況から考えて、ワルシャワに行き戻ってきたとは考えにくい。飛行機に乗らなかったのだ。駅地下のアジア料理屋で待っている間も、彼らのペースに悩まされた。二十分で、と言っていたのが、しっかり一時間待たされた。たぶん「電車に乗れば二十分で」の意味で、その後しばらく教会でだべっていたのだろう。

ようやくやってきたユーリイは一人だった。

「タラスは?」

「もう少ししたら来ると思うよ」

例によって、ビールを注文。

「福岡へ行くって、仕事が決まったんですか?」

「ああ。開始はまだだけど、ホテルの仕事だそうだ」

「部屋の清掃とか?」

「いや、スーパーバイザー。チェックする仕事だ。サネユキ、君にはほんとうに世話になった。今日は間に合わなかったけど、君へのプレゼントを友人に頼んでる。このくらいの大きさの」

ユーリイは両手でアタッシュケースくらいのサイズを示した。なんだろう。楽器だったらいいのに。

「ありがとう。ところでタラスはどうして日本に?」

そっちが気になりすぎて今日の本題だったはずのユーリイの身の上話に集中できない。ユーリイは卓の上で指先を組みなおし、声をひそめて身を乗り出した。

「タラスは……行くか行かないかでずっと悩んでいたんだ。神経がおかしくなるくらい。そういう状態で、結局飛行機に乗らなかったんだよ」

決定的な理由が一つあったというわけではないのだろう。それはあの晩のタラスの憔悴《しょうすい》っぷりを見れば想像できた。ワルシャワから日本までの距離と、それに応じた片道七百ユーロという値段がありがたかった。一度逃したら三分待てばよいだけの山手線とは違い、こちらは逃すイコールあきらめる、だ。行為が決意に先んじる。

間もなくタラスも到着した。最初だけ、なぜか少しすまなそうな態度で握手したが、話し始めると、小雨の晩に武蔵浦和で会った時とは別人のようだった。このあたりから僕はたぶんずっと笑顔になっていたと思う。人間が、おもしろすぎて。雑談を交わすうちに、タラスは改めて、ウクライナ軍に武器が足りないという問題を力説し出した。今度は趣向が違い、「そういう状態で帰っても、軍隊では邪魔になるだけだろ？」と、帰国をやめた正当化に使っているのだった。正当化とは、失礼。もともと正当なのだ。逃げることは！

ユーリイが福岡への航空券の話題を出した。それが数千円とかなり安かったので、僕は思わずタラスに言ってしまった。

「君は乗らずに七百ユーロ使っちゃったけどね」

この時のタラスの、自虐する余裕をにじませた苦笑いは傑作だった。人の心はわからない。簡単に決めつけるわけにはいかない。だが、時には自分の望みに寄せて勝手な解釈をしても、人としてそれなりにしっかり付き合った上でのことなら許されるのではないだろうか。タラスが見せたこの変化を、僕は、この国の人たちが彼に示したやさしさの結果だと思いたい。その中にはいくぶん、僕の手柄も含まれているかもしれない。平和が戦争を組み伏せたのだ。

タラスは饒舌《じょうぜつ》で、ウクライナを大国にする策を語りまくっていた。農業といい地下資源の豊かさといい、聞いているとなるほど、旧来の秩序をくつがえせるポテンシャルはありそうだ。

この発想は新鮮だった。ビールを飲んで話しているうちに「君は政治家をやったらどうだい？」なんて焚きつけてしまったものだ。タラスはまんざらでもなさそうだった。

　一方僕は、やはりどうしても過度のナショナリズムに苦言を呈せずにはいられない。例えばウクライナ語の国語化の推進は極端すぎたんじゃないのか、と憲法十条の第三項「ロシア語およびその他の言語」への配慮を残した文を見せる。するとタラスはその文に指を当て、

「本当は、これも消したほうがいいんだ！」と不敵に笑うのだ。自分の意見を否定された僕が、即座に命のとりあいをしかける、なんてことはもちろんない。その後も「日本にいるから持てる視点」を渡す。

　ビール一杯が二杯になり、平和な夜はふけていった。

「一つわかったのは、僕たち避難民の役割は重要だってこと。せっかく出てきてるんだから、外国の色々な人物や組織に働きかけて、ウクライナへの支援を募るべきなんだ」

「そうだ、その意気だ。日本でゆっくりしていきなよ」

　タラスなりの亡命国防論が聞けて、文句があろうはずもない。

「戦争が終わったら、君の番だ。ウクライナでたくさんご馳走するよ」

　ユーリイが力強く約束した。

　旅する楽しみがまた一つ増えた。逃げるあても。

# あとがき

本書はここで終わるが、登場した人々の生は続く。何人か、その後をお伝えしておこう。

済州に逃れたイエメン人たちは僕が知る限り、ひき続き韓国で元気にやっている。ワルダレストランは何年も前にアッサラームと名を変えて新装オープンした。繁盛しているようだ。

タラスはその後一時的に沖縄で暮らしたが、なじめず、九月にポーランドへ、今度こそ飛行機に乗って戻った。しかし一度ウクライナへ入国してしまうと彼の歳の男性は出てこられなくなるので、帰国しないで仕事を探している。僕がプレゼントしたハーモニカをちょっとは吹いてみたそうだが、「むずかしくて」まだ聴かせてもらっていない。

ユーリイの一家については少し詳しく書いておこう。

ひと月前に、所用で長崎を旅した。用の一つは核兵器廃絶の誓いと祈りを新たにすることだ。そしてせっかく九州まで来たのだから、ユーリイがいる福岡まで足を延ばした。彼の住まいは博多港にほど近い市営住宅で、そこへ向かう道中、日本の敗戦後中国大陸などから引き揚げてきた人たちが大勢通った竪町筋《たてちょうすじ》という古い路地を歩いた。たまたま歩き、たまたまその歴史に気づいたのだ。こんなところにも逃げの記憶は刻まれているのだと奇縁に感じた。

久々に会ったユーリイは、歩くのが速くなっているように見えた。また、半年で八キロやせたそうだ。福岡にも親切なボランティアの方々はいるが、「君みたいにいっしょに遊んだり飲んだりする相手がいなくてさみしい」とのこと。

とは言え彼は日本をいたく気に入り、働いて生きてゆく気満々だった。ただワルシャワで職についた奥さんの希望もあり、二人の娘はポーランドで母と暮らすことに決めた。ユーリイも娘らとともにいったんワルシャワへ飛ぶ。僕が訪ねたのは彼らが日本を発つ三日前で、求められるままに各種手続きの手伝いをして半日費やした。

下のお嬢さんは日本の公立中学に通っており、特別に与えられた漢字の書き取りプリントとともに、英語の時間に書いた自己紹介を見せてくれた。最後の一文をここに書き写しておく。

I want to make friends all over the world.（私は世界中に友だちをつくりたいです）

つかの間の級友たちは彼女の滞在からなにを受けとったろうか。想像すると少し切ない。

いま彼らはポーランドで暮らしている。ユーリイは日本に戻ってくるつもりだが、時々大量に送ってくる向こうの「僕が大好きな美しい自然」の写真を見るに、気持ちは揺らいでいるのかもしれない。いずれにせよ、いまはまだウクライナに帰る時ではないだろう。

そう言えば、地元で登録したボランティアセンターからは結局一度も通訳や翻訳の依頼が来ていない。いまとなってはちょうどよいと言えるかもしれない。なにしろ僕は再会したユーリイがびっくりするほど、ウクライナ語を話せなくなってしまったから。

日本語を書く作業を集中してやって、抜けてしまったのだ。他ならぬ、本書の執筆だ。

本書の第二章は六年前に書いた未発表原稿をもとにしている。そこから数えると、完成までに六年かかった。こののろさも含め、読んで元気が出る本に仕上がっていればさいわいだ。

ちなみにタイトルは、かつて夢中で読んだフランスの作家ル゠クレジオの初期作品にあやかっている。余談だが、この作家がノーベル文学賞を受賞したのは僕が労働者から学生に戻ったその年のことで、自分の見る眼が認められたかのように誇らしく感じたものである。

本書に登場する人びとをはじめ、お礼は述べ出すときりがなくなるので、四人の方にしぼって謝意をお伝えしたい。

いち早く拙稿を読まれ、帯文をお寄せくださった批評家の東浩紀氏。

すてきな表紙をつけてくださったグラフィックデザイナーの福岡南央子氏。

別件でお会いした際にサービスで写真を撮ってくださった写真家のヤナガワゴーッ！氏。

そしてこの作品を世に出すためにねばり強く尽力してくれたのみならず、第一章でバディ役を務めてくれた敏腕編集者の柏原航輔氏。

本当にありがとうございました。またおもしろい仕事ができる日を楽しみにしております。

二〇二二年十一月二十三日　勤労感謝の日に

前川仁之

前川仁之　まえかわ・さねゆき

１９８２年生まれ。県立浦和高校卒。東京大学理科Ｉ類中退。人形劇団、施設警備など職を転々とした後、立教大学異文化コミュニケーション学部入学。在学中の２００９年、スペインに留学。翌年夏、スペイン横断自転車旅行。大学卒業後、福島県郡山市で働いていた時に書いた作品が第12回開高健ノンフィクション賞の最終候補となる。以降、文筆業に専念。２０１５年春、韓国一周自転車旅行。本書は３冊目の著書となる（非売品含む）。

逃亡の書　西へ東へ道つなぎ

二〇二三年一月十八日　初版第一刷発行

著者　前川仁之
発行者　石川和男
発行所　株式会社小学館
〒一〇一-八〇〇一　東京都千代田区一ツ橋二-三-一
編集　〇三-三二三〇-五七二〇　販売　〇三-五二八一-三五五五
ＤＴＰ　株式会社昭和ブライト
印刷所　萩原印刷株式会社
製本所　株式会社若林製本工場



ISBN978-4-09-388896-7